中国ドキュメンタリー映画論

Ken Sato
佐藤 賢

平凡社

中国ドキュメンタリー映画論 ❖ 目次 ❖

はじめに

北京の街を歩いていると、突然、街の一画が解体され廃墟と化している光景に遭遇する。数日前までは確かにそこで日常を営んでいた人びとの姿はまったくなく、ハンマー一本で黙々と煉瓦造りの家屋を解体していく出稼ぎ労働者たちの姿があるだけだ。同じような風景は北京に限らず中国各地で見られるが、それはジャ・ジャンクー（賈樟柯）の映画『長江哀歌《エレジー》［三峡好人］』に登場する、やはりハンマー一本で生計を立てながら別れた妻との再会を期すサンミンの姿と重なる。『長江哀歌』と同じく三峡ダム建設によって沈む街を舞台として、移転をめぐる住民たちの騒動を記録したドキュメンタリー映画『水没の前に［淹没］』（李一《リーイー》凡《ファン》・鄢雨《イエンユー》監督）は、二〇〇五年山形国際ドキュメンタリー映画祭（以下、山形映画祭）でグランプリを受賞したが、「世界に向かえ」を合言葉に近代化を推し進めてきた中国は、三峡ダムの完成、北京五輪、上海万博など国家的事業を完遂しながら、その一方で、急激な市場化やグローバル化にともなう社会格差や地域格差の問題などに直面している。中国のドキュメンタリー映画は、多くの矛盾を内包しながら歩む中国のさまざまな「現実」を映し出しているが、中国のドキュメンタリー映画作家たちが、変わりゆく中国の〈いまここ〉を記録したいと駆られる気持ちは、二〇〇六年三月から一年間の北京留学中、あてもなく北京の街を歩き回っていた私にも経験的に理解できた。

日本のドキュメンタリー映画作家・佐藤真《まこと》は、「ドキュメンタリー」を、「作り手側が主体性も作家性も

『長江哀歌』のサンミン。ジャ（2009）より

放棄して、製作者の意図通りに映像を並べかえたにすぎない作品」である「記録映画」とあえて区別し、「映像表現によって、世界のあり方を批判的に受けとめようとした映像作品」であると定義づけた（佐藤、二〇〇一上：一六－七）。ことばの厳密な定義にこだわらず、かりに、「主体性」や「作家性」を一つの指標にするならば、中国において、「ドキュメンタリー」が現われたのは、一九八〇年代末から九〇年代初めにかけての時期であり、それ以降、中国におけるドキュメンタリー映画制作は活況を呈するようになった。

　そうした新しい動きを「新記録運動」と定義づけたのがの呂新雨《リューシンユー》であるが（呂、二〇〇三）、中国におけるドキュメンタリー映画の活況をみると、歴史的、地勢（政）的な多様性を持った「中国」とカメラという記録装置とが触れ合い、化学変化を起こしたように次々と作品が生まれているようにみえる。その中にはワン・ビン（王兵）の『鉄西区』のように山形映画祭をはじめ海外の映画祭で高く評価される作品も少なくない。北京へ留学する以前から、中国のドキュメンタリー映画が世界的に注目されていることは知っていたが、いざ留学してみると、実際の作品を見る機会はなく、どこで見られるのかさえ分からなかった。これは、中国においては、映画の制作・配給・上映は国家の体制内にあり、体制外で制作される映画は基本的に一般の映画館で上映されることはなく、アンダーグラウンド（地下）で流通するほかないからである。

　ただ、そうした既存の映画体制の外部にある独立《インディペンデント》映画は、一般の映画館で上映されることはないが、大学の教室やバー、シネマカフェなど非公式の場では上映が黙認されている。私もわずかな情報を手掛かりに、カフェや大学の教室を使った自主上映会に足を運んだが、私を強く引きつけたのは、映画、さらに映画が映し出す中国をどう見るかをめぐって、監督、観衆を巻き込んだ活発な議論がおこなわれていることであった。そこでは、映画を作品として「消費」するよりは、いかに自分なりに「消化」するかが求められており、若者たちが自分のことばを見つけるようにして話をしていることが印象に残った。私は自分が知らなかった映画を経験する新しい場があると思い、それを人と人の間から「表現」が生まれてくるありようだと直観した。そのとき私の念頭にあったのは、中国雲南省で活動する詩人于堅《ユージェン》が若い表現者たちの日常を自伝的に詠んだ次の詩篇のフレーズだった。

尚義街六号に／フランス式の黄色い家／呉《ウー》のズボンは二階に干してある／ひと声かかると　股の間から眼鏡をかけた頭が顔を出す／……壁には于堅の絵がかけてあり／多くのものは腑に落ちない／かれらはゴッホしか知らないのだ／卡のシャツは丸めて雑巾になっている／ぼくらはそれで手についた果物の汁を拭う／……机の上にはいつも朱小羊の原稿が広げてあり／その字はめちゃくちゃで／このいかがわしいやつは警官みたいにぼくらを睨む／その血管の浮き出た眼を前にすると／ぼくらは朦朧とした言い方しかできない／流行りの詩みたいに／……茶は呉のだ　電気時計は呉のだ／床板は呉のだ　隣人は呉のだ／……呉のペンは抽斗に隠れ

ジャ・ジャンクー。ジャ（2009）より

て／めったに現れない／……それは知の時代／たくさんのおしゃべりを録音していたなら／名著が一冊生まれただろう／それは活気立った時代／たくさんの顔がここに現れた／今日街に行ってたずねてみたまえ／かれはみんな有名人だ／外は小雨／空っぽの便所を／初めて一人で使った／結婚した者がいる／有名になった者がいる／西部に行った者がいる／呉も西部に行くという／みんなかれは男一匹気取りだと毒づいたが／心の中は不安でいっぱいだった／呉文光　きみは行ってしまった／今晩どこで飯にありつけばいいというのか／うらみつらみに　わめき立つ／みんな結局バラバラになり／何もない床板だけが残された／古いレコードみたいに　もう鳴ることもない／ぼくらは別の場所で尚義街六号の名をいつも口にする／ずっと後のある日／子どもたちが参観に来るといって。（于堅「尚義街六号」抄）

まだ無名の自称芸術家たちの日常。そこは自己表現を目指す若者たちのコミュニケーションの場だ。おそらくそうした雰囲気は、かつての円明園画家村など中国の芸術村に集う芸術家たちにも通じるところがあるのだろう。尚義街とは雲南省昆明市にある街角の一つであるが、八〇年代、中国各地の大学には詩サークルがいくつも組織され、多くの学生詩人が現れた。そうした運動の中から、于堅のような優れた詩人が生まれたのだが、「尚義街六号」に登場する「呉」とは、後に中国独立ドキュメンタリーの濫觴《らんしょう》といわれている『流浪北京——最後の夢想家たち』（一九九〇）を撮った呉文光《ウーウェングアン》である。一九八〇年代末、雲南から北京へと「流浪」していた呉文光は、六四天安門事件の前後に、自らと同じような境遇にあった作家、画家、演劇家、写真家といった友人たちの姿を記録し、『流浪北京』を完成させた。呉文光の出現は、日本のドキュメンタリー映画監督の小川紳介が晩年、なぜアジアからドキュメンタリーが生まれないのかと問いかけたことに応えるかのようであった。以後、呉文光は、山形映画祭へも参加するようになり、小川紳介や米国のフレデリック・ワイズマンの仕事を中国に紹介するなど、中国独立ドキュメンタリーを牽引していく。私にとっては、同じサークルに属していた仲間の一人は北京へ、もう一人は雲南に残って、それぞれ表現活動を続けたことが興味深かったが、呉文光と于堅という二人の存在が、中国の独立ドキュメンタリーをみる際の二つの点としておぼろげに私の中で立ち上がっていた。

折よく、二〇〇七年春、「雲之南」という雲南省の映画祭へ行く機会に恵まれた私は、「ドキュメンタリー」、「詩人」、「雲南」といった、わずかなイメージを携えて仲間と雲南へ向かった。映画祭が開催される雲南省の昆明市へ到着すると、驚いたことに映画祭は無期限延期、事実上の中止を余儀なくされていた。途方に暮れる私たちのところへ、映画祭の中心的人物の一人である郭浄《グオジン》が、わざわざ訪ねてくれ、謝罪すると同時に、せっかく雲南へ来たのだからと、三つの選択肢を示してくれた。一つ目は、映画祭の事務局でアーカイヴを視聴するというもの、二つ目は、映画祭に参加するため各地から来た映画作家たちを大理へ連れて行き交流会をおこなっているので、映画作家たちに会いたいのであれば、大理へ行くとよいというもの、三つ目は、昆明市内のアートスペースで呉文光がワークショップをおこなっているので、そこへ行ってみるというものであった。私たちは、すぐに大理行きの航空チケットをおさえると、さらに呉文光のもとへ向かった。

呉文光がワークショップをおこなっているという昆明市内の工場を改築した小規模のアートスペースを訪ねると、眼鏡をかけた呉文光が中庭のテーブルに腰をかけて若いドキュメンタリー映画作家たちと打ち合わせをしていた。さて、何を話せばいいのか、私は拙い語学力を駆使して「新記録運動」を手がかりに、なぜ雲南でドキュメンタリー運動が盛んなのか、詩とドキュメンタリーの関係とは、何がしかのヒントを得ようと試みた。しかし、彼は「運動」ということばに、さもそれは評論家や外国人が自分たちに貼るレッテルに過ぎないとでもいいたげな様子だった。確かに、中国において「運動」は、政治色が強く、ネガティブな記憶をともなう複雑なことばであり、多くのドキュメンタリー映画作家が直接的な政治とは一線を画す立場をとっているとともに、「運動」ということばに違和感をおぼえていることも確かであった。

　コミュニケーションのとば口で躓《つまず》いてしまった私は、半ば苦し紛れに「于堅」という名を口にした。すると、呉文光は、于堅ならそこにいるぜと、中庭を見下ろせる二階テラスのカフェを指した。そこには、スキンヘッドに黒サングラス、恰幅のよい身軀の于堅その人がいた。日本で見かければ絶対に目を合わさないタイプの人物にしか見えない。彼も話に加わってくれ、私は思いがけず于堅との邂逅をはたしたが、やはり彼もドキュメンタリー制作の動きを「運動」とみることには否定的であった。ただ、今日の「新記録運動」を考えるにあたって、八〇年代の学生詩人たちのコミュニケーション形

于堅と呉文光。撮影・提供：倉数茂。

式との間に類似性が見出せるのではないかという私見に対しては、自分のドキュメンタリー作品は、朗読会で友人たちの間で読む詩のようなものかもしれないと答えてくれた。確かに彼が撮ったドキュメンタリー映画『翡翠駅「碧色車站」』（二〇〇二）は、二〇世紀初頭フランスによって敷かれた滇越鉄道のとある駅を舞台にした時間と空間への鋭敏な感性にあふれる映像詩とよぶにふさわしい作品である。何より私が学生詩人に触れたとき、それはおれたちのことだといわんばかりの態度を二人が同時に示してくれたことは、私に何か確信のようなものを抱かせた。

　七〇年代に生まれ、ポスト文革期の中国を傍らに日本で育ち、ポスト六四の九〇年代に中国研究を始めた

私にとっては、中国とは七〇年代までがそうであったように壁の向こうの別世界ではなく、また、八〇年代のような情況的な高揚感を感じられる場所でもなかった。行こうと思えば行ける地であり、報道をとおして情報だけはたえず伝えられ、そうした中国イメージが氾濫するメディア環境の中にあって、中国について考える根拠も得られぬまま、疎外感をおぼえてきたのもまた確かであった。イメージの氾濫の中で、ことばにまみれた中国から、何か手ざわりを感じられる本当の中国をつかみ出すことができるか、ドキュメンタリーは自らが中国と向き合うための基点を示唆するように私には思われた。かくして私の中国ドキュメンタリー研究は始まったが、では、ドキュメンタリーについて考えるとはどういうことだろうか。それは、私たちを、映画という表現について原理的に考える場に立ち返らせてくれると同時に、ドキュメンタリーが置かれているそれぞれの地域の社会的・文化的な文脈を浮かび上がらせ省察する契機を与えてくれるのだと思う。

本書は、一九八〇年代末から九〇年代初めにかけて始まった中国における独立制作によるドキュメンタリーを取り上げ、およそ二〇〇〇年代までの展開を素描し、中国独立ドキュメンタリーの「独立」とは何であるかについて、中国の社会・文化的文脈の中で考察するものである。前半部にあたる第一章、第二章では、独立ドキュメンタリーの誕生と展開を、八〇年代から九〇年代へという転形の中に位置づけることを試みる。後半部にあたる第三章以降では、デジタルビデオカメラ（DV）が登場した九〇年代後半から二〇〇〇年代後半までの独立ドキュメンタリーをめぐるさまざまな動きについて取り上げ、考察していく。

中国における映画の独立制作とは、「体制」に縛られない自由な映画制作を目指すものであるが、本書では、中国のドキュメンタリー制作の「体制」からの独立を、社会・文化的な位相で考察していきたい。と同時に、表現の位相における独立とは何かについても考えたい。それは、本書を通じて、いかに「ことば」から独立するかという問いとして現れるが、また、その考察によって、ドキュメンタリーが詩と親和することも明らかになるだろう。

ところで、市場経済化が加速した九〇年代以降の中国の社会・文化的文脈をみると、独立制作は、旧来の「体制」的な束縛に加えて、「市場」による圧迫も受けていることが分かる。本書では、そのような「体制」と「市場」の挟撃の中で、「独立」した映画制作を支える個人と個人の関係を基盤としたネットワークを「人的ネットワーク」と呼んで注目したい。中国の独立ドキュメンタリーをめぐる動きが「運動」であるか否かについては、見解が分かれるが、本書において、中国ドキュメンタリーに「運動」を見出すとすれば、それは、「人的ネットワーク」を基盤として展開されたさまざまな実践のことである。例えば、映画の制作だけでなく、配給・上映も体制内にある中国においては、ドキュメンタリーを「つくる」ことに加えて、「見る」ことも困難が強いられる。そのことは逆説的に「映画を見る運動」を生み出したが、その基盤にも「人的ネットワーク」が存在していた。

このように、ドキュメンタリーを、「つくる」ことだけでなく、「見る」ことも視野に入れて考察するためには、映画を「作品」としてだけでなく、「経験」として捉える必要がある。実際、ドキュメンタリー映画作家にとって、作品としてのドキュメンタリーよりも、経験としてのドキュメンタリーが重要となる場合もあるのだ。そのとき、ドキュメンタリーは「生の経験」あるいは「生活の方式」といえるものになることも、本書で明らかになるだろう。

「人的ネットワーク」は、人の「出会い」によって形成されてゆくが、そこでは、ドキュメンタリーを媒介として、人が出会い、さらに新しい関係性が生まれてゆく。言い換えれば、人と人の間から新しいドキュメンタリーが生まれているのだ。中国の独立ドキュメンタリーをめぐる「出会い」の軌跡を記述したいというのが本書の初心である。

第1章

中国独立《インディペンデント》ドキュメンタリーの出現

I 『流浪北京』と「尚義街六号」の詩人たち

1 「流浪北京」と呉文光

一九九〇年冬のある晩、雲南省昆明市内の某単位〔機関・団体・勤務先などの社会的ユニット〕の上映室で、とある私的上映会が開かれた。上映者は、呉文光《ウーウェングアン》。その年三二歳の彼は、どの単位にも所属していない、身分不定の一人の若者であり、自らが「盲流〔地方から北京などの都市部に流入した人びと〕」として北京滞在中に撮影した記録映像作品を、故郷である昆明の友人たちに見せるため上映会を開いたのだった。そのときの様子を、友人の一人である詩人の于堅《ユージェン》は、「逃亡・最後的夢想者——関於呉文光和尚義街六号的文字記録」の中で次のように記している。

単位の人たちはみなひけていなくなり、私たちは列をなしてがらんとして真っ暗な事務棟の上映室にもぐり込んだ。そして、誰も個人の資金で撮られた映像作品など見たことがなく、そのうえその映像作品に映っているのは盲流であり、それは中国大陸では公の画面には現れることのない人物であった。そのため私たち観衆はまるで禁じられた手写本をみるかのようにとても興奮していた。かつて詩や小説を書いていた呉文光が自分の作品を私たち友人に見せるのはこれがはじめてではなかったが、今回は以前のように束になった手書きの草稿を差し出すのではなく、映像作品の上映であり、そのことに、私たちは驚き、また新鮮さを感じたのだった。(于、一九九五：一九七)

こうして、『流浪北京』と名づけられた記録映像作品が、中国において初めて私的に上映されたのであった。『流浪北京』は「最後の夢想家たち」とサブタイトルが付され、香港国際映画祭に出品されると、さらに、一九九一年には第二回の山形国際ドキュメンタリー映画祭のアジア・プログラム(後のアジア千波万波プログラム)で上映される。当時、『流浪北京』の出現は、あたかも、山形映画祭設立の中心的人物であり、自らアジアの若い才能との「出会い」を希求していた日本のドキュメンタリー映画作家・小川紳介による、「なぜ中国に記録映画がないのか」の問いかけに、応えるかのようであった。一九八九年、第一回の山形映画祭は、アジアで初のドキュメンタリー映画祭であることから、アジアから多くの作品がよせられることを期待したが、公的な広報映画や観光映画、文化映画などが送られてきただけで、映画祭の求めるような作品は皆無であり、なぜアジアでドキュメンタリー映画が生まれないのかをテーマにして、シンポジウムがおこなわれたほどであった(矢野、二〇〇六：三五八)。このとき、中国の作品は、ドキュメ

呉文光。1993年当時、撮影：肖全。曹愷(2005)より

ンタリー映画ではなく、劇映画の『盗馬賊』（田 壮 壮《ティエンチュアンチュアン》監督、一九八五）と『黄色い大地［黄土地］』（陳《チェン》凱歌《カイコー》監督、一九八四）が上映されている。

『流浪北京』には、五人の「盲流芸術家」が登場する。

牟森《モウセン》。男。演劇家。一九六三年生まれ。原籍は遼寧省。一九八六年に北京師範大学中国文学科を卒業後、チベット話劇団に分配されるが、一年で離職。来京して「蛙実験劇団」を組織。映画では、『偉大なる神ブラウン』（ユージン・オニール作）の公演を準備している。

張 夏 平《ジャンシャーピン》。女。画家。一九六一年生まれ。原籍は雲南省。雲南の文芸団体に就職したが、後に絵画を学び、一九八三年から北京で創作活動や個展をおこなっている。目下、個展の開催を準備中。

張 大力《ジャンダーリー》。男。画家。一九六二年生まれ。原籍は黒龍江省。一九八七年に北京の中央工芸美術学院を卒業後、北京に留まり、絵画で生計を立てている。牟森の舞台の美術も手がける。

高波《ガオボー》。男。カメラマン。一九六四年生まれ。原籍は四川省。張大力のクラスメートで、同じように北京に滞在する。チベットへ撮影旅行に赴く。

張 慈《ジャンズー》。女。作家。一九六二年生まれ。原籍は雲南省。一九八三年に雲南大学中国文学科卒業後、故郷の雲南省箇旧市に分配され雑誌編集に従事するが、一九八七年に離職。来京し、アルバイトと創作活動で生計を立てる。アメリカ人男性と結婚し出国準備中。

五人は、それぞれ自らが理想とする芸術表現を実現することを夢見て、もともと所属していた単位を離れ、各地方から北京にやって来ていた「夢想家」であった。当時、集団主義的な単位制度での安定的な生活を棄てることはリスクをともなう行動であったが、八〇年代中・後期、北京の街の周縁部には中国各地から集まってきた芸術家たちの集落が形成され始めていた。後に「円明園画家村」として知られる地域である。彼ら

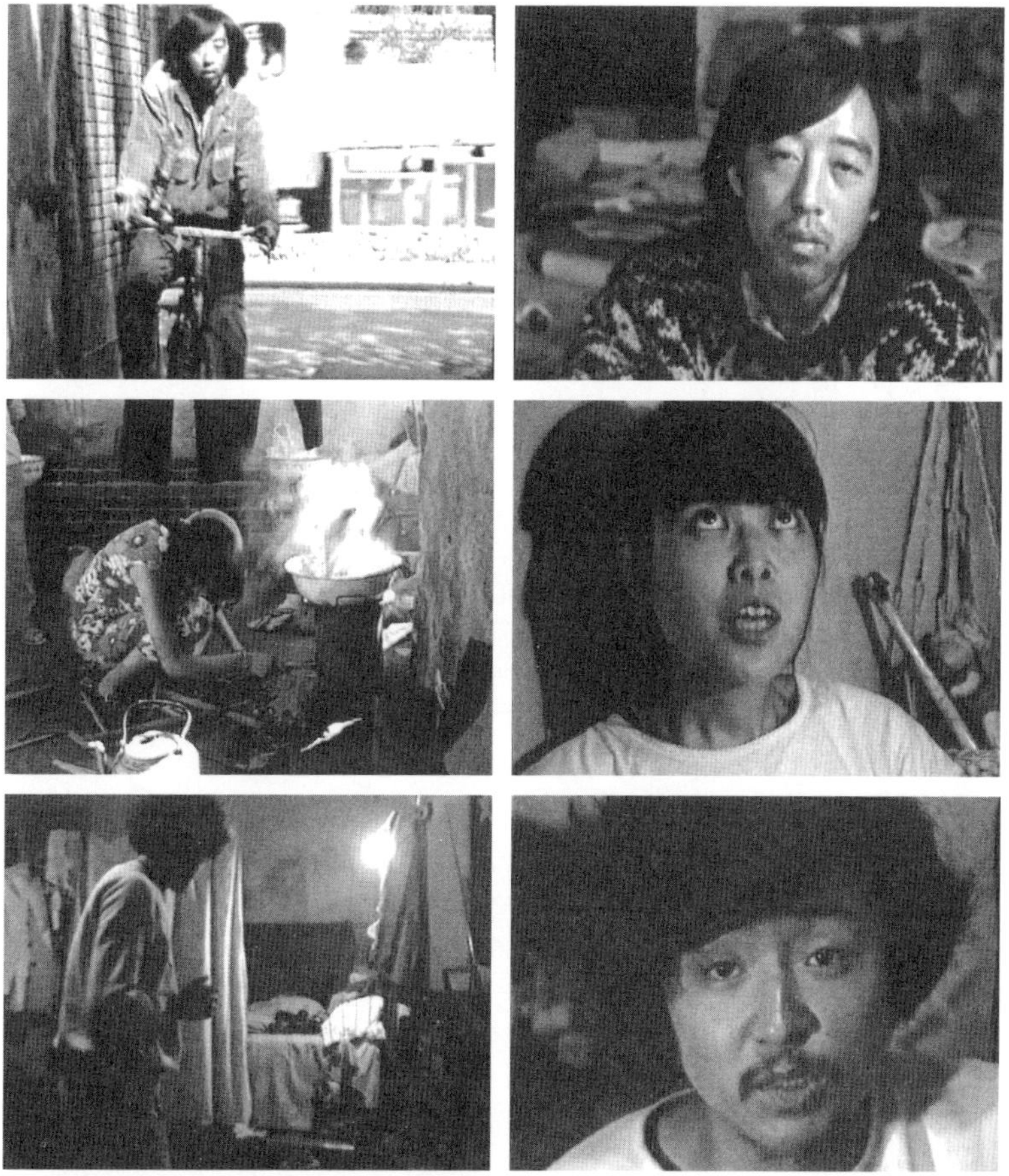

『流浪北京』曹愷（2005）より

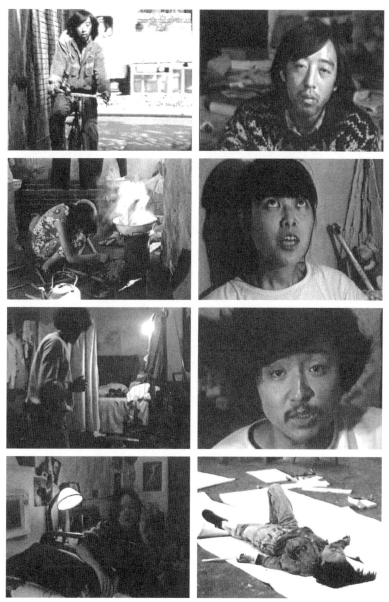

は、芸術家といっても、「官」から見れば、中国作家協会や美術家協会などの公的機関に属していないため、あくまで「自称芸術家」であり、アマチュアに過ぎない。そのうえ、北京の戸籍証明を持たない彼らは、身分証明もままならない極めて不安定な存在であり、ましてや、彼らのような異形の者は、公式のメディアには決して現れることはなかったのである。

『流浪北京』は、「なぜ北京へ来たのか」、「北京に住む」、「出国の道」、「張夏平の精神的破たん」、「『偉大なる神ブラウン』の上演」の各パートからなり、彼らの語りや生活の様子の記録映像によって、それぞれが抱く理想とともに、北京で生活することの困難さが映し出されてゆく。実際、呉文光自身、そうした「盲流」の一人であり、撮影対象の芸術家たちはみな友人であり、ごく身近な人物であったのだ。

呉文光は、一九五六年雲南省昆明に生まれた。高校卒業後、昆明郊外の農村へ「下放」された後、雲南大学中国文学科へ入学。一九八二年に卒業後、地元の中学校で教師の職に就くがやがて離職。一九八三年に新疆ウイグル自治区へ旅行し、さらに現地で一時、中学校教師を経験している。その後、故郷の昆明に戻ると、一九八五年から二年ほど、昆明テレビに勤務する。当時、地方テレビ局はまだ動き出したばかりで、番組づくりの経験のある人間はほとんどいなかった。自らが制作した番組が北京の中央テレビに採用され、呉文光は、昆明テレビで一躍トップ・ディレクターになったという（藤岡、二〇〇四：二〇）。一九八八年、北京に出た呉文光は、建国四〇周年祝賀事業として中央テレビが立ち上げた、テレビドキュメンタリー『中国人』の制作班に参加することになり、その撮影の機会を利用して、私的な記録映像を撮りため、それを『流浪北京』へと作品化したのであった。

映像作品の上映に新鮮さを感じていた于堅はさらに次のように述べる。

実際、呉文光の作品は我々の長年の夢でもあった――自ら刊行物を出し、出版活動をおこない、展覧会を開き、映画を撮り、自らがやりたいことをやる。しかし、それらすべては私たちの大多数にとってはやはりほこりをかぶった昔の夢であった。それを呉文光は本当に実現したのだった。（于、一九九五：一九七）

2　尚義街六号の「詩人」たち

于堅が呉文光と出会ったのは一九八一年一月のことであり、そのとき、呉文光は雲南大学の学生であり詩を創作していた。当時、中国各地には無数の「大学生詩人」が出現しており、呉文光はそうした無数無名の詩人の一人に過ぎなかった。于堅は、そうした自己表現を熱望していた無名の学生詩人たちの生活と交流の様子を、「尚義街六号」という詩として描き出したのだった。

尚義街六号に／フランス式の黄色い家／呉《ウー》のズボンは二階に干してある／ひと声かかると／股の間から眼鏡をかけた頭が顔を出す／隣の便所は／毎朝早くから長い列／……壁には于堅の絵がかけてあり／多くのものは腑に落ちない／かれらはゴッホしか知らないのだ……。（「尚義街六号」抄）

「尚義街六号」は、一九八六年、『詩刊』一一月号に掲載されると、大きな反響を呼び、非英雄化、反文化、日常的な口語による創作などを特徴とする「第三代詩」と呼ばれる詩潮の代表作品の一つと見なされるようになった。詩のタイトルとなっている尚義街六号とは、呉文光が生まれ育った昆明の家の所在地であり、当時、尚義街六号の呉家の一室は、大学の才子たちが集まり、さかんに議論をたたかわす文学サロンとなっていた。そして、詩に現れるのは、于堅や呉文光をはじめとする、自らの文学表現を夢見る「夢想家」たちであった。呉文光の家がサロンに選ばれたのは、彼が生まれつき気前のいい客好きな性格であったことに加えて、当時、学生宿舎で、サルトル、ベルクソンなど西欧の文学者や思想家について語り合うことはまだ密告の対象とされる危険性などがともなっていたからであった。そうして、尚義街六号は、集った者同士が、知識、感じたこと、情熱、才気、そして友情をとり交わす場となった。それは、何かを表現することへの強烈な欲望を持ちながら、それがかたちになる以前の何かに突き動かされた若者による、個と個がさまざまに行き交うサークル的空間であったといえるだろう。ただ、それは具体的な目的を持った行動や「活動」の場ではなかった（于、一九九五：二〇五－七）。

二〇〇六年、中国で『八十年代訪談録』（査建英編）というインタビュー集が出版され話題を呼んだ。この本は、阿城《アーチョン》、北島《ベイダオ》、崔健《ツイジエン》、田壮壮といった小説、詩、音楽、映画などの各領域でそれぞれ八〇年代を代表する文化人へのインタビューを収録し、さらに、八〇年代に対する追憶だけでなく、省察の性格もあわせもった内容を持つ。なかでも八〇年代を再検討しようとする姿勢が強いのが、批評家の李陀《リートゥオ》である。李陀は、一九七九年に夫人である映画監督張暖忻《ジャンヌワンシン》と『映画言語の近代化を論ず』を発表して、中国映画の革新を唱えた人物として知られる。彼が八〇年代を検討する際に、「友情」という視座を提出していることは示唆的である。

李陀が強調するところでは、当時、友人の間では、相互批評など忌憚のない意見交換が可能であり、思想解放運動や新啓蒙運動を含む、八〇年代における政治、社会などのさまざまな位相において、「友情」がきわめて重要な役割を担ったという。例えば、四川の詩人柏樺《バイホワ》は、当時もし高揚した詩情と温かい友情が結びつかなければ、八〇年代の四川の青年詩人グループは生まれなかっただろうと回想している（李陀、二〇〇六：二五四)。ここでの「友情」とは、一般的な友人関係にとどまらない、道徳的価値や文化的価値、そして理想や情熱と関係するような一つの生活の方式を指す。そうしたものが九〇年代以降失われてしまったと李陀は指摘しているが(同前：二四八‐五二)、ここでは、「生活の方式」であったことに注目したい。

李陀は、そうした「生活の方式」としての「友情」が取り交わされた場についても言及する。今日のように喫茶店などがなかった当時、雑談や詩の朗読、相談ごと、討論、さらに宣言の起草やスローガンを書くことに至るまで、ほとんどが誰かの自宅でおこなわれていたという。そして、李陀は、そうした非常に特殊な公共空間を、「八〇年代〝公共空間〟」と呼び、当時の知識界の重要な発明であったと考える(同前：二六〇‐一)。これは、「私」的空間の内部にある種の公共空間が成立、あるいは「私」的空間が「公」的空間に転化したものと考えることができる。さらに、李陀は、「文学芸術の創造と発展にとって、友情、また友情がつくった特殊な空間(誠意、温かさ、相互支持または相互批判)はさらにきわめて貴重であり、不可欠の条件であるとさえいえる」(同前：二六三)と語っているが、呉文光の自宅であった尚義街六号という空間は、まさしくそうした「友情」がつくり出した特殊な空間であったといえるだろう。その空間では、既成の組織や集団に参加、さらには従属することを強いるようなものではなく、一人ひとりが自由で、個が生かされながら、他者と関係しあうネットワーキング的関係性が実現していたのではないだろうか。

3　『流浪北京』と天安門事件

映画技法的な側面についてみてみると、『流浪北京』は、長回し、同時録音、インタビューなどの手法が用いられている。それは技術的には素朴で、粗雑な観はあるものの、個人の視点から若者たちの生々しい声を記録する、それまでの宣伝的な記録映像とは一線を画す新しさとリアリティを備えていた。ただ、撮影を始めたとき、呉文光は、「ドキュメンタリー映画〔紀録片〕」といった概念を知らなかったという。そもそも、映画祭に参加することはもちろんのこと、制作当初、何らかのかたちで撮った作品を公開することを前提にしてもいなかった（李幸他、二〇〇六：五一）。この点について呉文光は、「ただ自分がしたいように撮り、その結果どうなるかということは考えなかった」と述べている。つまり、呉文光の行為は、ドキュメンタリー映画である以前に「記録」そのものであったのだ。

「記録」の始まりは、五人の登場人物のうちの一人で、尚義街六号の友人でもある、張慈が、アメリカ人と結婚しアメリカへ行くかもしれないと彼に打ち明けたときであった。

五月、北京が風緩やかに日うららな季節、張慈とジョージが舞踏学院に遊びにきた。その頃私は慧子《フイズー》〔呉文光のガールフレンド〕が学んでいるその学校の男子学生宿舎にベッドを借りて寝床にしていた。張慈とジョージを送ろうと門を出たとき空は暗くなりつつあった。大通りに立って張慈とジョージが身ぶり手ぶりよろしく二人の方法でタクシーをつかまえるか、トロリーバスに乗って帰るか相談しているのを見ていた。私は突然このときが何か終わりを意味し、現在あるいは以前の北京に盲流していた日々が遠い過去となってしまい、二度と思い出されないような気がした。私は張慈をちょっと引っぱっていき言った――君に話していた映画だけど撮り始めようか。（呉、一九九五：一七）

呉文光は、ある時代が終わりつつあることを感じとり、友人たちにカメラを向けたのであった。そして、この呉文光の予感は、一九八九年六月、六四天安門事件（以下、六四）というかたちで象徴的に現れることになる。

ところで、呉文光が自由芸術家たちに関心を持ったのは、友人であり同じく北京に盲流していた朱小羊《ジューシャオヤン》（朱暁陽）が書いた画家村についてのルポルタージュ『北京カルチエ・ラタン』を読んでインスピレーションを受けたことによるものであった（鄭、二〇〇三・呉、一九九五：二一）。

机の上にはいつも朱小羊の原稿が広げてあり／その字はめちゃくちゃで／このいかがわしいやつは警官みたいにぼくらを睨む……。（「尚義街六号」抄）

朱小羊は、雲南大学経済学科の卒業生で、尚義街六号では小説やルポルタージュを書いていた。卒業後、彼は誰もが羨む公的機関の事務系の職場に分配されるが、その職を投げ棄てると、新疆ウイグルへと向かい、尚義街六号においていち早く「流浪」を始めたのだった。朱小羊の「流浪」に刺激を受けて、呉文光も新疆ウイグルへ「流浪」するのだが、それはまた同時に尚義街六号という「夢想家」たちの空間の終わりを意味していた。

西部に行った者がいる／呉も西部に行くという／みんなかれは男一匹気取りだと毒づいたが／心の中は不安でいっぱいだった／呉文光　きみは行ってしまった／今晩どこで飯にありつけばいいというのか／うらみつらみに　わめき立つ／みんな結局バラバラになり／何もない床板だけが残された／古いレコードみたいに　もう鳴ることもない……。（同前）

当時、知識青年の間では、チベットやウイグルへ向かうことや海外留学など、ここではないどこか「遠方」

へ理想を求める、浪漫主義的・ユートピア主義的行動が一つの潮流となっていた。その後、朱小羊は、さらに北京へ「流浪」すると、劇場の廊下に住みながら、校正、雑誌編集、ルポルタージュの執筆、またテレビドキュメンタリーの撮影に参加するなど精力的に活動した（于、一九九五：二二五）。『流浪北京』の制作の便宜を提供した中央テレビの製作による『中国人』の制作班に呉文光を引き入れたのも彼であった（李幸他、二〇〇六：一二三）。朱小羊を、自らにとって最も優れた評論者であると見なす于堅は次のように述べる。

朱小羊の逃亡〔尚義街六号という自己完結した世界を逃れ行動すること〕は何か存在を確認することではなく、彼が身を置く存在の外に別の何か本質的な存在を想定することであった。彼は一つの本質を想定しておき、その後で行動に移したのだった。その結果、朱小羊のユートピア主義的逃亡に落ち着く先はなかった。三〇年代の革命青年が延安に走ったように、この理想主義者は先ず新疆ウイグルへ逃れ、後にまた北京へと逃れ、最後にオーストラリアへ行くのであった。（于、一九九五：二二三）

『流浪北京』の撮影が始まった翌一九八九年六月、北京では六四が起こる。六四は、八〇年代に推し進められた民主化運動と、それと伴走するように展開されたさまざまな文化運動の挫折として受け取られ、多くの知識人は大きな喪失感をおぼえた。

確かに六四は、大きな「喪失」にほかならなかったが、崔衛平《ツイウェイピン》は、六四が中国の独立ドキュメンタリー映画制作の生長にとって一つの契機であったと考える（崔、二〇〇三：八五-六）。崔は、六四を「統一的なイデオロギー」の終焉を意味するものであったと指摘する。それ以前、「撥乱反正〔混乱を鎮めて正常に戻す〕」、「四つの現代化」など八〇年代の改革イデオロギーであっても、旧来のイデオロギーと同じく民族全体の神話として、社会全体から普遍的に認められているものであった。そして、芸術家たちも、この民族的神話のまわりで、その他さまざまな神話の中に耽溺していたのだった。それが六四後、統一的なイデオロギーは存在しなくなり、知識人であれ、「官」であれ、いかなる努力によっても、統一的な風景を新たに作り上げることが不可能になった。こうした状況に人文主義的な知識人は喪失感をおぼえたが、ドキュメンタリー映画作家にとっては、それはまさに無限の可能性を持った生長の契機であり、それによって彼らは真に独立した身分で、自由な眼によって生活を観察、認識し、曖昧模糊とした各種の神話のくびきから逃れることが可能になったのであった。

六四後、『中国人』の制作班も解散してしまい、北京から昆明に戻ってきた朱小羊は、意気消沈し、やがて家に籠もって英語を猛勉強すると、翌年、オーストラリアへと向かうのだった。一方、やはり雲南に戻っていた呉文光は、空になった北京に戻り再度撮影を続けた（于、一九九五：二七六）。呉文光は述べている。

私は一九八九年の後、突然北京という舞台が空になったように感じました。私は突然興奮をおぼえました。特別な興奮です。私は誰もいない時に何かしたいと思ったのかもしれません。（戴、一九九九：一四七）

北京へ戻ってみると、牟森、高波ら友人たちはいなくなっていた。アメリカへ行った張慈のほか、張大力もイタリア人と結婚してイタリアへ去っていた。呉文光は、牟森、高波らをさがしあてると、一九八九年一〇月に撮影を再開する。

『流浪北京』では、六四については直接触れられておらず、「一九八九年一〇月、北京に残る流浪者」と字幕がフェードインし、その後の彼らの様子が映し出され、「張夏平の精神的破たん」の様子と、それまで稽古のシーンが挿入されてきた『偉大なる神ブラウン』の公演シーンである「『偉大なる神ブラウン』の上演」が続く。実際には、『偉大なる神ブラウン』の公演は、一九八九年の旧暦の一月におこなわれており、時系列に編集されてはいない。『流浪北京』に、六四が刻印されているとすれば、それは「張夏平の精神的破たん」などに象徴されているのではなく、登場人物の動作のディテールが際立って表現されるようになっているこだろう。例えば、高波が、崔健《ツイジエン》のロックに合わせて踊るシーンなどは、彼が語ることば以上に、彼の等身大の姿を映し出しているように思える。つまり、表現が、ことば＝イデオロギーから解放され、映像を中心に成立しているのだ。八〇年代の主流イデオロギーであった改革イデオロギーが、「ことば」であるという点において、旧来の革命イデオロギーと同じものであったとすれば、六四は、そうした「ことば」の崩壊と「ことば」からの解放の一つの契機となったと考えられる。そのとき、カメラをとおして見る呉文光にとっては、北京に生活する友人たちの姿や生活は、多くの喪失感をおぼえていた知識人たちとは、また「異なる風景」として映っていたのではないだろうか。ここに、ことば＝イデオロギーをとおしてではなく、カメラをとおして現実と出会う可能性が切り開かれたのだった。

一九九〇年三月、呉文光は、『流浪北京』の素材を持って昆明に戻り、編集室を借りると二四時間編集作業に没頭する。その作業は、呉文光にとって、北京での出来事との再度の「出会い」であったが（呉、一九九五：一八九）、そのとき、彼は作品の結果には関心はなく、手を動かしそのことをおこなっている過程において存在価値を体験したのであった。それは「夢想」を棄て、道を歩むことにほかならなかった（于、一九九五：二八二）。そのとき、呉文光にとって『流浪北京』の制作は、ドキュメンタリー映画作品の制作といったことをこえて、制作プロセス自体に自らの存在価値を見出すような経験であったといえる。呉文光は次のように述べる。

当時、私が思ったのは、八〇年代の後、この夢想の時代は終わるはずだということでした。夢想の時代が終わるということには、中国人が夢をさがし求めることの終わりが含まれ、多くの幼稚なものの終わりでした。九〇年代とはどのような時代であるべきなのか？　今から考えると、それは行動であるべきで、夢想は具体的な行動の中に置かれなければなりませんでした。（戴、一九九九：一四七）

こうして呉文光の「流浪」は終わり、自己表現という「夢想」は、記録という「行動」となり、『流浪北京』という映像作品のかたちで実現したのだった。『流浪北京』は、後に北京において「禁じられた手写本」のように手から手へと広く伝わり、中国における真のドキュメンタリー映画と見なされるようになる。

昆明の私的上映会に参加した友人たちの多くは、まるで鏡の中の自分を初めて見るようであったという。于堅は、自分たちが作品を判断する力を欠いていたとして次のように記している。

作品の上映後、みなで顔や耳を赤くして議論を始めた。議論したことは、ある人物を撮るべきであったかどうかといったものであった。あたかも撮影・インタビューされることは光栄であり、ことばの端々から、自分もどうして北京に盲流し、登場人物の一人とならなかったのだろうと惜しんでいるようであった。呉文光は、ことば少なで、議論に耳を傾けていたが、目は鋭く生き生きとしていた。私は、彼がすでに私のよく知ったあの詩人呉文光ではなくなっていたことに気がついた。（于、一九九五：一九八－九九）

その夜、『流浪北京』上映後の議論の様子を見た于堅は、「中国というユートピア大陸の夢想家の一人」に過ぎなかった詩人呉文光が、「その夜、友人たちの肯定、否定、懼れ、激情、妬み、恐れ、心配、幻想の中で最も堅実な存在であった」(同前一九九)と感じたのだった。それは独立ドキュメンタリー映画作家・呉文光の誕生の瞬間であった。

Ⅱ 「新ドキュメンタリー」という衝動

1 時間『天安門』

呉文光《ウーウェングアン》が、中央テレビの若手ディレクターであった時間《シージェン》（人名）と出会ったのは一九八八年のことであった。その頃、呉文光は、『中国』の制作班に参加していたが、同じく中央テレビによる『天安門』を制作していたのが時間であった。呉文光には、時間が「官」という体制内で働く人間でありながら、個人の考えを持った、とても聡明な人間に感じられたという。『被遺忘的影像――中国新紀録片的濫觴』の中で次のように回想している。

一九八八年、その頃私は中央テレビで番組制作に参加していましたが、彼も『天安門』という番組を制作していました。それからいっしょになることがあって、その場ではあまり話はしませんでしたが、彼がしていることは知っていました。本当の意味での付き合いは一九八九年以降のことで、一九八九年末から一九九〇年にかけて、その頃彼が制作している映像作品は放映できそうもなかったのですが、まだがんばって制作を続けていました。それから、いっしょに映像作品を見る約束をしたのです。（李幸他、

時間。呂新雨（2003）より

二〇〇六：二六三）

時間は、一九六三年生まれ。父はカメラ記者、母もテレビ局で働いていた。一九八五年に北京広播学院（現在の中国伝媒大学）テレビ科を卒業し、中央テレビ特集部に入りディレクターとして映像制作の仕事に携わった。特集部は、レギュラー番組や特別番組向けにテレビドキュメンタリーを制作する部門である。やがて、建国四〇周年の記念番組の制作の話が持ち上がると、時間は、二五歳の若いディレクターであったにもかかわらず、制作をまかされることになった。『天安門』は、北京市民の日常生活の描写が、暗く、ネガティブであり、内容に偏向があるとして結局放映されることはなかった。後に『天安門』は、独立制作の作品として、一九九二年の香港国際映画祭に出品される。時間は映画祭のカタログに、自らの作品を「新ドキュメンタリー」と位置づける文章を寄せている。林旭東《リンシュードン》によれば、これが「新ドキュメンタリー」という概念が文字資料として公式に用いられた最初のものであるという（林旭東、二〇〇五：二一三）。呉文光と出会ったとき、時間は自らの作品が放映できないことを感じながら暗中模索していた。

『被遺忘的影像』に採録されたシナリオを参考に見てゆくと、『天安門』は、各五〇分全八集から成り、随所にナレーションが配されている点などは従来の「特集番組〔専題片〕」とよばれるテレビドキュメンタリーと変わらないが、ナレーションが充満している当時の映像作品に比べると簡単なものであり、平凡な人びとを被写体としている点が大きく異なる。また、李幸《リーシン》が指摘するように、記録された人物が自らの話を語っている点などが、呉文光の『流浪北京』と同じく、映像にリアリティを与えており、手法的には、同時録音、移動する長回しなどが用いられている点においても従来のドキュメンタリーとは大きく異なっていた（李幸、二〇〇六）。

張英進《ジャンインジン》は、「時間は、一連の動きのある長回しが強調する『天安門』の景観的効果をとおして、観衆を北京の胡同へと連れ出し、同時録音と隠し撮りをとおして現実的な効果を加える。それは前もって書かれた画面外の評論に比べ、実験的なリアリティをもった外景の音が観衆に対して真に迫る臨場的な効果を生んでいる」と指摘している（張、二〇〇六：五七）。

さらに、『天安門』には、一九八八年一二月に中国美術館で開催された「油画人体芸術大展」や、一九九〇年二月一七日に首都体育館で開催された「現代音楽演唱会」などが記録されており、八〇年代の文化的事件の記録としても貴重な面がある。何より『天安門』の実験性はその冒頭部分にあらわれているといえる。『天安門』の冒頭部分を、林旭東は次のように描写している。

絵の具を染み込ませた筆を持つ一本の手が、人の眼を描こうとしており、それが毛沢東の眼だということが明らかになる。天安門前で、完成した国家指導者の巨大な絵画が、蒼然とした夜の風景の中にゆっくりと吊り上げられ、その裏側があらわになる。直後に続く黒い画面には次の文字が現れる。「私たちは歴史を尊重する。私たちが生活を尊重するのと同じように」――。（林旭東、二〇〇五：二四）

『天安門』同前より

冒頭の様子から、『天安門』には、それまでの記録映像作品にあまり見られなかった制作者の個人的な考えが強く反映していることが分かる。このことについて時間は、「我々はわざわざ『天安門』の冒頭で自分たちの主張を明示しました。……こうした態度は今日においては一つのやり方、方法でしょうが、その当時は、一つの追求、主張であり、思想だったのです」（呂、二〇〇三：一五〇）と述べている。形式的な挑戦が思想的な意味を帯びるような時代的文脈が当時存在していたわけである。

また、『天安門』の制作過程は、時間と友人たちとの共同作業の過程でもあり、重要な意味を持った。時間は『被遺忘的影像』の中で次のように振り返っている。

ポストプロダクションのときには、また多くの友人たちと共同作業をおこないました。もう一人の監督の陳爵《チェンジュエ》、シナリオの鄺楊《クアンヤン》やその他の人たちです。『天安門』の創作過程と同じく、私自身の世界観や芸術的感性もしだいに完成していったのでした。（李幸他、二〇〇六：二五三）

時間にとって友人たちとの共同作業は、「相互に啓発、刺激しあうといった可能性」（同前）を持つものであった。

2　ＳＷＹＣ電影実験小組と北京新ドキュメンタリーシンポジウム

時間のまわりに形成されていた人的ネットワークは、やがて映画制作グループへとかたちになっていく。一九九一年六月、時間は、北京広播学院の同窓である、中央テレビの陳爵、北京テレビの王子軍《ワンズージュン》と、中国社会科学院の鄺楊を加えた四人で、映画制作グループ「ＳＷＹＣ電影実験小組」を結成する。この名称は、構造（Structure）、波浪（Wave）、青年（Young）、映画（Cinema）の頭文字をとったものであると同時に、メンバーの名まえ――時間（Shijian）、王子軍（Wangzijun）、鄺楊（Kuangyang）、陳爵（Chenjue）の発音記号の頭文字からとったものでもあった。

このＳＷＹＣ名義の作品に『卒業』（一九九二）がある。この作品は、北京大学、清華大学の一九九二年度卒業生を対象として撮影されたもので、学生たちの社会、理想、人生に対するそれぞれの考えや態度といったものを映し出しており、長回し、モンタージュ、隠し撮り、さらに特殊撮影も使われている。被写体になっている学生たちは、一九八九年の六四を経験しており、その世代の記録としても重要である。この映画について戴錦華《ダイジンホワ》は、次のように述べている。

完全であるがゆえにかえって偽りの書き割りが切り裂き暴かれた複雑な真実の一端のように、また密閉された空の剝がされた一角のように、『流浪北京』において始まったその冷酷さに肉薄するような現場目撃者的なドキュメンタリースタイルにおいて、作品があらわすのはある事件や現実だけではない。作品が明るみにするのは、赤裸々でまばゆいばかりの心的風景である。また、作品が提示するのは権力というローラーが通り過ぎた後の傷口ではなく、思ってもみなかった精神的遺産及びその直接的な継承者の心的現実である。すでに歴史となった一九八九年の社会事件に対する叙述の中で、はじめて一般人／個人の視点をあらわしている。（戴、一九九九：一四九）

しかし、この独立制作の先駆け的な存在といえる『卒業』の制作過程は錯綜し複雑であり、実質上、王光《ワングアン》利《リー》の作品であるともいわれている。李幸は、王光利が資金の問題から制作を続けられない状況であったのを、時間が引き継いで制作したものであると述べている。

ある意味で、ＳＷＹＣ自体は、具体的な「作品」を生み出すことはなかったといえるが、ＳＷＹＣが存在した意味とは、「作品」という成果物を残したかどうかではなく、当時、新しい映像表現を試みた若者たちの想いを人的ネットワークとしてかたちにしたことだといえる。鄺楊は『被遺忘的影像』で次のように語っている。

当時自分たちのドキュメンタリーについての意識はというと、それはみなが結集したことから、中国ドキュメンタリーの変化だとか状況だとかに関心をもてた、そういうものでした。……現在みなが小組をとり上げてああだこうだ言いますが、あの時代にそうした衝動があったと言えるだけです。あの頃の記憶というものを、私は否定したくありませんが、誇張したくもありません。なぜならあのときはそうした気持ちであり、つまりこれをやるぞといった衝動があったことそれでいいのです。（李幸他、二〇〇六：二七九）

林旭東は、「「新ドキュメンタリー」という命名は、明確な理論的主張であるというよりもむしろ、何かを表現することへの強烈な願望を表すものだと言えるだろう」（林旭東、二〇〇五：二四）と述べるが、そこには、前に述べた八〇年代の詩サークルに見られたような「何かを表現することへの強烈な欲望を持ちながら、それがかたちになる以前の何かに突き動かされる若者による、個と個がさまざまに行き交うサークル的空間」が存在したといえる。そして、具体的な「作品」を残したか以上に、そうした「衝動」を人的ネットワークというかたちで体現したことにＳＷＹＣの意義があったのだといえる。

つまり、時間たちSWYCがおこなった最も重要な仕事は、ネットワークづくりであった。その具体的なかたちの一つが、一九九一年一二月に二日間、時間の母校である北京広播学院とSWYCが中心となって開催した、「北京新ドキュメンタリーシンポジウム」（陳、二〇〇六）であった。そこでは、時間の『天安門』、呉文光の『流浪北京』のほか、『望長城』、『沙与海』、『蔵北人家』などの作品が上映された。これは「新ドキュメンタリー」とよばれる作品群が中国で初めて集中的に上映される機会となり、また志を同じくする者たちが交流する機会ともなった。

一方、時間自身は、一九九二年九月にニュース部へ記者として配属され、その後、一九九三年一月、『東方時空』の制作に参加することになる。『東方時空』は、現代中国の問題に焦点を合わせた中央テレビの総合ニュース番組であった。さらに、一九九三年五月には、インタビュー番組『東方之子』のプロデューサーをつとめるなど、テレビ局体制の内部で着実に出世し、一九九六年三月には、中国初の大型生討論番組となる『実話実説』の総合プロデューサーとなって制作にかかわり、好評を博すなど、活躍していく。ただその一方で、独立制作の現場からは離れていった。呉文光は、時間を評して次のように語る。

彼のような人間が役人になるとは、幹部指導者が薬を飲み間違えたか何かしたのかもしれませんね。いつも夢から醒めたら役人になれていたといったような夢を見ている人間は結局役人になれませんが、時間の場合は、彼が役人になりたくなくてもまわりがしたいのでしょう。時間にはおそらく彼のやり方があるのです。私は、彼が役人になるのは、利益をはかるとかなんとかではなく、それを利用して何かやりたいのでしょう。（李幸他、二〇〇六：二六五）

以後、時間は、「官」という体制内において、新ドキュメンタリー的な理念を実現していこうとする道を歩む。この点については、時間自身も「その後私はそれならいいだろう、他人のためにドキュメンタリーを撮る条件をつくろうと思う」ようになったと語っている（同前：二五〇）。実際、例えば、「第六世代」の映画監督を代表するチャン・ユアン（張元）は、『広場』の制作の際に、撮影の便宜を時間にしてもらい、さらに、『児子』の制作の際には、ポストプロダクションのときに、現像の便宜と、三万元を出資するスポンサーを探してもらったと話している（同前：二六八）。

3　チベットの経験

北京広播学院で開催された「北京新ドキュメンタリーシンポジウム」には、テレビ局の関係者のほか、呉文光のような身分のはっきりしない人物たちも参加し、急に似たような気風の持ち主が一箇所に集まったかのような感覚を与えるものであったという。記帳のとき「所属」の欄に、呉文光は気をつかって「文学院」と書いたのだが、後ろにいた人物が、「独立映画作家」と書き込むのを見て驚いたという。その人物が蔣樾《ジアンユエ》であった（呉、二〇〇三）。当時、彼は温普林《ウエンプーリン》・温普慶《ウエンプーチン》兄弟らとともにチベットで撮影をおこなっていた。

蔣樾は、一九六二年生まれ。一九八八年に中国戯曲学院を卒業すると、北京映画制作所に入り、黄健《ホアンジエン》中《ジョン》監督の下で助監督をつとめ、『過ぎにし年・迎えし年「過年」』（一九九一）などの制作に携わるが、制作所における映画制作に限界を感じていた。

> 一九九一年に『過ぎにし年・迎えし年』を撮り終えると、大規模な撮影チームに煩わしさをおぼえました……多くの人間はその仕事が嫌いではないものの、一つの慣習的な概念がなければやれず、金銭を稼

ぐことが第一で、作品にどれだけ頭を使っているか曖昧な気がしました。（呂、二〇〇三：一〇四－五）

蔣樾が映画制作所をやめようと考えていたとき、温普林がチベットから戻っており、いっしょにチベットへ行って撮影をおこなわないかと誘われた。当時、蔣樾の頭の中に「ドキュメンタリー」という概念はなかったが、特集番組であれば、スタッフも四、五人で済み、劇映画のような煩わしさもなく、自分の好きな作品が制作できるのではないかと考えたのだった。

温普林は、一九五七年遼寧省瀋陽生まれ。一九八五年中央美術学院を卒業すると、北京第二外国語学院などで教鞭をとるが、在職中の一九八六年、チベットへと向かう。当時、中央美術学院の多くの学生が生活を体験しなければと考え、チベットへ行くことが一つの潮流となっていたという。『被遺忘的影像』の中では次のように語っている。

八〇年代にはチベットが再発見され、みなそこがとてもロマンティックで、興味深いところだと考えていましたが、実際、はっきりいうなら、中国のヒッピーのような感覚を持った人間には行くところがなかったのです。南米にも、太平洋の島々にも、ネパールやインドにも行くことができず、我々が唯一行けるところがチベットだったのです。（李幸他、二〇〇六：一一四）

八〇年代は、時代の影響を受けて、多くの芸術家たちがチベットに向かったが、温普林はその中でも早い部類に入った。一九八七年、チベットから戻ると、温普林は北京第二外国語学院を辞め、当時北京に出現したばかりの「盲流」芸術家たちの記録撮影を始める。そうした高等教育を受けながら、あらゆる保障を擲《なげう》って創作活動をおこなう芸術家たちは、温普林にとって表現行為が「異形」であるだけでなく、生活の方式そのものが「異形」であった。

八〇年代半ばの中国では思想解放運動が叫ばれ、それまで禁じられていた西洋のさまざまな思想潮流が一気に中国国内に導入された。それは芸術の分野では「八五美術運動」となって現れた。温普林と蒋樾は、そうした美術運動を『大地震』と名づけて記録撮影したのだった。『大地震』という名称は、唐山大地震一二周年を記念するという名目で、行為芸術家の張明偉《ジャンミンウェイ》が唐山で起こした「大地震」という活動に因んでおり、結局、作品として完成・公開されることはなかったが、数百人規模の行為芸術活動「包扎長城〔長城を包囲する〕」や一九八九年春節に中国美術館で開かれた「中国現代芸術大展」、さらには北京に流浪していた芸術家たちの生活や崔健の最初期のロックなども記録している。

蒋樾。王慰慈（2000）より

温普林。曹愷（2005）より

畢鑑鋒、蔣樾、温普慶のチベットでの写真。同前より

そして、一九九一年、友人の資金援助により、畢鑑《ビージェン》鋒《フォン》、温普林、温普慶、蔣樾らは、チベットへ撮影に向かった。蔣樾は、当時のことを次のように語っている。

> 当時、私はドキュメンタリーについていかなる概念も持っていませんでしたが、いずれにせよ、我々は生活を忠実に記録し、傍観するべきであり、劇映画とは区別されるものであるはずだと考えていました。
> (呂、二〇〇三：一〇五)

温普林と蔣樾らは、四川テレビと合作するなどして、撮影を続け、蔣樾は、『チベットのカトリック［天主在西藏］』、『八角街』、『拉薩雪居民』の三本を制作し、温普林は『公徳林小扎巴』を制作し、また『青朴《チンプ》——修行者たちの聖地［青朴——苦修者的聖地］』の撮影を継続した。さらに二人で『達木天葬台』を共同制作した。

蔣樾が制作した『チベットのカトリック』は、遠い辺境のチベット族の農村にあるカトリック教会の歴史とそこに住む村人たちとの関係を記録した作品である。撮影のきっかけは、温普林が話してくれた、チベットにある唯一のカトリック教会に興味をおぼえたからであった。

一方、温普林の『青朴』は、チベットの「青朴」とよばれるさまざまな信徒が集まる聖地を記録した作品である。温普林は撮影の動機について次のように語っている。

> そのときおそらく私は平常心を必要としていたのでしょうね。彼らは確かに私の心を動かしました。彼らの生活スタイルや圧迫のない自由自在な生活態度、そうした生活のリズムが私に与えた影響は本当に大きいものでした。（李幸他、二〇〇六：一一八）

『青朴』は、温普林が以前に撮影したフィルムと新たに撮ったビデオテープを組み合わせて編集されており、撮影者の温普林自身がナレーションを担当するという特徴を持っている。温普林にとって、チベットでのドキュメンタリー制作とは、自らの生活を省察するプロセスであり、『青朴』は、温普林のチベット経験を作品化したといえるものであった。ところで、『青朴』の編集を担当したのは当時、西藏テレビで働いていた段錦川《ドワンジンチュワン》であった。段錦川は『青朴』の編集過程について次のように語っている。

> 基本的に遊び心を持って撮ったものだったので、あまりあれこれ考えはありませんでした。後で素材がたまったときに一つにまとめることができず、何を語ろうとしているのか分かりませんでした。それで私が温普林にいっそ自ら登場して一つにつなげればいい、そうでないとこのことはよく分からないと言い、そして中央テレビで場所をさがして彼にぶつぶつとしゃべらせたのでした。（同前：二〇九）

段錦川。郭浄（2003）より

段錦川は、一九六二年四川省成都生まれ。一九八四年に北京広播学院を卒業したあと西藏テレビで働いていた。段錦川が卒業した一九八四年は、前年から始まった「チベット支援」に参加する学生が最も多い年であり、その数は一四〇〇人あまりに及んだ。もっとも、段錦川がチベットへ向かった動機は、「そこがあたかも夢のような、とても遠い場所であると感じ、行って見てみたい、楽しんでみたい」といった単純なものであった（梅・朱、二〇〇四：一〇〇－一）。しかし、実際チベットに行ってみると、テレビ局はまだ開設の準備段階にあり、スタッフの数は二〇〜三〇人あまりで、必要な作業は基本的に何でも自分でやらなければならず、敷地内に畑を作って自給するありさまであった。また、そこでの仕事もドキュメンタリーと何ら関係がないもので、同僚の李暁山《リーシャオシャン》と一九八七年に撮影したものも特集番組であった。

段錦川が、ドキュメンタリーに触れたのは一九九〇年のことであった。当時、すでに北京に戻り中央テレビの海外センターにいた李暁山が、アメリカの華人テレビ局のために、チベットに関する番組を制作することになり、チベットにやって来ていた。そんな折に、段錦川が知り合ったのが、呉文光であった。段錦川は次のように語る。

呉文光とは、仕事が一緒だったので、いつもおしゃべりしていました。彼に何をやっているのかたずねると、はじめから海外センターにいたわけではなく、彼らといっしょに『中国人』を撮っていると同時に、自分でも『流浪北京』というものを撮っていると言いました。そのときドキュメンタリーという概念を持つようになり、また独立映画作家というものがあって、そうした仕事と生活の方式があるということを、はっきりとした概念として言えませんでしたが、そういったものに触れたのでした。（李幸他、二〇〇六：二〇八）

その頃、ちょうどチベットから北京へ戻る時期であった段錦川は、呉文光と出会ったことをきっかけに、元の所属機関に戻らず、呉文光のように独立制作の道を歩むことを選ぶのであった。それは、段錦川にとって一つの「生活の方式」の選択でもあったのだ。

4　新ドキュメンタリー宣言

林旭東《リンシュードン》は、北京新ドキュメンタリーシンポジウムでは、一部の作品が賛否両論の議論を巻き起こしただけでなく、非公開の「新ドキュメンタリー宣言」の存在が噂になっていたと述べる。実はその数日前、当時北京の西単の胡同内にあった張元《チャンユアン》の自宅で、ある非公式の会合が開かれたのだった。出席したのは、張元、呉文光、段錦川、蔣樾、温普林、時間、郝智強《ハオジーチアン》、李小（暁）山らであった。李暁山は、次のように振り返っている。

あれは一九九一年、張元の家でのことで、張元はみなに料理を振る舞ってくれました。あの頃は張元も料理ができたんです！　みなで互いに助け合いながら、独立したドキュメンタリーをやっていきたいと話しました。独立の概念には実際二つの意味があって、一つが独立した操作のことで、もう一つが独立した思想のことです。自分が表現したいものは他人からの干渉を受けるものではないが、それをやろうとするなら独立した操作をしなければならず、別の人の金を手にすることはよくない。これは主に呉文光の見方で、他の人が補足を加えました。(呂、二〇〇三：二〇四)

そこで提起された「独立」とは、「思想の独立」と「制作の独立」であったといえるが、呂新雨は、この非公式会合において「新記録運動」が一つの主張として正式に提出されたと、そこに「運動」を見出している(呂、二〇〇三：一三)。だが、映画作家自身は、「運動」ということばを使うことには否定的である。その非公式会合で確認されたことは、呂新雨も認めるとおり、むしろ緩やかなネットワークのようなものであった。さらに、李暁山は次のように述べている。

みな一つのサークルとして箍《たが》をはめられるのを恐れたので、皆それが一つの緩やかな結びつき、極めて緩やかなものだと強調しました。交流を強化し、相互に励ましあい、やっていこうと。あの頃は互いに議論することが多く、考えを出し合っていました。(同前)

また、段錦川は当時を振り返って次のように述べる。

それは少し五四〔五四新文化運動〕の頃に似ており、みな特に一体であることを好み、時には一緒に作品を見たり、いつも一緒におしゃべりをすることを好み、知らないうちに自己同一化した感覚を持ったのでした。社会全体の中で人が比較的弱い力であるときは、相互のやさしさや励ましをとても必要とするのです。（王慰慈、二〇〇〇：一四六－七）

この非公式会合では、何か綱領をもった「運動」が掲げられたわけではなく、「集団」というよりも、制作を続けていく上で必要な、個人と個人の関係を基盤とした人的ネットワークのようなものが確認されたといえる。映像制作資源にアクセスすることが困難であった状況においては人的ネットワークの存在が重要だったのである。

呉文光によれば、当時、「自ら映画を撮る」ためには、ビジネスによって金を持っていた友人に支援を頼んだり、関係者全員が経済的な見返りのない仕事をしなければならなかったという。そんな「友人」の一人に中央テレビの陳真《チェンジェン》がいた。陳真は、一九八四年、上海の復旦大学を卒業後、中央テレビ対外部に勤務した。一九九〇年に『盆窖村』を十六ミリで制作し、山形映画祭に出品している。呉文光は、『流浪北京』制作当時、友人の陳真から、陳真が日本研修中にＮＨＫのドキュメンタリー番組を見て印象に残った長回しや移動ショットのシーンの話を聞き、そのことに啓発を受けたという（李幸他、二〇〇六：五四）。陳真は、『被遺忘的影像』の序「似乎被遺忘了」の中で次のように述べている。

八〇年代は、誰も給料が一〇〇元にも満たず、一本のドキュメンタリーを撮る最も重要な条件とは、金銭ではなく、無料もしくは安い金で使用できるカメラと編集設備であった。そしてそれが唯一の方法であり、中央テレビで働く兄弟分に助けを求めたのであった。この本〔『被遺忘的影像』——筆者注〕の中であげられている多くの作品が撮影・編集のプロセスにおいて多かれ少なかれ中央テレビと関係があるといえるはずである。こうした理由のため、中央テレビで働いていた時間、李暁山などの人たちと私は自然と友人となった。(同前:二二)

例えば『流浪北京』は、中央テレビの『中国人』の撮影カメラを「流用」するかたちで制作されたものであったが、映像制作資源が限られていた当時においては、中央テレビの「友人」との「交流」は必要不可欠なものであった。呉文光自身も、そうした中央テレビの「友人」として、時間とともに、李暁山の名まえをあげて次のように語っている。

一九九一、九二年私がテレビ局の仕事をさがしていると彼〔時間〕に話すと、彼は何かできないか聞いてみてくれました。彼が一人、李暁山がもう一人で、助けを求めると必ず助けてくれました。それから陳真もいました。彼ら数人は、体制外が助けを求める体制内の〝スパイ〟でした。(同前:二六四)

友情は機材の貸し借りというかたちでも発揮され、呉文光は後に制作する『四海我家〔四海為家〕』のポストプロダクションの際、編集機材を無償で貸してくれた蔣樾に対して、自らは蔣樾が制作した『彼岸』の字幕作業に協力したとも語っている(同前:五五)。

さらに、呉文光は、そうした独立映画制作を志した仲間同士の交流の様子を次のように語っている。

あの頃は食、住から仕事やおしゃべりまで何でもいっしょであり、恋愛ですら公開のものであった。もう地名がはっきり思い出せないが、北京の居住区にある単位の建物の中は、いくつかの大きなベッドが空間を占め、寝袋もおいてあった。私は何度かそこへ行ったが、みながベッドの上に座ったり、寝そべり、酒を飲みながら、ごちゃごちゃになった素材をどう処理するのかも含めて、とりとめもなくしゃべり続けていた。それはまるでより多くはそうした「仲間でいっしょにやる」という快楽を享受しているかのようであり、もしくは仮想のユートピアを体験しているかのようであった。（呉、二〇〇三）

呉文光はそれが「八〇年代末の理想主義的な夢の消える寸前の最後の輝きに少し似ていた」と語っているが、そこには八〇年代的なユートピアが存在し、九〇年代的な状況と八〇年代的な「友情」とが奇妙に結びついた空間といえるものであった。そのことは、九〇年代的状況においてこそ、「人的ネットワーク」の果たす役割が前景化したのだともいえるだろう。中国ドキュメンタリーを「運動」とよぶとすれば、このような人的ネットワークをその支えとした実践的な行為の総体であるといえる。

Ⅲ　第六世代と独立映画

1　張元『媽媽』

呉文光が『流浪北京』を完成させた一九九〇年、前年に北京電影学院を卒業したばかりの青年映画監督であった張元《チャンユアン》は、脳障害を患った息子をもつ母親の葛藤をドキュメンタリータッチで描いた劇映画『媽媽〔お母さん〕』を制作した。

張元は一九六三年南京生まれ。一九八五年に北京電影学院撮影科に入学すると、卒業の翌年の一九九〇年、同級生の王小帥《ワンシャオシュアイ》と脚本を共同で準備し、映画制作所によらずに、個人経営の企業などから資金を調達し撮影を開始した。その後、配属先の決まった王小帥が抜け、そのあとをカメラマンであった張元が引き継いで監督をすることになったのであった。少ない制作資金のため、撮影はすべてロケ、俳優もアマチュア俳優を使い、主演女優は脚本の秦燕《チンイエン》がつとめた。また、経費の節約のため、部分的にカラーフィルムを用いたシーンも含まれるが、基本的にモノクロフィルムで撮影されている。

この『媽媽』は、映画審査に申請するため、国営の映画制作所である西安映画制作所の「廠標」を購入し、西安映画制作所の名義で映画審査に申請し、上映の許可を得たが、制作者が個人的に資金を集めて映画をつくるという制作プロセスからみて、中国で最初の「独立映画〔独立電影〕」の一つとよべるものであった。もっとも、張元自身が語っているように、独立映画を制作していることに対して必ずしも自覚的であったわけではなかった。

一九九〇年、私は最初の映画『媽媽』を撮りました。『媽媽』は一九四九年以降、中国で最初の「独立映画」です。私の友人が制作資金の援助をしてくれました。その当時、「独立映画」という概念は中国には全くなかったといっていいでしょう。なぜならあらゆる映画は全て国営の映画制作所で制作されていたからです。私自身、このような概念は聞いたことがありませんでした。ただ、ヨーロッパの映画祭である人に言われてからようやく徐々に意識するようになったのです。（孫、二〇〇六：六九）

張元。1993 年当時、撮影：肖全。曹愷（2005）より

結局、『媽媽』は、国内での上映は実現しなかったが、一九九〇年にナント三大陸映画祭で審査員賞と観客賞を受賞すると、さらに一九九三年にはベルリン国際映画祭でも上映された。

その後、張元は、ＭＴＶ、広告、ドキュメンタリーなどの制作によって断続的に資金を自己調達しながら、独立制作による映画制作を試みた。そして、一九九三年には、ロックミュージシャン崔健と共同で劇映画『北京バスターズ〔北京雑種〕』

を制作する。

同じ一九九三年、王小帥は、一〇万元の資金を自己調達し、モノクロ劇映画『ザ・デイズ［冬春的日子］』を撮っている。

王小帥は、一九六三年生まれ。山東省出身。一五歳で北京に上京し、中央美術学院附属中学に学び、その後、北京電影学院監督科に進む。北京電影学院卒業後、王小帥は、福建映画制作所に配属される。スクリプターや助監督の仕事のかたわら、映画のシナリオや企画書を書き続けるが、三年半が経っても、一向にシナリオが採用される気配はなく、また、スクリプターという身分も変わらなかった。王小帥は、当時を次のように振り返る。


私は、あと何年生きられるだろう？　自分を浪費したり、幻想を抱いてばかりいられない。まず、自ら出発しよう。と素朴な呟きから始まって……そのとき、やりはじめてみてすぐ、クソ、やるぞ、やらなくては、と思うようになりました。こんなふうに単純でした。（汪、一九九九：二二〇）

福建映画制作所では、映画制作の機会を得がたいことに気づいた王小帥は、北京に戻って「自らの映画」を撮るため、別の道を模索しようとした（同前：二二一）。そして一九九二年に北京へ戻った王小帥は、制作資金を出資してくれるパトロンを探し始めるが、最終的にたどり着いたのが中央美術学院附属中学の同級生であった画家の劉小東《リウシャオドン》であった（張、二〇〇五：二二二）。彼らは、王小帥とカメラマンの劉傑《リウジエ》を中心に資金を出し合い、あり合わせの俳優に、シナリオも創作せず、主人公である劉小東自身の物語を撮影したのであった。一九九二年七月から一九九三年五月にかけて制作されたこの『ザ・デイズ』は、一組の画家である男女の私的生活とその破綻を描いた映画であり、極めて個人化された物語である。

この頃、北京電影学院の監督科進修班出身の何建軍《ホージェンジュン》も、同様に資金を自己調達するやり方でモノクロ劇映画『懸恋』を撮り、その後ヨーロッパの文化基金の助成によってカラー劇映画『郵便配達［郵差］』を撮っている。やがて、張元、王小帥をはじめとして、婁燁《ロウイエ》、路学長《ルーシュエジャン》、管虎《グワンフー》ら、北京電影学院監督科の一九八九年、一九九一年の卒業生を中心とする監督たちが、「第六世代」と呼ばれるようになる。

八〇年代に中国ニューウェーヴとして世界に台頭した第五世代の監督たちは、既存の映画制作体制の内部で芸術映画の制作を試みることが可能であった。なぜなら、計画経済的な枠組みの中では、どんな作品でも国家によって買い上げられることが保証されていたからである。彼らは作品の売れ行きといったことは気にせずに制作に集中することができたのだった。例えば、当時買い取られたプリントの数をみると、田壮《ティエンチュアン》壮《チュアン》の『盗馬賊』はわずか七本であり、陳凱歌《チェンカイコー》の場合、『子供たちの王様』が六本、『黄色い大地』が三〇本、『大閲兵』でも四〇本が売れたにすぎなかった（陸、二〇〇四：七二）。

第五世代の多くの監督たちは、体制の内部で、敏感なテーマに触れることを巧みに避けながら、芸術映画を制作し、市場の要求や、興行成績を気にすることなく自らの創作的実験をおこなうことが可能であったのだ。しかし、八〇年代末に電影学院を卒業したばかりの若い監督たちにとっては、体制内には第五世代が発展できたような空間は残されていなかった。例えば、かつて第五世代の監督たちが、広西映画制作所や西安映画制作所といった辺境の小映画制作所を拠点に活動を開始したように、王小帥は、自らも福建映画制作所から監督としてのキャリアをスタートさせたいと願ったわけであるが、すでにそうした第五世代の監督の時代に可能であったルートは存在していなかったのであった（戴、二〇〇六：三六〇－一）。

そして、若い世代の多くは、北京の流浪芸術家グループに加わるか、テレビ番組やCM、MTVなどを制作したり、別の映画制作クルーでアルバイトをしながら、映画への夢に執着し、名状しがたい焦りを抱きながら、映画界の周縁者の身分をスタートさせていた。張元はその中に最も深く入り込んだ人物であったわけである。

2 映画の市場経済化と映画審査制度

九〇年代初めは、一九八九年の六四の余波から、政治・社会的には開放路線が自粛され、保守的傾向が見られたが、そうした流れを変え、市場経済化を大きく方向づけたのが、一九九二年の鄧小平による「南巡講話」であった。「南巡講話」を契機として、市場経済化が進むと、市場改革の波は、映画界にも押し寄せた。八〇年代末から、テレビの普及や娯楽の多様化などにより映画産業が低迷し始めると、一九九二年の映画改革会議における改革案は、一九九三年、「映画産業の制度改革を当面深化させるための若干の意見」〔広電字(三)号文件〕として正式に発布された。このいわゆる「三号文件」により、それまで中国電影発行放映公司〔中影公司〕によって独占的におこなわれていた映画配給体制が廃止され、各映画制作所が直接的に地方の発行放映公司〔配給会社〕などに映画を売ることができるようになった。こうして、国営の映画制作所が映画を制作し、中影公司が一括して映画を買い付け・配給する構図が崩れ、映画の市場開放が一気に進められた。以前のような国家による独占から、そのほかの資金投資による映画制作が可能となり、国家体制の外での映画制作を可能とする空間が生まれたのであった。

また、九〇年代には、国家資金による主旋律映画〔国による出資のもとに社会主義建設や愛国主義をテーマとして制作された戦争映画・革命歴史映画などの総称〕のほか、張芸謀《チャンイーモウ》『活きる〔活着〕』、陳凱歌『さらば、我が愛　覇王別姫〔覇王別姫〕』、田壮壮『青い凧〔藍風箏〕』などのような「合拍片」あるいは「合資片」

とよばれる海外からの資金の入った映画が制作され、海外の映画祭で賞を受賞する作品が相次いだ。

戴錦華《ダイジンホワ》は、九〇年前後、中国の批判的映画人が、映画を撮り続けるために、「体制」と妥協し「主旋律」映画をつくるか、「市場」に屈服して単なる娯楽映画をつくるか、というハムレット的選択を迫られたと指摘する（戴、二〇〇六：二一六）。そして、このとき一つの活路として現れたのが、海外の芸術映画プロデューサーや投資家に注目され、その資金を得て、ヨーロッパを主とする芸術映画市場に進出することであった。その際、重要な役割を担ったのが、カンヌ、ヴェネツィア、ベルリンなどの権威ある国際映画祭であった。そして、海外や民間の資本により映画を制作し、海外の映画祭を通じて資金を回収するといったスタイルは、政治的圧力や資金調達の困難から逃れるため、第六世代の青年映画監督たちの間に定着していくようになった。

映画産業の「市場化」は、主に制作面におけるものであって、映画の配給ルートは、従来のように計画経済時代の作風が残ったままであった。システム上、中国には、一般的な映画配給網の仕組みが存在せず、映画の上映権や映画の配給は国家資本の一部分であった。また、これと対応して映画管理制度である『電影審査暫行規定』が存在し、電影管理局による映画審査を通過しない映画作品は、上映、輸出入することができない。既存の映画制作体制の外部で映画制作の「自由」を得ることは、中国国内での上映の道を断念、放棄するという代償をともなうものであった。

また、海外の国際映画祭に出品するにも映画審査を通し、当局の許可を受けなければならない。そのため、九〇年代、中国では海外の映画祭で賞を獲得しながら国内で上映の機会を得られない「地下映画」が数多く生まれた。その多くは、張元、王小帥ら第六世代の監督たちの映画作品であったが、そのほかに前述の、田壮壮の『青い凧』、陳凱歌の『さらば、わが愛　覇王別姫』、張芸謀の『活きる』など第五世代の監督の作品、さらに姜文《ジャンウェン》の『鬼が来た！［鬼子来了］』などの作品も含まれた。これらの映画は、作品の内容的には、必ずしも映画審査の定める禁止内容に抵触するものではなかったが、その制作プロセス自体によって国内での上映の道が閉ざされたのであった。魚愛源《ユーアイユエン》は、「地下映画」を、グローバル化という背景の下、海外資本の浸透と国家映画産業が独占する映画市場との間で生まれた「奇形児」であると指摘する（魚、二〇〇四：九〇）。

このように、既存の映画制作システムの外部でおこなわれた行為は、国家イデオロギーとの衝突を引き起こすこともしばしばであったが、そうした衝突が顕著に現れたのが、「七君子事件」であった。一九九四年二月、オランダの第二三回ロッテルダム国際映画祭の「中国映画特集」において、映画審査を通過した体制内映画と、一部の独立映画が同時に上映されるというハプニングが起こり、中国の代表団が映画祭への出席をキャンセルして抗議するといった事態が起こった。また、同様の事態は、それ以前にも東京国際映画祭で起こっていた。こうした事件を受けて、一九九四年三月一二日、広播電影電視局は、上海市電影局、各映画制作所、各省の広播電影庁（局）に対して、「張元らの映像撮影およびポストプロダクションを支持せず、協力しないことに関する通知」を通達する。この通達では、実名で張元の『北京バスターズ』が批判されたのをはじめ、監督名は伏せたまま、田壮壮の『青い凧』、王小帥の『ザ・デイズ』、呉文光の『流浪北京』、何建軍の『懸恋』、寧岱《ニンダイ》の『停機』、王光利の『卒業』といった作品がとり上げられ、これらの作品の監督の映像制作活動に対して一切協力してはならないと厳しい通達が出された。これがいわゆる「七君子事件」である。

「地下映画」は、海外の国際映画祭においては、「反体制映画」と認識されることが多いが、その背景には、戴錦華が「ポスト冷戦時代における冷戦論理」とよぶ、冷戦の終結後も終わらない社会主義／資本主義というイデオロギー的対決による二項対立的な思考様式が存在する（戴、一九九九：三二）。「地下映画」が持つ

「体制外」とは、映画を制作し続けていくための戦略的姿勢であるわけだが、これが西欧の文脈の中に置き換えられると、「反体制」という意味を帯びてしまう。つまり、既存の映画制作体制を離れた、いわゆる「独立映画」が持つ、その「非体制」的な制作スタイルが、「ポスト冷戦時代における冷戦論理」的思考の下では、「反体制」、「反社会主義」と翻訳されて、「反体制映画［持不同政見者電影］」と見なされるのだ。そして、西欧の国際映画祭は、「自由」、「民主」といった名目によって、社会主義国（元社会主義国）からのそれら映画作品に賞を与えるのである（魚、二〇〇四：九三）。

戴錦華は、ヨーロッパの映画祭と中国政府の間に、ある「協調関係」を見出している。それは、体制外で制作された映画（禁じられた映画）を国際映画祭のコンペ部門で入賞させる→政府の許可を得ずに国際映画祭で入賞した作品を上映禁止にする→禁止を受けた中国映画人を特別に重視し、いっそう褒め称える……といった中国と欧米世界とのナンセンスに満ちたゲームである（戴、二〇〇六：一〇九－一一〇）。

「自らの映画」を撮るために、必要に迫られた行為であった「体制外」での映画制作スタイルによる映画作品は、国際映画祭においては、「反体制」と見なされ、作品の芸術性以上に重視されてしまうのである。実際、それら多くの映画作品の内容を見ると、政治、イデオロギー的な内容はあまり見られず、むしろ、個人化あるいは私化した表現であるに過ぎないのであるが。

3　第六世代と新ドキュメンタリー

「第六世代」の映画監督に見られる「現実」への強い希求は、新ドキュメンタリーと共通性を持っていたといえる。張元の『媽媽』に、実際に障害児をもつ母親たちへのインタビュー映像が挿入されているが、そうしたドキュメンタリー映像は、もともと作品を制作する前段階で資料として撮影されたもので、後に、張元の判断で作品に組み込まれたものである。本物の母親たちの声を作品に組み込むと同時に、主人公であり、架空の人物であるはずの母親役も登場し、インタビューに答えるという演出もほどこされている。そうしたドキュメンタリー的手法を用いた制作の背景について、張元は、次のように語っている。

私は学校で外国のテレビ局のために短いドキュメンタリーをつくる機会があり、その撮影のときに、生活それ自体がもつ真実が作品にあることがとてもおもしろく、そうした修飾を加えず自分の考えもいれない自然に現れてくるものが、私に言わせれば、より影響を与えるものであることに気づきました。なので、卒業後『媽媽』を撮ったときに資金や各方面の制約があったことから、劇中人物と非常に近いアマチュア俳優の演技を選び、さらに実際の母親たちへのインタビューを多く使ったのでした。母親たちにインタビューしたとき、どの母親もみな涙を流していましたが、それは俳優に演じられるものではなく、フィクションでは完成させることのできないものでした。（李幸他、二〇〇六：七九）

このように、「生活の質感や原始・原生的なもの」が張元を強く引きつけたのだった。こうした「現実」への希求から、張元は、第五世代のアレゴリー的なものを批判する。

中国映画における虚偽は「文革」だけが作り出したわけではありません。「文革」以前と「文革」中のあの空っぽな大ウソは、私たちがどんなところで生活しているのか、私たちは誰なのか、私たちの本質とは何なのか、忘れさせてしまいました。第五世代の、陳凱歌や張芸謀のフィルムに、また別のかたちをとって現れ、映画に多くの詩情を与え、映画にたくさんの歴史についての描写と追憶を載せましたが、そうしたものは神話的あるいはアレゴリー的なもので、虚偽よりもさらに恐るべきものです。というのもそれはこの国の人が現実と向き合うことをできなくするからです。（同前、七八－九）

そして、張元は、自らと第五世代とを分かつ指標として「客観」をあげる。

アレゴリーの物語は第五世代の主体であり、彼らが歴史をアレゴリーとして書き上げたことは容易なことではなく、しかも見事に叙述しました。しかし私にとっては客観あるのみです。客観が私にとって重要なのです。私は毎日身の回りの事に注意しています。（鄭、一九九四）

第五世代の監督たちが、アレゴリーの物語によって、自らの世代の共通体験としての文革、下放を映画へと昇華させたのに対して、張元は、「私」の身の回りの確かな「客観」を大切にしながら、個人を叙述あるいは記録するスタイルを打ち出している。個人の記録という点では、王小帥が、『ザ・デイズ』について、「この映画を撮ったことは、私たち自身の日記を書いているようだった（同前）」と述べている。戴錦華は、第六世代の監督たちが、アレゴリーを拒絶し、ただ「自らの身の回り」の人や事に注目し、それを描き出すと同時に、語り手が九〇年代の文化的な現場の目撃者の役柄をつとめようとしていると指摘している（戴、一九九九：一五八）。第五世代の監督たちが、「アレゴリー」という手法で中国の現実を批判的に、あるいは審美的に照射することに優れていたのに比べると、第六世代の監督たちや新ドキュメンタリーの制作者は、「個人」を手掛かりに、現実の生活に焦点をあて、中国の現実を直接的に表現しようとしたといえる。

4　ジャ・ジャンクーとアマチュア映画

九〇年代、中国の現実を直接的に表現し、そのことに最も成功したのがジャ・ジャンクーだといえる。

ジャ・ジャンクーは、一九七〇年山西省汾陽生まれ。美術学校の学生であった二〇歳のとき陳凱歌《チエンカイコー》の『黄色い大地』を見て映画を志し、一九九三年北京電影学院に入学する。だが、ジャが在籍したのは、陳凱歌、張芸謀《チャンイーモウ》らを輩出した監督科や撮影科といった花形学科ではなく、文学科であった。当時、電影学院内には、映画を撮るのは監督科の学生という暗黙の了解があり、彼にとって、「自らの映画」はなお遠い存在であった。ただ、一九九三年には、すでに張元《チャンユアン》、王小帥《ワンシャオシュアイ》らによって独立映画が制作されており、それに励まされながら、ジャは、自らの映画を撮るため、王宏偉《ワンホンウェイ》ら文学科の同級生とともに「青年実験電影小組」を組織する。そして、制作資金を工面しながら短編習作を作り続け、一九九七年に『一瞬の夢［小武］』を完成させる。『一瞬の夢』は、中国の田舎町に生きるスリの青年についての物語をとおして、大きく変貌を遂げる中国社会の〈いまここ〉を鋭く表現する映画であった。

変化する中国の現実を表現したことについて、ジャは次のように述べている。

私が思ったのは、どうして誰もそれを撮らないんだろう？　ということでした。私が感じたのは、人びとに熱気があふれる中国の現在の状況に、どんな要因があるかにかかわらず、映画を撮る人間はどうして目を向けないのか？　ということでした。私には本当に理解できず、さっぱり分かりませんでした。

（呉、二〇〇〇：一九〇）

ジャにとって、変化する中国の現実にこそ、互いを際立たせるような社会とそこに住む人間の関係性が生むリアリティが存在したといえる。そうした「現実」に立ち返ろうとするジャにとって、映画体制の内部で作られる映画は、出来合いの映画概念に狎《な》れた、映画の中で作られた映画のように感じられた。そうしたジャの問題意識を文字にしたものが、「アマチュア映画の時代が再びやって来る」というエッセイである。ジャは「アマチュア映画」について次のように述べる。

これは真に映画を熱愛する者が持っている抑えきれない映画への欲望だ。かれらはより深遠な映画のかたちに眼を開き、業界に既存の評価方法を自然に超えていく。かれらの映画スタイルはいつも予想外の

ジャ・ジャンクー。ジャ（2009）より

王小帥。程青松（2011）より

ものであるが、情感が投じられるところはまたいつもしっかりとした着地点を持っている。かれらはいわゆる専門的なスタイルを理解していないだろうが、そのためにより創造的な可能性を獲得している。（ジャ、二〇〇九：二八）

映画を撮る権利が、「体制」によって壟断《ろうだん》されている状態は、ジャにとって、中国映画を窒息させることでしかなく、そうした中国映画の現状を打破するものが「アマチュア映画」であるといえる。このようなジャの考え方は、独立映画の精神を体現するものであるともいえるが、実際、ジャは当初、「アマチュア映画の時代が再びやって来る」のタイトルを「独立映画の時代」としようとしたが、発表すると問題になるだろうと、「アマチュア映画」と書き改めたという。（呉、二〇〇〇：二一一－二）

『一瞬の夢』ジャ（2009）より

Ⅳ　第三代詩人の出現

尚義街六号から「詩人」たちが次々といなくなった一九八四年、まだ雲南大学に在籍していた于堅《ユージェン》は、発表する場もままならない暗中で創作を模索していた。于堅が、南京の詩人韓東《ハンドン》を知ったのはちょうどその頃であった。

于堅は、一九五四年雲南省昆明生まれ。二歳のとき、急性肺炎に感染し、治療のために注射されたストレプトマイシンの量が多過ぎたことにより、難聴を患ってしまう。一九七〇年一六歳になると、文革の影響により学校を離れ、一九八〇年までの一〇年間、工場でリベット工、アーク溶接工、運搬工などとして働く。この間、二〇歳で詩の創作を始め、やがて彼の手書きの作品集が一部の友人や大学生の間で回し読みされるようになる。文革が終わった一九七七年、大学入学試験を受けるが、語文の成績が昆明で二番だったにもかかわらず、耳の障害のために身体検査をパスできずに不合格になってしまう。その後一九七九年、昆明の『地火』という文学雑誌の活動に参加し、翌一九八〇年、三度目の入試によって雲南大学中国文学科に合格する。替え玉を使って身体検査をパスしたという。そのとき于堅はすでに二六歳であった。そして、大学入学後、尚義街六号において、呉文光らと文学サークル活動をおこなうのであった。

崔衛平《ツイウェイピン》は、独立ドキュメンタリーの出現について、そのルーツを七〇年代以降の民間の前衛芸術の伝統

于堅。河西（2011）より

于堅。90年代当時（本人提供）

に求める（崔、二〇〇三：八四）。それは具体的には、一九七九〜八〇年の民主化運動と連動する中で生まれた画家の黄鋭《ホアンルイ》によって結成された「星星画会」と、黄鋭も発起人の一人となる詩人の北島《ベイダオ》、芒克《マンク》らによる文芸雑誌『今天』を指す。文革中「地下詩壇」に胚胎していた芒克、北島らの詩人たちが結集し、一九七八年一二月、『今天』は創刊される。そこには、芒克、北島らのほか、食指《シージー》、舒婷《シューティン》、楊煉《ヤンリエン》、顧城《グーチョン》といった詩人が集った。彼らの詩は、「官」製文壇からは「朦朧体」と呼ばれ、「朦朧詩」と通称されるようになる。「今天」グループは、「星星画会」グループとともに、創作活動を続けながら体制に抵抗し、それは「八五美術運動」などを経て、八〇年代末の民主化運動にいたる流れをつくり出す基盤となったといえる。

世界よ、君に告げよう／私は・信・じ・な・い！／君の足下に一千名の挑戦者が横たわっているのなら
／私を一千一番目に数えよ　(「回答」抄)

この懐疑と拒絶の姿勢に貫かれた北島の「回答」(一九七六)からは、強権に対峙する一個人の強い意志と、精神の解放を詠い上げる批判的精神を読みとることができる。

崔衛平は、「今天」や「星星」などの運動が、既成のイデオロギー的枠組みを突破し、非主流の声を求め、個性を展開し、新機軸をうち出すものであり、八〇年代半ば以降、さらに広い範囲で展開されるようになったと指摘している。ここで崔衛平が、独立ドキュメンタリーに対する「詩の先行」について言及している点は興味深いが、表現の位相で考えるなら、崔衛平の着眼に示唆を受けながらも、さらに八〇年代に見られる詩的潮流の分岐に注目したい。八〇年代半ばには、「第三代詩」という「朦朧詩」から脱却するような詩的潮流が現われていた。「尚義街六号」も、そうした新しい詩的潮流を代表する作品として位置づけられている。

「尚義街六号」を読むと、「朦朧詩」の特徴であるイメージ化や象徴化を極力斥け、日常生活の具体的な描写に終始していることが分かる。渡辺新一は、「尚義街六号」は、かつて過ごした学生生活の人間模様を懐かしんだ叙事詩であるだけでなく、于堅が、形容詞を極力省き隠喩を拒絶することで、ことばのもつ原初的な機能を大切にしていることが分かると指摘している(渡辺、二〇〇六)。

こうした新しい詩的潮流と「朦朧詩」との違いは、唐代に玄奘がインドから持ち帰った経典などを保存するために西安に建てた大雁塔を題材とした、韓東の「有関大雁塔〔大雁塔について〕」(一九八三)と「朦朧詩」の代表的詩人である楊煉の「大雁塔」(一九八一)を比較するとよりはっきりする。

まず、「有関大雁塔」を見てみる。

大雁塔について／僕らは何を知っているというのか／たくさんの人びとが遠くからやってくる／登っていって／英雄になるために／二度来る人もいる／あるいはもっと多く／失意の人びと／太った人びと／みんな登っていって／英雄になる／それから降りてきて／下の大通りに入っていくと／たちまち見えなくなってしまう／根性のあるやつならばいっそ飛び降りて／石段に紅い花を咲かせるか／それでこそ本当の英雄／現代の英雄だ
大雁塔について／僕らは何を知っているというのか／僕らは登っていって／四方の景色を眺めて／それから降りてくる

次に、楊煉の「大雁塔」のうち「一、位置」を見てみる。

私はここに固定されて／もはや千年／中国の／古い都に／一個の人間のように立っている／逞しい肩、昂然と揚げた頭で／果てしなき黄金の大地に向き合う／私はここに固定されて／山のように身じろぎせず／墓碑のように身じろぎせず／民族の苦痛と生命を記録する

両者を比較すると、楊煉が、大雁塔に「民族の苦痛と生命を記録する」目撃者という象徴性を与え、「中国」、「民族」といった「大きな物語」を語っているのに対し、韓東は、象徴性を排除し、観光名所としての大雁塔をただ描出するのみで、隠喩的表現が排除されていることが分かる。

韓東は、一九六一年南京生まれ。一九八二年に山東大学哲学科を卒業。在学中に詩の創作をはじめ、一九

八一年初めに青年文学雑誌『青年』上に組詩〔主題を同じくする詩をいくつか組み合わせ、ひと組の作品とする詩形〕や、「昂起不屈的頭〔不屈の頭をもたげる〕」を発表し、その後、西安に落ち着き、そこで創作したのが「有関大雁塔」であった。

于堅が韓東を知ったのは、封新城《フォンシンチョン》という人物が編集する『同代』という甘粛省の蘭州大学で発行されていたガリ版雑誌を介してであった。その頃、蘭州は「先鋒派詩」の砦であった。当時、于堅のような大学生詩人の作品は、「官」の雑誌に掲載されることはなく、自ら印刷刊行した民間の雑誌上に発表するほかなかった。そうしたなか、蘭州の『飛天』という雑誌だけが、大学生の詩に活力があることを認め、「大学生詩苑」という大学生の詩専門のコーナーをもうけていた。そのため、全国の大学生はたいていが『飛天』に投稿するようになり、すぐに学生詩人たちが創作し発表する場として立ち上がったのだった。作品を発表する際には、「雲南大学中国文学科〇〇級于堅」など学校名や学年・クラスを書き添え、それが連絡先となった。当時、まだ「第三代詩」という詩的潮流は現れていなかったが、『飛天』は、後に「第三代詩人」と目される、基本的に発表の場を持っていなかった多くの詩人の作品を掲載していた。『飛天』に掲載された于堅の詩を読んだ封新城が、自分が創刊した『同代』に詩を寄稿して欲しいと手紙を寄こしたのだった。しばらくして、ガリ版の質素な雑誌が数冊届き、そこには于堅の作品のほか、韓東の作品も掲載されていた。于堅は、韓東の作品が気に入り、詩に対する考え方に共通点があると感じたが、やがて、韓東から雑誌の創刊を提案する手紙を受け取ったのだった。韓東からの手紙に喜んだ于堅は、彼への返事にたくさんの雑誌名の案や詩を送った。雑誌のタイトルは『他們〔彼ら〕』となり、翌一九八五年三月に創刊号二〇〇部が印刷された。また、個人へ危険が及ぶのを回避するため、主編には「付立」という集団化した名が使われ、「他們文学社内部交流資料」とサブタイトルも付けられた。

王光明《ワングアンミン》は、「第三代詩」を、中国現代詩の布置において、国家イデオロギー化した郭小川《グオシャオチュワン》らの「政治抒情詩」を主流とした五〇～六〇年代の詩を「第一代」、これと対抗という方式で「近親」的関係を結んだ「今天」グループなどの「朦朧詩」を「第二代」とし、その次に来る「第三」の世代という意味を持つとまとめている（王、二〇〇二）。「第三代詩」の共通の特徴としては、「朦朧詩」との差異、平凡人への眼差しや詩言語の口語化が指摘されているが、王光明の整理によれば、朦朧詩と異なる詩的潮流の出現は、翟永明《ジャイヨンミン》、欧《オウ》陽江河《ヤンジアンホー》、柏樺《バイホワ》らその後影響力を持った詩人たちが参加した一九八二年前半に成都で刊行された『次生林』に遡るという。そのような朦朧詩からの離脱が、一定の詩潮を形成し、民間の刊行物上に集結し始めたのが一九八四年で、その中でも最も影響力のあった雑誌の一つが、南京で創刊された『他們』であった。

于堅は、「穿越漢語的詩歌之光〔中国語を穿つ詩の光〕」という論考において、「第三代詩」について、「朦朧詩」と比較しながら論じている。まず、于堅は、ここ二〇年間における傑出した詩人が、すべて「民間」から生まれているとし、詩の独立精神について次のように論じる。

詩の独立精神は、ある種の反対派精神ではなく、その本質は巨大な存在への依拠を拒絶することであり、詩とは詩でしかなく、それは独立して、自在なものである。（于、二〇〇一：三九二）

そして、于堅は、「朦朧詩」を独立精神の復活と評価し、七〇年代末に始まった思想解放運動の文化領域における先駆と位置づけ、文革が人びとに残した傷痕を告発する「傷痕文学」や民族文化の多様性に着目し、その生命力を描き出そうとする「ルーツ文学」への影響を指摘しているが、さらに「朦朧詩」に影響を受けたジャンルとして第五世代の映画も加えることができるだろう。例えば、『黄色い大地』の監督であり、「星星画会」、「今天」のメンバーの原作で映画を撮った陳凱歌《チェンカイコー》は『今天』に小説を書いていた。

他方、「第三代詩」を、于堅は、重要な「詩運動」であり、「五四」以来の白話文（口語文）伝統を中断させ、民間の声を喪失させた普通話（中国の標準語、北方語を基礎にしている）の一大天下に対して、南京、重慶、成都、上海など南方で申し合わせたかのように起こった詩革命であり、民間のことばの蜂起であると評価する。

于堅は、「「朦朧詩」が「第五世代」の映画に影響を与えたように、「第三代詩」は、先鋒（前衛）演劇や第六世代の映画に影響を与えた」と述べているが、確かに、第五世代がアレゴリーや象徴化を用いて「大きな物語」を表現したことに比べると、「第三代詩」に見られる日常性への視座は、同時代の「第五世代」とではなく、中国の現実を直接的に表現しようとする傾向を持つ「第六世代」や独立ドキュメンタリーが持つ感性や立場を先取りしているといえる。

さらに注目したいのは、于堅が、詩の独立精神について、詩における独立精神が、「反対派」ではなく、「巨大な存在への依拠を拒絶すること」としている点である。于堅は、「朦朧詩」は「民間」という同一性とともに「地下」という同一性も持っており、後者の「地下詩」が「反対派」に依拠することによって「巨大な存在」と結託することを招いたと批判する。

「政治」や「体制」への抵抗から優れた表現が生まれることは否定できないが、それが抵抗であれ「ことば」が「巨大な存在」に依拠するかぎり、抵抗の契機を失った瞬間、ことばは現実をアクチュアルに表現する存在であることをやめ、それ自体がイデオロギー化する危険性を孕んでいるのである。八〇年代の啓蒙主義的な言説が、実は「革命」にかわる「大きな物語」に過ぎなかったということは、六四以降の九〇年代に、市場経済が浸透していく中で、八〇年代的な言説が無意味化することから次第に明らかになっていくのであるが、それを表現の位相において問題化しようとしたのが于堅の議論であるといえる。

ところで、「朦朧詩」が「巨大な存在」と結託することで独立性を失ってしまったという議論を見ると、「朦朧詩」の影響を大きく受けた第五世代の監督、映画が、九〇年代に「変質」したことを想起させる。ジャ・ジャンクーは、第五世代の監督、映画が、八〇年代のさまざまな文化潮流の産物であり、独立性を欠くと、その限界を指摘している。後知恵の嫌いもあるが、九〇年代以降、大作映画へとシフトしていった第五世代の「変質」を見るとき、啓蒙主義的な言説の担い手であった知識人が、市場化に無力であったように、第五世代は、八〇年代の文化潮流に代わる依拠物として「市場化」を受け入れてしまったと捉えることができるだろう。于堅による「朦朧詩」批判は、いかに「大文字のことば」から独立するかといった問題を提起するものであり、中国の独立ドキュメンタリーにおける「独立」の意味を考える上でもたいへん示唆的である。

加えて、于堅がイメージする詩運動が、各地で発行される民間刊行物を媒介とした多元的なコミュニケーション世界であることは興味深い。一九八六年の段階で、中国全土には二〇〇〇以上の詩社が存在し、同年七月までに、全国で刊行されていた非公式のタイプ版詩集は九〇五種、不定期のタイプ版詩刊は七〇種、非公開発行の活字版詩刊と詩新聞は二二種にのぼったとされる。このように、八〇年代に中国各地で起こった詩の創作活動は、それぞれに民間の詩雑誌を持っており、メディア運動としてみることも可能だろう。于堅は、そうした雑誌が「活き活きと、自由で、多元的な局面へ入り、多くの同人誌や作品との競合のうちに遂に権威と影響力を得た（于、二〇〇三）」と述べている。その根本には、具体的な人間関係に支えられた表現の場としての詩サークルがあり、そこから生まれる多様な表現が、民間刊行物というメディアによって媒介され広がり、その相互関係としての緩やかなネットワークが「運動」としての全体像をかたち作っていたのだろう。それは、体制的な抑圧から「独立」を保ちながら表現をおこなうために不可欠のスタイルであったといえるが、そうした具体的な個人と個人の関係を基盤にした場と緩やかな広がりを持つネットワークとしての「運動」という側面は、「体制」だけではなく、「市場」という抑圧からの「独立」を試みる、その後のドキュメンタリー運動に引き継がれているようにも思える。つまり、巨大な存在に抗う（反対ではない）ためには、具体的な「地縁」的人間関係と、それぞれの関係性を繋ぐメディア運動が重要であったのだ。

また、そうした詩運動にコミットした者の多くは、一九五〇年代末から六〇年代初めに生まれた大学生で、文革によって麻痺した大学入試制度が回復された数年後に大学に入学した現役の大学生や卒業したばかりの詩人たちであった。于堅は、八〇年代の大学生について次のような指摘をしている。

大学生はあの時代の青年エリートでしたが、今日のような無味乾燥な試験答案に育てられたもやしではなく、大学にはこの国の最も思想と創造力を持った青年たちが集まり、当時の中国で最も創造力を持った詩人たちが大学にいたのです。しかし、それは何かの学派ではなく、彼らは中国で最も早いヒッピーであり、真っ先にジーパンを穿き、長髪にし、ディスコ音楽で踊り、ロックを聴き、崔健を熱愛し、性の解放やブラックユーモアを議論したのでした。朦朧詩の世代がそうしたことを行わなかったことは注目すべきことで、彼らは老幹部のような格好をして、美声で旧ソ連の歌を歌うのを好みます。（新京報、二〇〇六：一六）

八〇年代の大学生とは、中国における若者文化の担い手であった。実際、「第三代」という呼称自体にも、当時の若者文化が刻印されている側面がある。ガリ版詩雑誌『第三代人』（成都大学生詩歌連合会、一九八三年九月）の「序文」には、からかいの口調で「帝国主義は（社会主義政権の）平和的な転覆の望みをわれわれの第三代に託した」という毛沢東の文章のよく知られることばが引用されている。林少陽《リンシャオヤン》は、第三代詩人たちは、子どもの頃から毛沢東のこの有名なことばを聞き慣れており、そうしたユーモアは八〇年代の大学キャンパス文化の一部であり、同時にキャンパス外においても、例えば崔健のロックや王朔《ワンシュオ》の小説などによく見られることをあげ、「第三代」ということばには、当時の若い世代の「反逆文化」の雰囲気があったことを指摘する（林少陽、二〇〇五：二四四－五）。

また、「反逆文化」は「読む」ことをとおしても現われた。于堅は、八〇年代を振り返って、文革は終わったものの、まだ自由に書くこと、読むことが憚られた当時、若者たちは、欧米において叛逆の世代が、ロックをとおして時代に反抗したように、書くこと、読むことをとおして時代に反抗した、と語った。[*2] 文革が終わり、思想解放運動の潮流の中で、西洋から新しい思想や文化についての書籍が入ってくるようになった当時、若者たちは、それまでの空白を埋めるように、本を貪るように読んだ。大きな時代の変化の中にあって、若者は常に時代と摩擦を引き起こし、その違和感を敏感に感じ取るが、彼らは、自らの「憤怒」を、「読むこと」、「書くこと」を通じて表現したのだ。

アマチュア詩人が大量に出現したことは、中国の八〇年代の豊かさが生んだ中国的な「若者文化」であった。そうした精神は引き継がれ、やがて、八〇年代であれば、ペンを手にして詩や小説を書いていた文学青年たちは、二〇〇〇年前後には、ペンをデジタルビデオカメラ（DV）に持ちかえて自らの世界観を映像によって表現していったように思える。つまり、八〇年代の詩のように、若者たちの直接的な表現への衝動を掬い上げたのがDVであり、独立ドキュメンタリーという表現であったといえる。

＊1　舘けさみは、フィクションの部分とドキュメンタリーの部分の具体的な配置と組み合わせについて詳細に分析し、まずドキュメンタリー作品が存在し、そのインタビューに登場する一人の母親が語る内容を白黒部分で映像化していることを検証している。

＊2　筆者によるインタビューより（二〇〇八年八月）。

第2章　テレビ体制と独立ドキュメンタリー

I 「特集番組」の由来

1 新中国と記録映像

八〇年代初めの中国のテレビ体制において、最も中心的な部門の一つがニュース部と特集部〔専題部〕であった。ニュース部では、現在も中国国内において高い視聴率を誇っているニュース番組「新聞聯播」が作られ、一方の特集部は、ニュースの枠をこえる長さの番組の制作を担ったが、「特集番組〔専題片〕」という名称は、この特集部で作られる記録映像に由来する。ところで、「新聞聯播」がニュースメディアの主役を担う以前は、中央新聞記録映画制作所（新影）で制作されていた「祖国新貌〔祖国の新しい姿〕」がその役割を担っていた。「祖国新貌」は、映画館において本編が始まる前に上映される一〇分程度のニュース映像であるが、「祖国新貌」の前身にあたる「新聞簡報」は、テレビが普及する以前の中国では、重要な視聴覚ニュースメディアとして機能した。当時、近代化の途上にあり、国民的な識字能力の基盤が整備される以前にあった中国社会において、新影の制作する「新聞簡報」は重要な役割を果たした。そのような当時の社会的現実の中で、新影の基本的な表現スタイル、すなわち、ナレーションが画面上の出来事の意味を逐一説明するという啓蒙的なスタイルが求められたのである。

また、そうした啓蒙的なスタイルは、延安以来の社会的要請に応えるものであった。新影の歴史は、抗日戦争の最中の一九三八年に設立された「延安電影団」にまで遡ることができる（呂、二〇〇六）。抗日戦争期、日本においてニュース映画が黄金期を迎えたことと表裏の関係をなすように、中国においても記録映像の重要性が意識された。当時、総力戦としての抗日戦争を戦っていた中国共産党軍にとって、民衆の動員は必須であったが、共産党軍が根拠地を置く農村地域には識字能力を持たない民衆が極めて多く、非識字者を前に、直接的な伝達力を持つ宣伝的な映像の力は不可欠と考えられた。そうした社会的要請の中で延安電影団は設立され、中国共産党による記録映像制作の歴史は始まった。抗日戦争の勝利から、国共内戦を経て、新中国が成立すると、映画制作所の再編がおこなわれ、記録映像は、一九五三年、北京に成立した新影が専門に制作することになった。

新中国の成立は、中国映画に、アメリカのハリウッド映画の影響を排除し、ソ連映画の影響下に映画制作の道を歩ませることになった。方方《ファンファン》『中国紀録片発展史』（中国戯劇出版社、二〇〇三年）によれば、制作面では、新影の成立に先立つ一九五〇年、中国に派遣されたソ連の撮影隊によって、『解放了的中国（解放された中国）』と『中国人民的勝利（中国人民の勝利）』の二本の記録映画が作られ、その制作過程に中国の映画人もかかわることで、記録映像の制作の思想と手法を吸収したという。また、一九五〇年代には、『党論電影』（レーベジェフ編、徐谷明ら訳、時代出版社、一九五一）が翻訳され、その中のレーニンがニュース映画について語った「形象化した政論」という考え方が記録映画制作の理論的な枠組みとなり（高、二〇〇三：一三一）、ソ連映画の影響は、理論面からも補強された。

ただ、そのことは、一方で、五〇年代から六〇年代にかけて、欧米のドキュメンタリー界において起こっていた、技術面の飛躍的な進歩による、考え方から実践に至るあらゆる面での決定的な変化から、中国映画を遠ざけることになった。映画に限らず、当時の中国では、国内外の政治情勢に迫られ、極めて閉鎖的なイデオロギー体制がとられていたのである。

それでも、ニクソン訪中後の七〇年代には、西側からミケランジェロ・アントニオーニ、ヨリス・イヴェンスらが訪中し、ドキュメンタリー映画を制作した。しかし、アントニオーニの『中国』（一九七二）は、中国で批判を受け、お蔵入りとなり、また、ヨリス・イヴェンスの『愚公山を移す』（一九七六）は、検閲によって原形をとどめないほど変わってしまった。結局二人の影響は限定的なものに終わったのだった。

ところで、林旭東によれば、さまざまな思惑が渦巻く政治的空気の中で、新影の内部では、長回しのカメラ、同時録音の使い方、現場での関係性の樹立などの西側の監督の制作方法が密かに議論されていたという。しかし、イデオロギー的障壁以外にも、外国から輸入される撮影用のフィルムに厳しい統制が敷かれていた当時の中国の貧弱な制作環境からいって、関係者たちは、ダイレクト・シネマが最終的な作品の長さに比べてはるかに多くのフィルムを使うことを前に、ただ尻込みするしかなかったという（林旭東、二〇〇五：二一七）。

2 テレビ放送開始と『河殤』

八〇年代、テレビ局の特集部で制作される特集番組にも、従来の記録映像制作で培われた、ナレーションによって画面上の出来事の意味を逐一説明していく絵解きのようなスタイルが受け継がれたが、それは、八〇年代の「文化熱」の中で生まれ、激しい伝統批判で衝撃を与えたテレビシリーズ『河殤』（一九八八）にも見出せるものであった。

『河殤』は、中央テレビが制作し、一九八八年六月に放映されたテレビドキュメンタリーで、放映されるや、国内外の中国語圏で大きな反響を巻き起こした。その内容は、万里の長城や黄河などの民族統合のシンボルを抑圧、保守性、停滞という角度から読みかえ、さらに科学技術上の発明を断続させ、資本主義を発達させなかった歴史を憂い、歴史的停滞の原因を進取の気風に富む海洋文明（＝青い文明）の対極にある閉鎖的な内陸文明（＝黄色い文明）に帰すなど、中国文明の支柱である儒教に痛烈な批判をおこなうものであった。シナリオは、北京広播学院の教員でルポルタージュ作家でもある蘇暁康《スーシアオカン》と、北京師範大学の教員である王《ワン》魯湘《ルーシアン》がつとめ、監督は夏駿《シアジュン》がつとめた。また、製作顧問として当時サイバネティクス論などを駆使して中国の大一統メカニズムを批判していた哲学者の金観濤《ジングワントウ》が参加した。『河殤』は、八〇年代半ばからの中国の学術・文芸界に盛り上がった中国の伝統文化に対する強い関心を示した「文化熱」の一つのピークをなすもので、批判的知識人による中国の改革への自己主張といえるものであった。

ただ、シナリオを日本語に翻訳した辻康吾によれば、『河殤』が主張するいくつかの論点は、その急進性においてそれまでの議論を大きくこえるものではなかったという。むしろ、『河殤』の新しさとは、文革後の新しい思潮を家庭内のテレビ画面を通じて民衆の日常レベルにまで一挙に押し広めるものであったと辻は指摘する（蘇・王、一九八九：一五九－一六〇）。また、形式的には、春名徹が指摘するように、「論理が優先して映像を従属させようとする」（同前、一六八）スタイルが如実にあらわれるものであった。そうした「ナレーション中心」の論理が優先し、映像を従属させようとしている点では、新しい思想を謳う『河殤』も旧来の特集番組と同工であり、「新ドキュメンタリー」を目指した若者たちにとっては批判の対象であった。陳《チエン》真《ジェン》は次のように語り、新ドキュメンタリーが目指したものと『河殤』との差異を明確にしている。

当時、我々はとくに『河殤』に反感をもっていました。もちろん、その思想に反感があったのではなく、主にそのやり方に対する反感でした。我々はそれがテレビではない、完全に我々が考える映像というものではないと思いました。というのも私は、我々の世代の者は、当時、映画やテレビをつくりたい、張芸謀《チャンイーモウ》、陳凱歌《チェンカイコー》のようになりたいと思っていました。そうでしょう？　だからテレビとしては、まず映像の力が重要だと考えていました。しかし、夏駿のやり方は映像ではなく、全くナレーションに頼っています。つまりいわゆる観点や思想に頼っているのです。作品の中の多くの映像は作品の観点に対してあまり大きく作用していません。（李幸他、二〇〇六：一七）

ここで陳真は、映像がことばに従属してしまっていることを批判するが、つまり、「革命」から「現代化」へと路線転換した八〇年代は、西欧近代に依拠する啓蒙思潮によって「革命」の克服が目指されたが、映像の形式としては、「革命」時代に培われた映像の形式と同じであったということだ。また、このことは、六四後の九〇年代において八〇年代の啓蒙思潮が、実はそれ自身が否定し、克服しようとした「革命」と同様に「大きな物語」に過ぎなかったということと符合するのである。

3　テレビにおける新ドキュメンタリー——『望長城』

新しさをそなえたテレビドキュメンタリーとして評価が高いのは、『河殤』ではなく、『望長城』（一九九一）である。林旭東は、「北京の一部関係者」の間で、『流浪北京』が独立ドキュメンタリーの先駆けとして見なされると同時に、『望長城』の誕生が「ドキュメンタリーと特集番組」が主流メディアの中で「分化し始めた」メルクマールと見なされるようになったと述べている（林旭東、二〇〇五：二二）。

改革開放期の八〇年代に入ると、中央テレビと日本のＮＨＫによる『シルクロード［絲綢之道］』（一九八〇）をはじめ、外国の放送局との共同制作によってテレビドキュメンタリーがさかんに制作されるようになった。

『望長城』は、中央テレビが、日本のＴＢＳと共同制作したドキュメンタリーであり（日本では、ＴＢＳ創立四〇周年記念番組『万里の長城』として放映）、一九九一年一一月から全国放送され、大きな社会的反響を呼んだ。林旭東は、「体制内部の作品として『望長城』の新しい点は、個としての人間が登場したことにある。彼らはときに現れ、ときに隠れながらも、その姿を、その声を、その生活を、その物語を、その具体的で日常的な存在を、連綿と続く歴史の地層に生じた裂け目から浮かび上がらせた」と述べる（同前、一二三）。

また、『望長城』の制作が開始された一九八八年は、呉文光《ウーウェングアン》や時間《シージェン》が携わった『中国人』、『天安門』の制作が始まった年でもある。林旭東によると、制作班を立ち上げるにあたって、当時のテレビ局の幹部は、発想の枠組みを一新するために、一連の「内部参考作品」を集めて制作班向けの鑑賞会を実施した。上映作品の中にはミケランジェロ・アントニオーニの『中国』（一九七二）、イギリス・香港・中国の共同制作による『龍之心』（一九八四）など、「西側テレビ局のために製作された中国関連作品も含まれて」おり、「これらの作品を観ることによって、当時の人びとは一九六〇年代以降の国際的なドキュメンタリー製作の発展について一定の専門知識を得ることになった」（同前、一二一）という。呉文光も当時、こうした作品を見た一人であり、ビデオテープで見たと次のように語る。

> まず中央テレビの『中国人』制作班に入ったことで、そうした作品を見ることができました。そうした作品を見たことは間違いなく多くのメリットがありました。中国が外部の眼差しによって見られたときどんなものになるのかという……。それから『龍之心』以外にイタリアの監督アントニオーニの『中国』もありました。（梅・朱、二〇〇四：六二）

ドキュメンタリー制作者で当時、『望長城』の制作にかかわった陳 暁卿《チェンシアオチン》は、そうした『龍之心』や『中国』の鑑賞によって、大きな影響を受けたと次のように語っている。（呂、二〇〇三：一七一）

外国の六〇、七〇年代のドキュメンタリーの創作観念についての影響、そうした純粋でないシネマ・ヴィリテやダイレクト・シネマの模倣は、『望長城』に非常に明らかです。後の研究者はむしろこのことにあまり触れず、制作者も言いませんが、私は内情を知っています。

ところで、何蘇六《ホースーリウ》は、そうした新しいテレビドキュメンタリーが制作された政治的な背景について、「求真務実〔真実を追求し実際的なものを重んじる〕な気風が次第にドキュメンタリー制作に影響し、技術と観念とが共にテレビドキュメンタリーの言語に対して転換を促した」ことを指摘している（何、二〇〇五：三五）。何蘇六が指摘する政治的な背景とは、文革終了後の一九七八年一二月、「第一一回三中全会」が開かれ、各方面で混乱をしずめて正常に戻し、根本から改革がおこなわれ、「解放思想、実事求是〔現実の中で真理を追求する〕」が新しい主流観念となったことを指す。

『望長城』の制作に参加した魏 斌《ウェイビン》は、当時『望長城』が制作されたことについて、「政治上の思想路線が本当に重要であった」とし、次のように述べている。（呂、二〇〇三：二一六）

『望長城』を撮ったとき、私は、大きな面からいうと、……鄧小平が提唱した「実践が真理であるかどうかを確かめる唯一の基準である」ことや、実事求是の思想路線と切り離すことができないと思いました。当時私はジャーナリズム界で最も反感を受け、嫌われていたことが〝ウソ、ホラ、内容がない〟ことだと感じていましたが、そうした雰囲気があったので、より真実を追求し、真実の中に美しいものを発見することが、おそらく生長してきたのだと思います。これは政治上とても重要な前提です。さらに具体的にいうとそれはおそらく作品の審査者にも現れたのであり、もしそうした思想解放運動がなければ、審査者にきっと受け入れられなかったでしょう。その関門を通り抜けることはできなかったでしょうし、さらには制作者自身そのようにやれなかったでしょう。

ここから、分かることとは、『望長城』の新しさは、「実事求是」という当時の主流イデオロギーと対立するものではなかったということである。

林旭東をはじめ一部の研究者は、長回しや同時録音、一般人の出現などの特徴を持つ『望長城』を、初めて「官」の映像を脱したものであり、そのリアリティと個人の出現が、民族神話を抒情する時代の終わりと、いまここを叙述する具体的な時代の始まりと符合するものであったと評価する。

しかし、何蘇六は、『望長城』で表現される個人が「常に長江、万里の長城、黄河、大運河などといった媒介物に托されたもので、一個人を使ってそうした媒介物がになう民族精神を説き明かし、構築するだけ」のものであり、そこにあらわれている「人間は完全に独立した個人ではなかった」と指摘する（何、二〇〇五：四二）。つまり、『望長城』の個人とは、独立した個人ではなく、集団化した記号のような存在であったということである。もちろん、それはすでに前の時代の虚構化された英雄とは全く異なったものであったが、やはり「時代」に強く規定された個人であったといえる。

私的上映などによって受容された『流浪北京』の影響が限られていたのに比べると、『望長城』はテレビ放映されたこともあり、影響力という意味ではたいへん大きいものがあったが、ただ、『望長城』を新ドキュメンタリーの濫觴として位置づける考え方には、制作者個人の視点が存在するかどうかという観点から、否定的な意見が多い（朱・万、二〇〇五：一一）。

陳真は、新ドキュメンタリーについて、「形式」としてのみ論じることに反感を持って語っている。

私は現在の人が中国のドキュメンタリー運動を一種の形式に変えて探求していること――記録的な映像言語があるかないか、そうした構造があるかないか、人物がいるかいないかなど――を感じますが、それらはどれも形式からドキュメンタリー運動を理解するもので、そのために彼らは『望長城』といった作品をメルクマールとするのでしょう。私は彼らのそうした考えに反感をおぼえます。実際、彼らはこうしたドキュメンタリーは、寂寞に甘んじない若者、あるいは映画テレビ制作者が、あの時代において表現することを渇望し、そして社会への責任感を持つことを望み、変革を望み、自らの声を発することを望んだものであることを見落としているのです。しかも彼らのそうしたドキュメンタリーは、さらに彼ら自身にとって人生における一つの選択ですらあり、そうした豊穣なものは、いずれもドキュメンタリー運動がひそかに携えていたものなのです。（李幸他、二〇〇六：九）

陳真は、新ドキュメンタリーが、「人生における一つの選択」でもあったことに言及している。ドキュメンタリーを「作品」の枠のみで考えず、さらにその制作プロセスにおける、制作者個人の「経験」などにそくして見てゆくと、「作品」にのみ回収されえない、そこには何か自己を自身の可能性に向かって開いていくような自己投企的な選択があったといえる。つまり、「時代」状況を共有しながらも、また、技術的な共通性を持ちながら、新ドキュメンタリーが、テレビシステムで制作された『望長城』と根本的に異なっていたのは、ドキュメンタリーが「人生における一つの選択」となるような、「生の経験」とよべる何かがあったからであった。

Ⅱ　小川紳介とワイズマン

1　オガワとの出会い

呉文光《ウーウェングアン》が小川紳介とはじめて会ったのは、一九九一年の夏のことだった。福岡で開催されたアジア映画祭に参加するため来日中であった呉文光のところへ東京の小川紳介から映画祭の後に会わないかと誘いの電話があったのだった。呉文光の回想によると、数日後、呉文光は小川プロの東京事務所の椅子に座っていた。呉文光の眼には、小川は精気がみなぎっているように見え、この人物が半年後にこの世を去るとはとても想像できなかったという。そして、数日間かけて東京事務所で『三里塚・第二砦の人びと』を含む七本の小川プロ作品を見たのだった。ノーナレーション、ノーミュージック、数分をこえる長回しの多用、と、それまで見たことのなかった映像を前に呉文光は、あたかも自らが二〇年前の現場にいて出来事を目撃しているような感覚をおぼえた。その傍らでは、来日中であった中国の映画監督彭小蓮《ポンシアオリエン》が英語字幕をみながら中国語に翻訳していた。映画鑑賞の合間には小川紳介と会話をすることもできた。小川は呉文光から中国ドキュメンタリーの現状と呉文光の将来の計画を聞き、長年ドキュメンタリーにかかわってきた自らの経験を語った。小川がたえず語ったことは、ドキュメンタリーとは精神であり、真実を記録する眼差しと勇気による力によって、社会の多くの人が現状を考え、変革するよう働きかけるものである。それゆえ、個々の映画人は自分のことだけに終始するべきではなく、結集し共同で進めていくような一つの力とならなければならないということであった（呉、一九九九）。

小川紳介は、一九三六年生まれ。岩波映画製作所退社後の一九六八年、三里塚に移住し小川プロダクションを結成。そこに住み込みながら、一九七七年までに『日本解放戦線・三里塚の夏』（一九六八）をはじめとする、成田空港建設反対闘争を記録した三里塚シリーズを制作した。その後、一九七五年、小川プロは拠点を山形県上山市牧野へ移し、農業を体験しながら日本のムラを撮ることを目指した。それは、『ニッポン国古屋敷村』（一九八二）、そして『一〇〇〇年刻みの日時計』（一九八六）へと結実していく。

小川プロで長年助監督をつとめた飯塚俊男は、『一〇〇〇年刻みの日時計』のパンフレットの「表現の世界の中では国家のパスポートはいらない。みんな映画の国の住人なんだ」という小川のことばを引きながら、今にして思えば、小川がこの映画で映画祭がやりたかったのだと語っている。[*1] 小川は『一〇〇〇年刻みの日時計』について次のように語っている。

> 自分達がプリントを持って行ってかけるというやり方の質をどう変えていくかでしょうね。……僕はこの映画は既成のどの形態でも活かしきれないと思うので、場を作れないかと考えるんですね。自給自足を閉塞的に考えないで、もう一度投げ返してやろうと。そして出会うべき観客と出会いたいと。（小川、一九八七：六七）

こうした小川の考えは、一九八九年に始まる山形国際ドキュメンタリー映画祭の活動へと広がっていく。ま

小川紳介。曹愷（2005）より

た、それは小川にとって、アジアの若い映画人と出会うための場であった。小川は、アジアの若い力に期待を寄せ、実現することはなかったが、アジアの若い映画人とともに映画をつくることを目指していた。そうした小川の前に、呉文光は現れたのだった。難しいビザ延長の手続きにスタッフが奔走してくれたおかげで、呉文光は、日本滞在を一〇月まで延長することができ山形映画祭にも参加した。一方の小川は、体調が悪化し映画祭に参加することができず、翌年の二月に帰らぬ人となった。

一九九二年の元日に呉文光が小川からもらった年賀状には、「撮り続けよう！　何か助けがいるときは遠慮なくいってくれ」と直筆で書かれていた。小川との出会いは、呉文光に明確に方向性を与えたというが、次のように回想している。

振り返ってみると、七年前に『三里塚　第二砦の人びと』を見たことは、広野を幾日も歩き、ついに高い山を発見したものの、仰ぎ見るばかりであるような感覚であり、狂喜しながら消沈してしまうような気持ちになった。その年、私は『流浪北京』を完成させてから一年以上、ぼうっとして虚脱の中にあったのだが、小川のドキュメンタリー映画を見て、自らが本当の意味でドキュメンタリー映画を頑張ってやっていく方向性をさがしあてたと狂喜し、幾年か奮闘すれば結果が出せるのではないかとひそかに思った。しかし、いま七年が過ぎたが、小川という人はまだ

> 大きな山のように前に横たわっている。もしかすると、本当に彼をこえることなどできず、一生涯ただその後姿を望むことができるだけなのかもしれない。（呉、一九九九）

一九九一年の夏、映画祭までの期間、小川プロの事務所でドキュメンタリー作品をむさぼるように見続けた呉文光は、大いに刺激を受け、映画祭のディレクターであった矢野和之に願い出てビデオテープを中国に持ち帰り、段錦川《ドワンジンチュワン》、蔣樾《ジアンユエ》など友人たちにダビングして渡した。こうして小川の情熱はビデオテープとともに手から手へと伝えられたのだった。

2 『私の紅衛兵時代』

一九九三年一〇月、第三回の山形映画祭で、呉文光は、『私の紅衛兵時代［一九六六、我的紅衛兵時代］』（一九九三）によって小川紳介賞を受賞する。この賞は、アジアの若い映画人との切磋琢磨を望んでいた小川紳介の遺志を引き継ぐかたちで設けられたアジア・プログラム（後のアジア千波万波）のために新設された賞で、呉文光はその第一回の受賞者となったのだった。

『私の紅衛兵時代』は、かつて紅衛兵であった、劉龍江《リウロンジアン》、胡暁光《フーシアオグアン》、徐友漁《シューヨウユー》、黄玲《ホアンリン》、田壮壮《ティエンチュアンチュアン》の五人による文革についての回想を中心に、ロックバンド「コブラ［眼鏡蛇］」による映画主題歌『私の一九六六』（作詞：于堅）のリハーサル・シーン、郝智強《ハオジーチアン》の水墨画アニメーション、文革のニュース記録映像資料などが挿入され、全体は、七つのパートから構成されている。制作のきっかけは、段錦川から聞いた元知識青年の話であったが、具体的な制作のプロセスには、詩人の于堅《ユージェン》もかかわっている。呉文光は次のように語っている。

『私の紅衛兵時代』梅冰、朱靖江（2004）より

具体的な考え方にも友人が関係していて、詩を書いている于堅が、歴史のディテールから撮るべきだと、私にたくさん話をしました。私はそのようにやって、おしゃべりをし、インタビューしましたが、大部分の人は面識がありませんでした。他の人の紹介で知り合ったのであり、インタビューをおこない、四〇人以上の中から五人を選んで語らせました。みなあの時代を経験してきた紅衛兵であり、しかもディテールを話せる人物でした。（梅・朱、二〇〇四：七二）

確かに、『私の紅衛兵時代』が見る者を引きつけるのは、大文字の歴史として「文革」が語られているからではなく、語り手が、語っていくうちに、あたかも当時に帰ったように具体的な話をし出し、さらには、思い出を楽しそうな表情で生き生きと語る様子をカメラがとらえている点である。

呉文光は、「自分はその世代の人間ではないが、一人の小学生として高校生がそこで革命を叫ぶのを眼にし、革命列車に乗り遅れ、空虚感でいっぱいだった（同前）」といい、また、于堅は、自分たちの世代を、「宴会を傍らで眺めていた世代」とよぶが、それは時代の中ではっきりとした席を与えられなかった世代という意味で、彼らは「文革」を経験しながら、「文革」の傍観者であるにすぎず、明確な社会的身分を持たない世代であった（新京報、二〇〇六：一四）。ただ、むしろそうした狭間の世代にあったことが、彼らに「文革」の当事者を客観的に見ることを可能にしたとも考えられる。

ところで、一九九三年の山形映画祭のアジア・プログラムでは、呉文光の作品のほか、ＳＷＹＣの『卒業』、

郝智強《ハオジーチアン》の『大樹郷』、温普林《ウエンプーリン》・段錦川の『青朴――修行者たちの聖地』、蔣樾の『チベットのカトリック』、傅紅星《フーホンシン》『カムの一座［甘孜藏戯団］』の五作品が上映された。『カムの一座』が中央新聞記録映画制作所から出品されているのを除くと、ほかの作品はすべて個人の身分で出品された独立映画制作によるもので、これだけの中国の独立ドキュメンタリー映画作品が国際的な映画祭で集中的に上映されたのは初めてのことであった。段錦川は映画祭に参加した感想を次のように語っている。

当時、国内において、我々のような人間は極めて少なく、どうであれある種のプレッシャーを受け、誰も作品を見る者はおらず、作品を撮っても誰も支持してくれないような、そんな孤独感を持っていました。しかしそこ（映画祭）では、もともと世界にはこんなにも多くの人間が我々のやっていることと同じことをしているのだと分かり、そこはまるで一つの家、もしくは多くの志を同じくしている者がいる場所のようでした。（梅・朱、二〇〇四：一〇五）

それ以降、山形映画祭では毎回中国のドキュメンタリー映画が上映されているが、「ヤマガタ」は、小川紳介が感じ取っていた、動き始めた中国の大地から溢れ出てくるような作品と若い情熱を掬い取り、刺激を与える場となっていったのである。

3　馮艶と季丹

ところで、一九九三年の山形映画祭には、観客として二人の中国人女性が参加していた。季丹《ジダン》と馮艶《フォンイエン》である。二人は、アジア・プレスのジャーナリスト野中章弘に誘われて山形に来ていた。

馮艶。中山大樹（2013）より

馮艶は、当時、京都大学の博士課程で環境経済学を専攻する留学生であり、ドキュメンタリーに対して特段の興味は持っていなかった。かかわりといえば、野中の取材で通訳をつとめたことや、前年に東京で開かれたワークショップに、請われて呉文光の通訳をつとめたことくらいであった。だが、小川紳介の映画と著書との出会いが、馮艶の運命を変えた。「私と山形映画祭」というエッセイの中で馮艶は当時の経験を振り返っている（馮、二〇〇七：七二―三）。馮は、昼間、映画を見た後、夜、狭いホテルの部屋で、『映画を穫る――ドキュメンタリーの至福を求めて』（小川紳介著、山根貞男編集、筑摩書房、一九九三）にある赤トンボのエピソードを読んだとき、心が揺さぶられ眠れなかったという。それは、アルコール中毒の老人の腰にだけ赤とんぼが止まったのを見て、小川が、自分たちの限界を痛感するエピソードである。このエピソードが物語る繊細な観察眼は、馮艶の心の奥深くにあった何かを訴えたいという表現への欲望を掻き立てた。

ちょうどその年の山形映画祭には、多くの中国人映画作家たちが来ており、馮艶は、興奮しながら、赤トンボのエピソードを話して聞かせた。彼らは口を揃えて、翻訳して中国で出版することを勧めた。郝智強は帰国後、出版のため電影出版社と連絡をとっているとファックスまでくれた。しかし、当時中国ではドキュメンタリー映画についての認識は乏しく、結局その話は流れてしまった。その後、小川プロのプロデューサー伏屋博雄が台湾の映画評論家・焦雄屏《ジアオシオンピン》に出版の話を通し、『小川紳介的世界〔小川紳介の世界〕』というタイトルで台湾の遠流出版社から出版された。

そして翌一九九四年の七月、馮艶はビデオカメラを携え、中国三峡の地に立っていた。一九九三年、国家的大プロジェクトである三峡ダム建設が着工し、ダムの建設によって、一四〇万人もの住民が移転をしなければならないとされていた。馮艶は、この三峡ダム建設をテーマにドキュメンタリー映画を制作しようと考えたのだ。当初、彼女には、どこかで小川の映画の中の農民像を渇望するような思いが存在していた。しかし、現実はその願いを見事に打ち砕くものであった。ダム建設地区全体がまるで祭りのような雰囲気に包まれ、感傷的な気分も土地に対する名残惜しさもなく、やがて訪れる新しい生活への不安も、補償金の金額の多さと土地を離れることがもたらす喜びにとってかわられていた。そこから馮艶は再出発した。その後、一九九六年の年末まで、沈むことになる長江沿岸の二つの村に滞在しながら撮影を続け、一〇〇時間をこえる素材を八五分にまとめ、『長江の夢』（一九九七）を完成させると、一九九七年の山形映画祭に出品する。映画は、移住にともなう変化の中で、逞しく生活する女性たちの姿を記録するが、その映像は馮艶自身と彼女たちとの出会いをみずみずしく語っているようである。また、この作品には、後に馮艶の映画の主人公へと成長していく人物である張秉愛《ジャンビンアイ》が、隅のほうに座って控えめにカメラに向かって笑みを浮かべているのが映り込んでいて面白い。

一方、季丹は、一九九四年にチベットへ向かった。季丹は、一九六三年黒龍江省生まれ。一九八七年に北京師範大学を卒業し、一九八八年から一九九二年まで日本に留学していた。満州族の血を引く季丹は、ビデオカメラを手にすると、まず一九九三年から東北地方の少数民族や残留日本婦人などを撮影した。

もともと季丹には、チベットへの強い憧れがあった。当時、北京師範大学の多くの同級生が卒業するとチベットに向かった。前に触れた演劇人の牟森《モウセン》もそうであった。季丹は、チベットへ向かった理由を、八〇年代多くの大学生にチベットへの強い憧れのようなものがあったと語っている。

季丹。英未来（2012）より

> そうしたチベット・コンプレックスはおそらく八〇年代に大学を卒業した世代の人間であればみなが持っていたもので、チベットが非常に素晴らしいと感じていました。八〇年代には多くの大学生は卒業後都市に留まることを望まず、チベットだとか、ウイグルだとか、より苦しい環境やより辺鄙な場所を求めましたが……これは一種の精神的な追求だったのです。（梅・朱、二〇〇四：一二〇）

チベットで撮影を始めた当初は、特定のテーマや撮影対象があったわけではなく、ただ、チベットを知りたいという好奇心があっただけで、もの珍しいものが撮影対象であった。珍しい風俗や宗教儀式などの撮影を続ける中で、季丹は、自らが見たものとカメラで撮影したものの効果が異なる、つまり、カメラにはカメラの眼というものがあるということを理解する。結局、その頃に撮った素材はほとんど作品に使えるものではなかったが、その頃の経験は、季丹自身にとってたいへん重要で、作品自体よりもその意義は大きいという（朱・万、二〇〇五：三六）。一方で、季丹は、チベット語を習得し、一九九六年にはチベットの人びとと議論できるまでに上達した。そして、一九九六年、チベット自治区シガツェにある村のゴンプー一家のところで暮らすようになるが、彼らの家に行き、ようやく作品が始まったのかもしれないと感じたという（梅・朱、

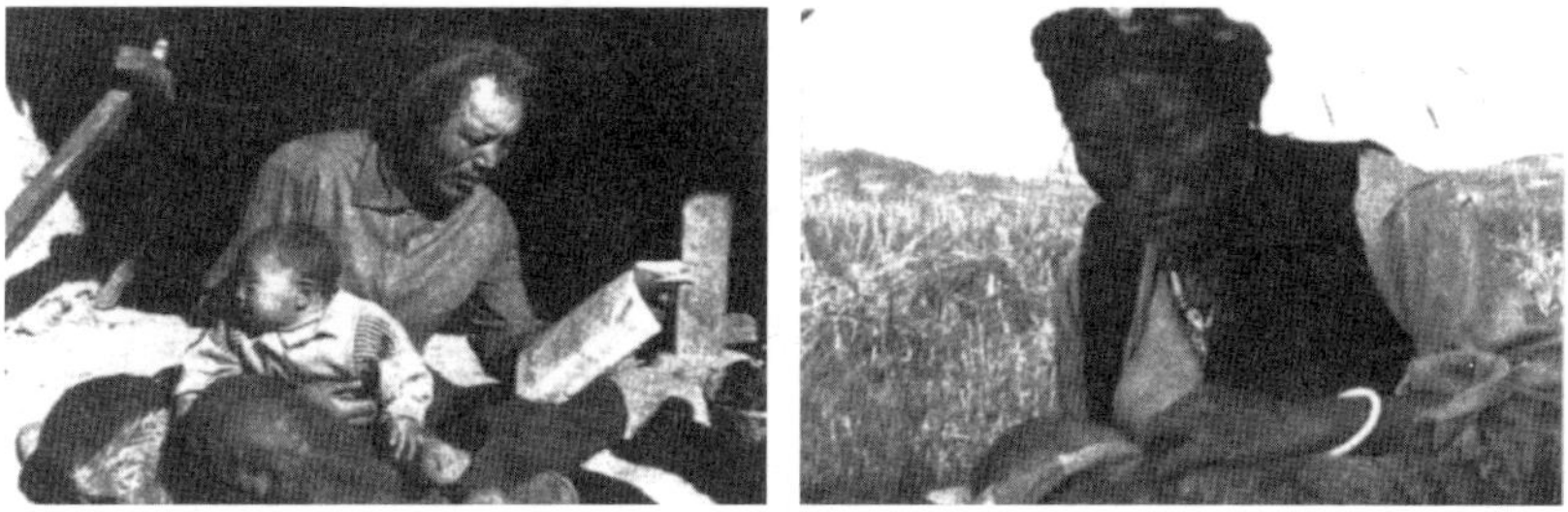

『ゴンプーの幸福な生活』同前より

二〇〇四：一三二）。ゴンプー一家と出会った季丹は、彼らの暮らしに健全さと美を見出し、やがて、自分のドキュメンタリー作品が一つの賛歌であるべきだと思うようになる。そして、そこで撮った二五〇時間以上の素材から、『ゴンプーの幸福な生活』（一九九八）と『古老たちの祈り』（一九九八）の二本の作品を完成させた。

「精神世界」などスピリチュアル的に語られるか、「中国政府による迫害」といった政治的な視点からばかり語られがちなチベットだが、季丹はお調子者のゴンプーとその一家とともに暮らし、彼らの日常生活を長期的に撮影することによって、「精神世界」や「中国政府による迫害」の向こうにある、等身大のチベット像を掘りおこしたといえる。季丹はチベットで生活した経験の重要性を次のように語っている。

> 重要なのは彼らとともにした時間であり、それはあたかもその場所の人、土地、さらには石ころとすら一つに溶け合うかのようなことでした。そのためそこである期間生活した後、私は逆に過激ではなくなり、宗教に熱狂しなくなり、またチベット・コンプレックスもなくなり、逆にチベットへの感覚が穏やかになり、チベットを一人の友人として感じるようになりました。（朱・万、二〇〇五：三六）

『古老たちの祈り』同前より

季丹の二本の作品を見ると、季丹のチベットを知りたい、一つになりたいという気持ちが伝わってくる。そこには、すでに単なるユートピアとしてのチベット像はない。『ゴンプーの幸福な生活』は、二〇〇三年雲南で開かれた第一回「雲之南人類学影像展」の場で、中国国内の映画祭においては初めて上映されたが、審査員をつとめた呂新雨《リューシンユー》は、それが「まさに彼女自身の歩んできた一筋の生命体験といえるものであった」と述べている（呂、二〇〇八：五九）。

4　ワイズマンとの出会い

呉文光は、自らに精神的に重要な啓示を与えてくれた人物として小川紳介とともにフレデリック・ワイズマン（Frederick Wiseman）の名をあげ、「一九九七年、ワイズマンの仕事場で、私は「独立《インディペンデント》」ということばと映像やフィルムとは直接的な関係はなく、それは一つの血液と融合した中にある生活の方式であることを発見した」（呉、二〇〇一a：二五九－六〇）と述べている。

呉文光がフレデリック・ワイズマンを知ったのは、やはり一九九三年の山形映画祭においてであった。山形に行くと前回の映画祭で知り合った台湾のドキュメンタリー映画作家李道明《リーダオミン》が来ていて、呉文光に、「知ってるか？　今回の映画祭にはワイズマンが参加しているんだって」と言った。呉文光は、「ワイズマンって誰だ？」と聞き返した。すると、李道明は、「ワイズマンといったら、ドキュメンタリー映画の巨匠じゃないか！　注意してちゃんと彼の映画を見るんだよ」と言ったという（呉、一九九七）。

　フレデリック・ワイズマンは、一九三〇年生まれのアメリカのドキュメンタリー映画作家。一九六七年に初の監督作となる『チチカット・フォーリーズ』を制作して以後、軍隊、病院、学校、裁判所など、社会的な組織にカメラを向け続け、アメリカ社会の構造を見つめる独自のドキュメンタリーを制作し続けている。

　一九五〇年代末から六〇年代初頭、機材の機動性の向上から、従来の単純で明快な政治的メッセージを伝えるプロパガンダとして機能していたドキュメンタリーを革新する動き、ダイレクト・シネマとシネマ・ヴィリテというドキュメンタリー革新運動がアメリカとフランスで起こった。ワイズマンは、ダイレクト・シネマの方法論を受け継ぎながらも、大統領など有名人を撮影対象とするような同時代のダイレクト・シネマとは異なる、匿名的な複数の多種多様な人物の日常的行動とアメリカ社会を構成する基本的施設を多角的にとらえる独自の方向へ向かっていた。

フレデリック・ワイズマン。曹愷（2005）より

　一九九三年の山形映画祭に際して、ワイズマンは完成したばかりの『動物園』（一九九三）によってコンペティション部門に参加していたが、同じく映画祭に参加していた中国人映画作家の中で、ワイズマンの影響を最も直接的に受けたのが、『青朴』の共同監督の一人として参加していた段錦川《ドゥアンジンチュワン》であった。

そのとき見たのはワイズマンの『動物園』で、動物園の管理員と動物の話でした。それは私にとって最も重要な発見でしたが、彼はいかなる機構とよばれる具体的な環境でも、社会全体に延長させ、いかなる場所からでも社会の問題をみることができるのです。[*2]

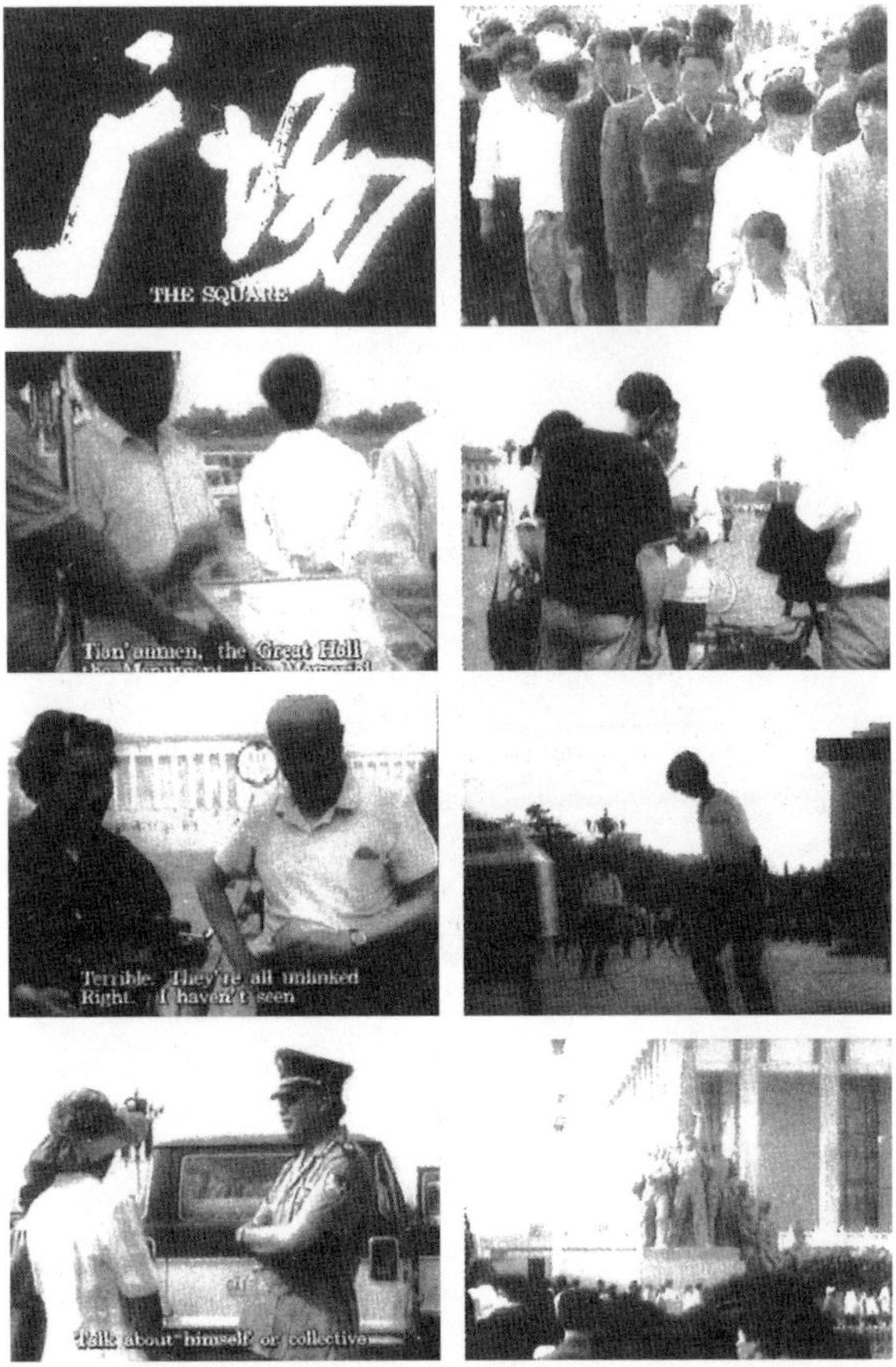

『広場』曹愷（2005）より

段錦川は、『動物園』を見て、どんな組織の具体的な環境であっても、それを社会全体に延長させることができる、つまりどんな場所からでも社会の問題を見ることができるということを発見したのだった。そして、段錦川は、ワイズマンの『セントラル・パーク』（一九八九）にインスパイアされ、一九九四年に張元《チャンユアン》とともに『広場』（一九九四）を制作する。『セントラル・パーク』は、ニューヨークのセントラル・パークを描いたドキュメンタリーで、セントラル・パークを舞台に、台本の稽古をする俳優から、公園で遊ぶ子供たち、麻薬中毒者、警官、ボランティア、そしてスポーツイベント、コンサート、政治的集会など、さまざまな人間模様を描き出す作品である。段錦川は『セントラル・パーク』から受けた影響について次のように語っている。

それ〔『セントラル・パーク』〕を見た後、私の最も直接的な考えは次のようなものでした。私はもともと広場を撮りたいものの、手のつけようがなく、手をこまねくばかりだったのですが、『セントラル・パーク』を見た後、すぐにその方法――具体的な人物も、個人の運命も、さらにはことさらに強い衝突も必要なく、ばらばらな構造に完全に依拠することができる――がいいのではないかと悟り、その方法でつくった作品が『広場』なのです。それは直接的な影響でした。（梅・朱、二〇〇四：一〇八）

5　段錦川、張元と『広場』

段錦川が、張元と知り合ったのは一九九一年頃であったが、ちょうどその頃は、張元の家で「新ドキュメンタリー宣言」をめぐる会合が開かれた時期であり、会合に集まっていた面々が頻繁に張元の家に出入りしていた。張元は、映画制作に入ったものの、当局によって撮影が停止させられ、苦々しい日々を送っていた。

ある晩、二人で雑談をしているとき、何を思ったのか張元が、劇映画が撮れないならドキュメンタリーは撮れないだろうかと言い出したのが、『広場』制作のきっかけであった。そして、『セントラル・パーク』を見ていた段錦川が、天安門広場を撮影対象にする構想を提案し、撮影は決まったのだった（李幸他、二〇〇六：二一一―二）。

ただ、問題は、天安門広場が、個人の身分で撮影することなど不可能な場所であったことだった。しかし機会がめぐってくる。一九九四年は新中国建国四五周年の年にあたり、中央テレビが『解放』というシリーズの記念映画の制作を企画しており、段錦川らは、その企画の撮影に技術的な協力をするみかえりに、広場に入って撮影する機会を得たのであった。天安門には、いくつもの関係機関があり、撮影にはそれらすべてと調整をおこなわなければならなかったが、段錦川は、中央テレビの制作の機会を利用して、それらの機関の関係者たちと親しくなっていった。彼らは、段錦川が誰なのか分からず、テレビ局の人間であると思い込んでいた。そして、カメラを張元が、録音を段錦川がつとめ、それに助手とプロデューサーを加えた制作班で撮影を始めた。そして、二ヶ月の撮影期間と五ヶ月の編集期間を経て、一〇〇分のモノクロ映画『広場』が完成した。

『広場』は、警備する警官、観光客、記念撮影をする写真屋、凧揚げをして遊ぶ北京の人びとなど、天安門広場の日常を描く。そして、その「日常」をたんたんと記録するだけで、そこには何らかの主張のようなものは感じられない。ナレーションはなく、インタビューも最小限に抑えられ、ダイレクト・シネマ的手法が用いられている。

佐藤真は、ダイレクト・シネマのような「観察映画」は、「作り手側の意図やメッセージを極力おさえることで、観客自らが、映画を見ながらその奥に潜む現実を批判する眼をもつことを求めるドキュメンタリー」

であると述べ（佐藤、二〇〇一下：一〇）、さらに、ワイズマンの映画においては、「個々のシークエンスは映画全体の主張にまとめあげられることなく、常に独立している」と述べるが（同前、四〇）、段錦川は「ダイレクト・シネマ」について「隠喩」が重要であると次のような見解を述べている。

〝ダイレクト・シネマ〟はむろん開放的な構造と思考であり、また観衆の参与を強調しますが、過度な開放と不確定性を想定することがもたらす結果は何でしょうか？　何もなくなり、本当に実況中継になってしまうかもしれません。だから、すばらしい〝ダイレクト・シネマ〟はみな一つの共通性を持っていますが、それは大量に、そして正確に〝隠喩〟を使うことです。映画の選び取られた撮影シーンから、映画の構造に至るまで、人物の動きなどの要素はみな〝隠喩〟に満ちています。（梅・朱、二〇〇四：一二八）

さらに、段錦川は『広場』とワイズマンの『セントラル・パーク』との違いについても次のように述べている。

しかし、『広場』はまた『セントラル・パーク』と同じものではなく、大きな本質的違いがあります。なぜなら『セントラル・パーク』はワイズマンの一貫した特徴を延長したもので、一つの固定的な環境に対する分析ですが――その環境にどんな含意があるかにかかわらず、『広場』には政治上の象徴的な意味があり、その背後にはイデオロギー上濃縮したものがあり、さらには歴史的感覚すら存在し、数十年間の革命の歴史が広場をとおして表現されるのです。（同前、一〇八）

佐藤真は、「ドキュメンタリーのドラマツルギーは、通常は時間軸を縦軸において構成される」と述べる（佐藤、二〇〇一下：五四）。ここでいう時間軸とは、カメラと被写体との関係が進化したり被写体が行動を起こしたりといった「時間経過」をドラマツルギーの柱に据えることを指す。佐藤真は、時間軸である縦軸を柱とするドキュメンタリーが圧倒的に多い中にあって、ワイズマンのダイレクト・シネマには時間軸である縦軸がほとんどなく、時間軸に対する空間軸、つまり横軸だけで映画が構成されていると指摘する。そして、ワイズマンの意図が、「観客自身がもつ先入観と彼の映画から受けるイメージとが衝突をおこすことそのものにある」とし、さらに、「観客は、時間経過という縦軸がない分だけ、覚醒して物事を観察しなくてはならない様な、一種の緊張感を強いられ」、「思わず凝視するハメに陥った観客の視点は」、ワイズマン「が張りめぐらした伏線と衝撃して火花を散らす」と述べる（同前、五五）。

段錦川が語る「歴史的感覚」は、佐藤真が述べる時間軸としての縦軸とは意味が異なるだろうが、天安門広場の歴史を紐解けば分かるように、一九一九年の五四運動から、一九四九年の毛沢東による天安門広場を前にした中華人民共和国の成立宣言、さらに一九六六年には毛沢東が紅衛兵と接見し、一九七六年には周恩来の死を追悼するために学生が集まり、一九八九年には六四が起こるなど、現代中国における政治的な大事件は天安門広場を舞台に起こっており、「隠喩」に満ちた空間であるといえる。例えば、天安門広場の電灯を交換するため、幾台もの作業用トラックが広場内に突然入ってくるシーンは、見る者によっては、六四における装甲車をイメージしてハッとするかもしれない。こうした効果は、ワイズマンの横軸に加えて、『広場』特有の縦軸＝歴史的感覚による効果といえる。

張元は、後に「瘋狂英語」の名前で中国全土に知られるリー・ヤンのユニークな英語教育を、やはりダイレクト・シネマ的な手法で撮影したドキュメンタリー映画『クレイジー・イングリッシュ［瘋狂英語］』（一九九九）を制作している。

6　中国におけるワイズマンの影響

一九九七年、中央テレビの『生活空間』が主宰した「第一回北京国際ドキュメンタリー学術会議」が北京で開催され、中国各地からテレビ体制内の制作者や独立映画作家が集まり、海外と中国国内の作品が上映されるとともに、専門講座が開かれた。フレデリック・ワイズマンの『法と秩序』（一九六九）と『病院』（一九七〇）、小川紳介の『ニッポン国古屋敷村』（一九八二）などの海外の作品が上映されると同時に、段錦川の『八廓南街一六号』（一九九六）と康健寧《カンジェンニン》の『陰陽』（一九九七）も上映された。

この学術会議には、ワイズマン自身も参加し、専門講座を開いて多くの聴衆と交流した。この機会を通して、初めて「ダイレクト・シネマ」や「シネマ・ヴィリテ」といった概念が中国に広く紹介されることになった。

張英進《ジャンインジン》は、中国ドキュメンタリーにおけるワイズマンの影響について、「中国のコンテクストにおいて、ドキュメンタリーの映画人が「官」の記録あるいはニュース番組の中に含まれた直接訴えるような宣伝の伝統に全力を尽くして抵抗するとき、ワイズマンが代表する「ダイレクト・シネマ」は強い吸引力を持っていた」と述べ、その吸引力は形式とイデオロギーの二つのレベルで明らかであると指摘している（張、二〇〇六：五七）。張英進によれば、形式面においては、映像の直接性、時間と空間の接近など、「ダイレクト・シネマ」は、中国の独立ドキュメンタリー映画作家に、切に求められていた「ドキュメンタリー的手法」を提供し、彼らがより現実や真実に近づくことを可能にしたという。さらに、イデオロギー面においては、個人に重点をおいた非政治的な解読によって、組織の圧力下における個人の感情や良心的な抵抗を発掘、重視するワイズマンのダイレクト・シネマは、中国の状況に適合するものであったと述べる。

つまり、ナレーション＝ことばを排し、観察者に徹するダイレクト・シネマ的手法は、映像がナレーション＝ことばに従属する宣伝的な「特集番組」など旧来の記録映像から脱する際に有効であり、それにより、カメラが現実と直接的に向き合うことが可能となり、個人の感情を発掘することができるようになったのである。さらに、制作者の意図やメッセージを反映しやすいナレーションを棄て、「客観」を装うダイレクト・シネマ的手法は、制作者の政治的主張が見えにくく、制作者へのリスクを回避するのにも有効であったといえる。

Ⅲ　ユートピアから現実へ

蔣樾は、一九八九年の「六四」の影響について次のように振り返る。

我々のような人間にとって「六四」の影響はとても大きく、一九八四年から一九八九年までのその期間、どの人もみな思想がとても高ぶり、みな何かが自らにどんどん近づくように感じ、精一杯手を伸ばして理想を獲得しようとしましたが、八九年以後はそうした何かは根本的に存在せず、すべてはユートピア的な理想のようなものであり、消え失せてしまったことに気がつきました。そして我々は二種類の人間に分かれました。一つの種類の人間は出国し、……もう一部分の人間は北京に留まりました。（王、二〇〇〇：一六二）

六四における民主化運動の挫折は、八〇年代の「現代化」や、それと伴走していた文化界における西欧近代化に依拠する「啓蒙」も、さらにそれが批判、克服しようとした「革命」も、ともに「大きな物語」に過ぎなかったことを意味していたが、むしろその「意味」が顕在化するのは、九〇年代において、八〇年代の啓蒙的言説が無意味化されていく過程においてであった。

1　呉文光『四海我家』

一九九〇年、『流浪北京』が完成したその年の夏、呉文光は、登場人物の中で唯一北京に残っていた牟森とある胡同で酒を酌み交わしていた。また、牟森は五人の中で唯一の『流浪北京』の観衆でもあった。酒に半ば酔ったとき、牟森が呉文光に、『流浪北京』の続編を撮る気はないのかとたずねた。そのつもりだ、と呉文光が答えると、牟森は、それはいい、ただ、そのときはきっと俺は北京にいないよ、と言った。その当時、牟森も呉文光も北京に失望しており、呉文光自身も北京を離れたいと考えていた。呉文光が『流浪北京』の続編を撮りたいと考えたのも、北京に夢は存在するのだろうか、北京にないとすればパリにはあるのだろうか、それともアメリカか、と問いかけたい気持ちがあったからであった。それから三年後の夏、五人の「いま」を追った『四海我家［四海為家］』（一九九五）の撮影が、まだ北京にいた牟森から始まった。翌一九九四年の春から夏には、呉文光のカメラは、海外へと移り、張慈《ジャンズー》、張大力《ジャンダーリー》、高波《ガオボー》、張夏平《ジャンシャーピン》の姿を追いかける。

制作にあたって、日本のＮＨＫから若干の資金を得てはいたが、海外での撮影機材のレンタル費用などは、友人の協力やアルバイトによって解決した（汪、一九九九：一八五）。

『流浪北京』で映し出されたように、さまざまな手段でアメリカやヨーロッパへ向かった彼（女）らであったが、張慈は、二回目の結婚でアメリカの精神科医と一緒になり、子育てをしながら裕福な生活をおくっていた。夫によれば、彼女は自分が作家であるというが作品は見たことがないという。張大力は、イタリアで編集者の女性と結婚し、小さな街に住み個展を開いたりしていた。だが、自らの満たされない表現欲のうさを晴らすように夜な夜な街で壁に落書きを繰り返している。高波は、写真家としてフランスに招かれ、その後、フランス人の女子学生と結婚し、似顔絵描きで、生計をたてていた。張夏平は、オーストリアで結婚し、夫と子どもとともに平穏に暮らしていた。そして、ただ一人牟森だけは、北京に留まり、劇団を率いながら活動を続けていた。

作品から伝わってくるのは、『流浪北京』から数年を経て、それぞれに物質的な意味での豊かさや生活の安定を手に入れながら、八〇年代に理想としていた自己表現の面では、満たされず、むしろ自らを裏切ってさえいるような彼（女）らの姿だ。『四海我家』は、中国を離れ、西洋（＝彼岸）にユートピアを求めることの破綻を描き出しているように感じる。呂新雨は、『四海我家』に、都市や西洋がもはやユートピアの源泉ではなくなったことを読み取っている（呂、二〇〇八：八四）。かつて北京にユートピアを求めて他省からやってきた五人の芸術家たちの夢は北京で実現することはなく、さらにアメリカからヨーロッパなどと西洋にまで延びてゆくが、そのユートピアを求める運動は、『四海我家』に至って終わりと崩壊を迎えるのだ。『四海我家』に見られる登場人物たちの満たされない様子は、どこか八〇年代の「批判性」が無意味化されていく状況と重なる。彼らのユートピア運動は、八〇年代の「ここではないどこか別の場所（＝彼岸）」を目指す運動の一環にすぎなかったといえる。

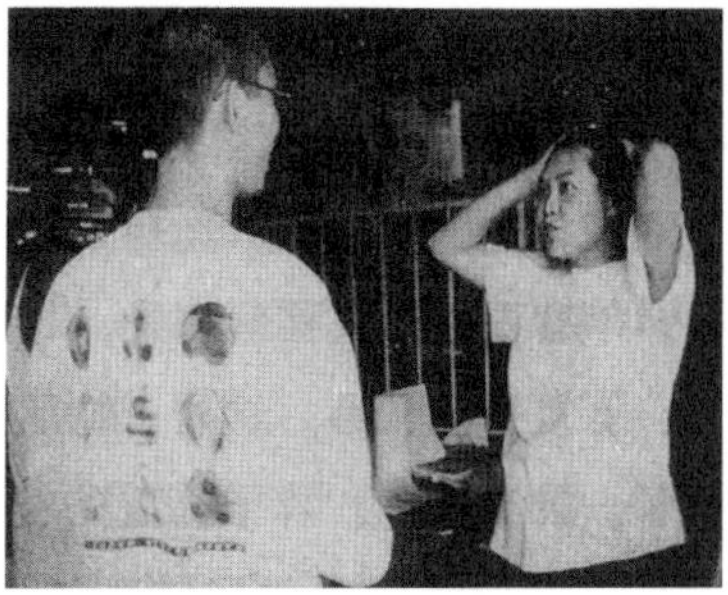
『四海我家』梅冰、朱靖江（2004）より

2　蔣樾『彼岸』

一九九三年、『三里塚』シリーズなどの小川プロ作品を見た蔣樾は、その一つの場所で五年間も撮影を続ける方法に驚愕し、それまでの自らの作品が、表面的なものを撮影しているに過ぎなかったと反省した。

当時、ドキュメンタリーをもっとつくっていこうと思っていましたが、チベットは撮らないことにしました。というのもチベットを私は理解していなかったからです。チベットを二年間撮ってみて一本もいい作品を撮れたと思えず、そこが私の居場所だと思えませんでした。……私は当時やはり自分の身近なところから始めて、自分の作品を撮るべきだと思いました。（呂、二〇〇三：一〇八）

そして、広告制作で資金をえた蔣樾は、当時、友人の牟森が北京電影学院において組織した短期演劇訓練班と、そこに集まった一四人の若者たちによる実験劇『関於〈彼岸〉的語法討論（〈彼岸〉についての文法的討論）』についての撮影を始める。

牟森は、一九九三年の春から夏、短期訓練班を組織する。参加した学生は、芸術に夢と情熱を抱きながらも正規の芸術教育とは無縁の全国各地からやって来た文学青年たちであった。彼らは自費で参加し、演劇教育を受けていた。脚本は、詩人の于堅がつとめた。それは、ノーベル賞作家となった高行健《ガオシンジエン》の戯曲『彼岸』（一九八六）をもとに改編したもので、目的は「彼岸」という語彙に対してテクストと視覚のうえで脱構築をおこなうことにあった。

牟森と短期訓練班の若者たちは、ともに生活しながら稽古をおこない、その集団生活の様子は、蔣樾がかつて八〇年代に経験したものに似ていた。一九八四、一九八五年頃、北京の学園キャンパスに多くの先鋒（前衛）演劇が現れた当時を振り返って、蔣樾は次のように語っている。

当時、多くの青年教師が、たえず講座を開き、手を振り上げ、唾を飛ばしながら話し、聴衆もたいへん多かったです。それは一つの青春の情熱が充満していた時代でした。我々のような大学生は、本来の授

『彼岸』郭浄（2003）より

> 業には出たがらず、毎日どこで講座があるのか聞いて回り、何とかしてそうした講座を聞きにいこうとしました。こうした思想の前衛や動力から、多くの学園キャンパスの学生が先鋒演劇をやるようになったのです。牟森、温普林、孟京輝《モンジンフイ》といった人たちが北京の舞台で活躍していました。当時はお金がなく、みなで一緒に住み、食べ、演劇をやり、ユートピア的な理想生活を送っていたのです。（朱・万、二〇〇五：二一〇）

ただ、蒋樾が当時感じていたユートピアが一九八九年の六四を契機に崩壊したように彼らのユートピアも危ういものであった。つまり、八〇年代的ユートピアを脱構築する内容のシナリオであったにもかかわらず、牟森と若者たちがユートピアを反復してしまうという矛盾に陥ってしまったのである。

そして、彼らは四ヶ月間にわたる稽古を経て、北京電影学院の教室の一つにおいて、牟森演出の実験劇『彼岸』を上演した。上演には、北京の多くの知識人が集まり熱気にあふれ、上演後の知識人らによる座談会も盛況であった。だが、すべて終わると蒋樾は自らが撮影したものが何の意味も無いことに気がつくのだった。

> 私は四ヶ月撮影し、上演も終わり、すべてが休止したとき、私は突然何の意味も無いことに気づき、自分が一つの演劇の

誕生を記録したに過ぎないと考えました。(王、二〇〇〇：一七〇)

自らが撮影したものが何だったのか。単なる記録に過ぎず、ドキュメンタリーと呼べるようなものではないのではないか。そもそも四ヶ月間の行為とは何だったのか、蒋樾は考えはじめた。撮影資金も尽きていたことから、それから三ヶ月間は、仕事に向かう自転車に乗りながら毎日、蒋樾は撮影の方向性や編集の方法に思いをめぐらせた。そして青年たちと再会したとき、彼らが変わっていたことに気づき撮影を続けることを決めるのであった。

そのときから、私は『彼岸』という作品をまだ撮るかどうか考え始めましたが、三ヶ月後私が青年たちと接触したとき、私は突然彼らが変わったと思いました。『彼岸』を演じたときのような高ぶりはなく、しかもあのときのように興奮しやすくなくなっており、世事と向き合って感情も以前のように弱くありませんでした。(呂、二〇〇三：一一二)

上演が終わったとき、彼らを待ち構えていたのは現実の生活であり、生活は日増しに厳しくなり、彼らの抱え込んだパラドックスが次第に明らかになったのであった。蒋樾は、主な撮影対象を牟森から青年たちにかえ、制作資金を確保し、その後の彼らの苦しい生活から、理想にやぶれていく精神状況、牟森との関係の亀裂、そして半年後、彼らが次々に北京を離れるまでを撮り続けた。そこには、八〇年代のエリート主義を批判する眼差しがしっかりと据えられていた。例えば、上演後の座談会のシーンでは、中国のポストモダニズムを主唱する知識人が、実験劇『彼岸』は「伝統演劇が死し、ポストモダニズム演劇が誕生した夜であった」

などと興奮しながら語るが、蒋樾のカメラは、そうした知識人たちのことばが、当の若者たちにとっては何かよそよそしいものでしかないように聞こえる様子を映し出す。『彼岸』のラストは、彼らの中の三人が、自分たちの村に戻ってから畑の中で村人たちの前で実験的な演劇を上演するシーンであるが、そこでも、牟森の実験劇を皮相に模倣することしかできない若者たちの姿から、やはり八〇年代のエリート主義を批判的に眺めていることがうかがえる。

また、『彼岸』は、制作資金を完全に自己負担する独立映画制作の方法で撮られたが、テープが高価であった当時は撮影を続けること自体に困難をともなった。しかし、多くの友人が援助してくれ、例えば、演劇の「彼岸」を見て感動した多くの人びとが、蒋樾がドキュメンタリーを制作していることを知って援助してくれたほか、かつて『過ぎにし年迎えし年』でともに仕事をした女優の唐暁芙《タンシャオフー》は、格安でテープを提供してくれたほか、蒋樾が制作したコマーシャルに出演してくれた。さらに、盧望平《ルーワンピン》、陳虻《チェンモン》、劉暁波《リウシャオボー》といった友人たちも協力してくれ、撮影を続けることができた。

ところで、八〇年代から九〇年代に至る転換期に始まった新ドキュメンタリーの制作の動きを「新記録運動」とよぶ呂新雨は、ドキュメンタリー映画作家たちの「現実」への回帰の契機を六四に見出している。そして、「新記録運動の立場、観点、方法の転換を体現」する作品として蒋樾の『彼岸』をあげている。つまり、『彼岸』の制作プロセスは、八〇年代、自身も「ユートピア」を求めて「流浪」した蒋樾――段錦川と温普林もチベットへ、呉文光はウイグルへ向かっていた――にとって、実験劇が帯びている「エリート主義」に対する批判であると同時に自己批判を含んだ「ユートピア（＝彼岸）」から中国の「現実（＝此岸）」へ立ち返るプロセスであったのだ。

3　段錦川『八廓南街一六号』

一九九五年、段錦川は、魏斌からドキュメンタリーの制作に参加しないかと声をかけられる。それは中央テレビとチベット文化伝播公司の共同制作によるチベット自治区成立三〇周年を記念する特集番組の制作であった。残った資金を自作にあてることが可能であったため、段錦川は参加することにし、一九九四年一一月に特集番組の制作が終わると、一九九五年初めから自作の撮影を開始した。段錦川の構想ははっきりしていた。撮影対象として選んだのが「八廓南街一六号」の居民委員会であった。

八廓街は、チベット自治区ラサの中心街に位置し、「八廓南街一六号」は現地の居民委員会の所在地である。居民委員会とは、末端レベルにおける大衆的な自治組織であり、日本の町内会に相当するような組織であるが、住民間のもめごとの調停から、衛生・治安の維持、住民の意見・要求・建議の上級機関への伝達などといったさまざまな生活にかかわる事務をおこない、実質的には政府機関のような役割を担っている。

段錦川が「八廓南街一六号」を撮影対象に選んだ理由は、およそ二つあった。一つは、以前チベットで働いていたとき、同僚の李暁山とそこを撮影した経験があったからであった。しかし、そのときは一九八七年のチベット騒乱のため撮影を続けることができなかった。もう一つの理由は、『広場』を撮ったとき、派出所を撮りたいと考えていたからであった。派出所を撮影することは難しく断念したが、そこで、派出所に似た機関である居民委員会を撮影対象として選んだのであった。

段錦川とカメラマンは、まるで出勤するかのように、毎日決まった時刻に居民委員会へ行くと、そこで時間をつぶし、茶をすすり、雑談を交わし、居民委員会の人間が外出中のときには、代わって応対をすることすらあったという。こうして、段錦川は居民委員を理解すると同時に、自らもまた居民委員会の一員のような存在になっていった。そして、撮影は一九九五年の一〇月までおこなわれ、その後約一年の時間をかけて、一八本のビデオテープ、四〇〇分の素材を一〇〇分にまとめ、『八廓南街一六号』を完成させた。

『八廓南街 16 号』曹愷（2005）より

『八廓南街一六号』に映し出されるのは、会議、諍い、家庭内の揉め事の仲裁、コソ泥の取調べ、税収入の計算など、居民委員会の日常業務である。そこには、「チベット」からイメージするような美的、神秘的な映像は存在しない。『広場』と同じくダイレクト・シネマの手法が用いられ、ノーナレーション、ノーミュージック、インタビューもなく、段錦川は観察者に徹している。

だが、『広場』と異なるのは、撮影対象が、居民委員会という狭い空間に限られていることである。段錦川は、『広場』が撮影対象として大きすぎた点を次のように語っている。

> 『広場』の問題は天安門広場に蓄積されているものが多すぎるということです。撮ったものがあってもそれがちゃんと象徴的な意義を捉えているかどうか確かではありません。また環境も大きく、人物や活動が複雑で、それが悩みをもたらし、意味の方向や構造の順調さにおいて少し問題がありました。（梅・朱、二〇〇四：一一二）

天安門広場に比べ、居民委員会は小さく、段錦川の構想を実現するには絶好の対象であった。段錦川は次のように述べる。

> 私は作品がほとんど事務室を出ることなく完成させられることに気がつきました。それは私をとても興奮させました。（同前、一一三）

段錦川は、この居民委員会の事務室という非常に限られた空間、しかも公的な空間だけに目を注ぎ、プライベートな空間や出来事を撮影することはない。段錦川は、プライベートなものを必要としないと、次のように語っている。

もう一つには、私は人びとが一定の環境の下で表現することもそれぞれの道理というものがあると思っていて、表現される内容、露わにされるものによって、私は一本の作品、あるいは一つの問題を構成できます。そうした断面において私はすでに作品を豊かにし、それを十分にできるので、あらためて個人のプライベートを利用して作品を満たすことはないのです。これは私個人の選択です。（呂、二〇〇三：八五）

一般的に、人は他人のプライベートを覗き見たいという願望をどこかで持っているものであり、また、プライベートなものはドラマ性を生み出しやすいと思われるが、段錦川は、ドキュメンタリーにとってのドラマ性とは構造の問題であると述べる。

ドキュメンタリーはドラマ性を語らないわけではなく、プリミティヴな生活にもドラマ性はあるかもしれないしないかもしれず、これは撮影時の運にまかせるほかありません。実際、生活の中にドラマ性に富んだ場面が出現する可能性が欠けているはずはありませんが、それは大事なことではないのです。多くの創作者はこの道理を理解しておらず、彼らは強烈な衝突がドラマ性であり、衝突に欠ければ見てくれがよくないさらには成功ではないと思い違いをしています。私の理解するドラマ性とは構造の問題です。映画の構造が合理的であるか、発展の動機が合理的であるか、転換、衝突は必要であるか、人物の関係、事件の配置が適切であるか、などなど、これらこそがドラマ性を構成する最も根本的なものなのです。[*3]

ところで、『八廓南街一六号』には、チベットの政治的な問題に触れるような映像はない。また、居民委員会自体は、中国全土に普遍的に存在する最基層の政治的な機関であるが、そこで撮られているものも、日常的なものばかりである。だが、もともと日常の中に遍在するものこそ「政治」ではないのだろうか。段錦川は、次のように語っている。

それ〔居民委員会〕は政権、統治、イデオロギーであり、政治体制の最も基礎となる一つの点です。我々は政治やイデオロギーを語るとき、おうおうに概念化してしまい、地に足のついた場所に着地させることが難しくなり、政治的体制を描こうとすると、人物と関係を発生させ難くなります。居民委員会をかりてあらゆる理念と概念を一つの実際的な行為へと変え、多くの具体的な人物と関係を発生させる。これが私の居民委員会に対する最初の考えです。（王、二〇〇〇：一三三－四）

ここから、段錦川に、概念化した「政治」や「イデオロギー」に対して、具体的な行為の中に「政治」をみていく態度があることが分かる。つまり、大文字の政治ではなく、日常生活こそ政治であるというような、いわば小文字の政治の世界を表現しようとしているといえる。

一九九七年、『八廓南街一六号』は、ドキュメンタリー作品にとって最高の栄誉の一つといえる、パリのシネマ・デュ・レエルでグランプリを受賞した。呂新雨は、段錦川が「完成させた『八廓南街一六号』を含む数本のチベットに関する作品は、彼が理解するチベットを、それは外部からではなく内部から見た、遥か遠い「異郷」でも「他所に生活する」ものでもない此岸としての、ユートピアの装いを剝ぎ取った「真実」のチベットを表現することが望まれている」（呂、二〇〇三：一〇）と、そこに八〇年代的な「ユートピア」から九〇年代的な「現実」への回帰をみてとる。つまり、そこにはスピリチュアルに語られるチベットの姿もないのである。

居民委員会における一つ一つの日常的な行為のシーンは、「政治」的なチベットにも、また、「精神」的なチベットにもまとめあげられることはなく、観客が持つチベットイメージを次々と脱臼させるかのようである。また、ダイレクト・シネマ的な手法をとおして、居民委員会が持つ複雑性が浮かび上がってくるが、居民委員会はチベットに限らず、中国全土の基層社会に存在するため、ワイズマンがアメリカというシステムを可視化してみせたように、段錦川は、チベットの居民委員会という一つの空間をとおして、中国というシステムを可視化してみせたといえる。

さらに、段錦川は、一九九二、一九九三年当時に中国で制作されたドキュメンタリー作品に見られる手法が、大量にインタビューを使用するなど、どれも同じようなものであることを指摘しながら、その理由を次のように述べている。

我々は過去ずっとあの強大な宣伝道具の圧力の下に置かれ、我々が直面していたのはその強力な代弁機関でした。そのため我々は所謂独立映画制作のドキュメンタリーをつくり始めたときから、強くそれに照準を合わせた対抗性や、古いものを廃止しなければ新しいものは樹立できないといったような思想を持っていました。一方の極端を用いてもう一方の極端に反対しようとしており、その痕跡がはっきりと

見られると思います。（同前、八八）

九〇年代初め、宣伝的な「特集番組［専題片］」の対立面に成立した「新ドキュメンタリー」は、主流イデオロギーを語るナレーション＝ことばに対して、映像による「真実」を強く打ち出した。ただ、「真実」に固執するあまり、その「真実」を保証するために、インタビュー＝ことばに頼ってしまったともいえる。つまり、「新ドキュメンタリー」の「真実」への偏執が、結局、「真実」の概念化＝ことば化しか生み出さなかった側面もあるということである。

段錦川は、自らの当初の作品から『広場』や『八廓南街一六号』に至るプロセスを次のように語る。

『広場』や『八廓南街一六号』のような後の作品は、実際、自らの以前の作品に対する否定であり、当時の考えは観衆に、インタビューやその他の手段を用いずに、ただ映像のみによって、どのような様子であるのかを見せるということでした。（梅・朱、二〇〇四：一一二）

ここから分かるのは、あえてインタビューを棄て、映像の力によって、「真実」を表現しようとしたことである。つまり、中国独立ドキュメンタリーの「独立」について、「ことば」からいかに独立するかという文脈において考えるとき、段錦川の『八廓南街一六号』は、デジタルビデオカメラ（ＤＶ）が普及する以前の九〇年代において、最も成熟した作品であったと評価できる。

Ⅳ 「体制」内の「独立」

九〇年代初めは、一九八九年の六四の余波から、政治・社会的には開放路線が自粛され、保守的傾向が見られた。そうした流れを大きく変え、市場経済の導入を方向づけたのが、一九九二年の鄧小平の「南巡講話」であり、それを契機とした市場経済化の加速の中で、映画界に対して「三号文件」がうち出された一九九三年は、テレビ界においても大きな転換点であった。

1 中央テレビ『生活空間』

一九九三年一月、中央テレビ特集部のディレクターから新聞部の記者となっていた時間《シージエン》は、中央テレビの新番組『東方時空』の制作準備に参加することになった。『東方時空』は、中央テレビが、朝七時からの総合ニュース番組として企画したものであった。『東方時空』は、四五分の放送時間内に、話題の人物に焦点をあてた『東方之子』、日常生活を取り上げる『生活空間』、流行音楽を紹介する『東方金曲榜』、社会ニュースを掘り下げて報道する『焦点時刻』の四つのコーナーが設けられた。その中で、時間自身は、スタジオで著名人にインタビューする『東方之子』のプロデューサーとなった。

ところで、林旭東によれば、「準備のための時間的余裕もなく、資金、人員ともに不足していたため、『東方時空』はその準備過程において前例を見ない二つの特別な許可を得た」という。「一点目は、番組放送時の五分間ぶんの広告収入を番組の製作費に直接当ててよいことである。これにより、番組の視聴率と広告収入は初めて直接的な関係を結ぶことになった。二点目は、番組の実際の製作に際し、プロデューサー請負制を導入することであった。すなわち各コーナーのプロデューサーには、問題なく放送できることを保証するという前提で、その具体的内容、形式、経費、周期、機材の使用、人員の採用について斟酌する裁量が与えられ、テレビ局側は完成後の作品と、毎年の製作費の予算総額についてのみ関知することになった」（林旭東、二〇〇五：二一九）。こうしたプロデューサー請負制度は、一方で、プロデューサーの自主権を拡大させ、制作や人材の登用において一定の自由を持つようになった。

そうした中、一九九三年五月、中央テレビの『東方時空』内で『生活空間』が開始された。当初は、料理、健康、美容、ファッションなどのテーマを取り上げた番組作りがおこなわれた。しかし、視聴率は振るわず、コーナーの存続が危ぶまれるようになった。蔣樾が、『生活空間』のプロデューサーであった盧望平（『流浪北京』のカメラマン）から電話をもらったのはそんなときであった。盧望平が、八分間の枠と制作費があるというと、蔣樾は、短編ドキュメンタリーの制作・放映を提案し、それが受け入れられた。

そして、一九九三年六月、老人数名の日常の逸事を語る『東方三俠』が放送された。この一般庶民の生活を取り上げたドキュメンタリーは、従来のテレビにはない新鮮なもので、人びとの耳目を一新した。蔣樾は当時の考えを次のように述べている。

私は当時あまり多くは考えず、ただそうした人びとをテレビの画面の上に出現させようと、テレビは単に権威的な言説、報道ではなく、また模範的労働者だけではなく、一般庶民も登場してよいものだと思ったのです。なので、あのときは、例えばゴミ清掃員や素人役者など、幾人もの人を撮影し確か六人だったと記憶していますが、それからさまざまな方面でそうした社会的下層の人びとに接触して、インスピレーションが沸き、それは『彼岸』を継続して撮影することを促すものでもありました。（梅・朱、二〇〇四：一五〇）

『東方三俠』の放送後の反響は大きく、蔣樾を喜ばせたが、同時にそれは、蔣樾のドキュメンタリーが初めてテレビで放映されたことでもあった。その後、七月にプロデューサーが盧望平から陳虻へとかわり、陳虻と面識のなかった蔣樾は、一旦制作から離れるが、しばらくして陳虻から再び請われ、自らのドキュメンタリー作品の撮影を続けながら、三〇本ほどの番組を制作した。

陳虻は、試行錯誤を経て、一九九三年一一月、「庶民が自らの物語を語る」というスローガンを掲げ、普通の中国人の生活を描くことを旨とする短編ドキュメンタリーのコーナーとして『生活空間』を正式に位置づけた。そして、『生活空間』は、毎週五日放映され、終始高い視聴率を維持するようになった。また、一九九三年二月に上海テレビで始まった『ドキュメンタリー編輯室』も高い視聴率を叩き出した（何、二〇〇五：七九）。その後、一九九四、一九九五年になると、中国各地の地方局において類似の番組が雨後の筍のように制作されるようになり、主流でない人びとへの注目が大きな趨勢となった。『生活空間』や『ドキュメンタリー編輯室』の成功は、一般庶民をテレビ画面の主役とした。呂新雨は、このことを「新記録運動」の最も重要な功績の一つにあげ、ドキュメンタリーのレギュラー枠化は、ドキュメンタリーを体制内において合法的な存在へと発展させ、多くの観衆がドキュメンタリーを見て、社会的下層の人びとの生活状態に近づくことを促し、ドキュメンタリーが中国において認知され、普及するための礎を築くものであるとしている（呂、二〇〇三：一七）。

2　体制内部の空間

プロデューサー請負制の導入など、テレビ体制の市場化は、少なくとも独立ドキュメンタリー映画作家に、制作を可能にする空間をもたらした。林旭東は、プロデューサー請負制により独立ドキュメンタリー映画作家たちが、プロデューサーと一定の認識を共有するという前提のもとで、テレビ局の各種資源を利用しながら自分の作品を完成させることが可能になったと次のように述べている。

私は一九九三年以降、当時中国ドキュメンタリーで最も多くの、最も影響力のあった、全部とはいえないまでも相当の部分のものが、独立映画作家とプロデューサーのある種の黙契によって体制内で完成したものだと考えています。（梅・朱、二〇〇四：二一八）

独立ドキュメンタリー映画作家たちが直面する問題には、機材の問題のほか、身分の問題があった。例えば、中央テレビの報道番組の記者たちであれば、撮影の権利――それは「特権」ともよべるものであった――という、そうした「伝家の宝刀」を持っていた。ドキュメンタリー映画作家の胡傑《フージエ》は、撮影することの困難さを次のように語っている。

私がぶつかった問題はたいへん多く、人には疑われ、責められ、捕まえられすらします。「何をしてるんだ？」ということばにはなかなか答えられません。ある村では、事情を説明し、身分証を見せても、

「おまえは「官」の人間ではないから、我々の村を撮る資格はない」といった感じで、現在もこれを乗り越えることはできていません。（同前、二五六－七）

そのため、テレビ体制のプロデューサーとの「黙契」による「合作」は、独立ドキュメンタリー映画作家たちに、機材面ばかりでなく、テレビ局の関係者という身分を与えることになり、そこには、テレビ体制の内と外との間に相互作用のような関係性が見られた。

この点について、汪暉《ワンフイ》は、中国の九〇年代の思想的状況を包括的に論じた「現代中国の思想状況とモダニティの問題」（一九九七）において、社会と政治の批判的空間をいかに形成するかという問題意識から、「民間」の雑誌や「独立」の映画プロデューサーの出現に注目している（汪、二〇〇六）。

汪暉は、中央テレビの『東方時空』に民間プロデューサーが制作に参加していることのほか、出版ジャーナリズムにおいても、一九八九年以降、『学人』叢刊をはじめ、『中国社会科学季刊』、『原道』、『公共論叢』などの「非官」の学術雑誌が出現し、さらに、『戦略与管理』、『東方』などの「官」と「非官」の間に立つような雑誌も登場するようになったことをあげ、それが新しい文化的光景であると指摘した。そして、『東方時空』の民間プロデューサーについて次のように述べる。

『東方時空』のようなテレビの特集番組は、独立プロデューサー、国家のイデオロギー装置、それに巨額の広告収入によって共同で制作されているものである。民間の力が参加することによって、その映像や言語表現、さらにキャスターのキャラクターまでも伝統的な「官」製ニュース番組の退屈な調子とは一変し、また元の番組が触れなかった社会的内容にまである程度切り込むことができるようになった。

（同前、四六）

ただ、同時に汪暉が注意するのは、それが「体制イデオロギーを製造、宣伝する任務を負っており、しかも国家の厳格なコントロール下に置かれている」ということである。そうした「民間」や「独立」も、国家の政治的干渉を拒絶するだけの力は持っていないのだ。そして、汪暉は、中国における「公共空間」は、「国家の内部空間と社会との相互浸透の結果、形成された」もので、「成熟した市民社会がないという前提の下で形成され、場合によっては、国家体制の内部にさえ存在」し、ハーバーマスが描いたような西欧の公共領域とは異なるものであり、「中国のメディアが自由な討論と世論形成の領域であるどころか、これまでさまざまなヘゲモニーの角逐の場であった」と指摘する（同前、四七－八）。

汪暉の考察をとおして分かるのは、中国における文化政治の空間が非常に流動的なものであることや、「体制」の「内」、「外」を単純に対立させるだけでは、中国の文化政治をアクチュアルにとらえられないということである。『生活空間』における独立ドキュメンタリー制作は、「民間雑誌」などと並んで、「体制内」における自立的な言論空間を創り出す試みであったといえるが、現代中国における国家／社会における「複雑に錯綜した関係の中では、市場であれ「社会」であれ、いずれも国家の過度の干渉を抑制できる力を持っていない（同前、四八）」のであった。

実際、七年間にわたって放映された『生活空間』は、一時は視聴率で『新聞聯播』を上回るほどであったが、第八シーズンを終えたとき打ち切りを命じられる。当時、顧問として番組制作にかかわっていた林旭東は、理由は不明としながら、それが非公式な伝聞によれば、中国共産党の中央宣伝部からの要求を受けたものので、確証も得られぬまま、その命令は厳格に実行されたという。林旭東は、そこに「中国的特色」を持つ体制の力の所在を感じ取り、さらに次のように述べている。

中央電視台のような組織においては、ある事業の成否や進退は、制度的要素というよりも、偶然的な人的要素によって決まることが多い。二〇〇一年九月、当初のプロデューサーの栄転にともない、『生活空間』の栄光はついえ、製作に携わったスタッフは四散し、視聴者は流出した。（林旭東、二〇〇五：三〇）

ここで林旭東が指摘する「人的要素」とは、ドキュメンタリーの制作を困難にする不確定要素であるが、ただ一方で、中国のテレビ体制内に「独立」的な空間を作り出す要素、つまり人的ネットワークが作用する余地とも理解できる。

林旭東は、体制との「黙契」によって完成した作品として、『八廓南街一六号』をあげるが（梅・朱、二〇〇四：二八）、『八廓南街一六号』は、ダイレクト・シネマ的な手法によって、「ことば」からの「独立」に成功しているという文脈のみならず、独立制作が「体制」の内部で実現した一つの到達点と見なすこともできる。しかし、林旭東によれば、「『八廓南街一六号』が一九九七年のパリのシネマ・デュ・レエルでグランプリを受賞すると、同作は、中央電視台制作のドキュメンタリーが「国際的水準」に達したことを示す一例として『中央電視台発展史』（北京出版社、一九九八年八月）に書き加えられたが、『八廓南街一六号』がテレビ放映されたのは二〇〇一年八月になってからのことである。それも一〇〇分のオリジナル・ヴァージョンではなく三〇分に編集されたヴァージョンが、深夜二三時三〇分という時間に放映されたのであった（林旭東、二〇〇五：三〇）」。

＊1　二〇〇八年五月二八日、宋荘における小川紳介回顧展でのトークより。
＊2　段錦川「我必須天天跟你們在一起」銀海網、二〇〇一年一二月二九日。※現在 http://group.mtime.com/dv2007/discussion/80135/ で閲覧可能。
＊3　「段錦川談《八廓南街一六号》和《広場》」http://i.mtime.com/162850/blog/409787/

第3章　デジタルビデオと個人映画

I　デジタルビデオの普及と個人映画

九〇年代、中国社会において独立映画制作をおこなうとき、制作資金をいかに調達するかが大きな問題であった。映画作家は自ら制作資金を調達しなければならず、資金面で大きな困難にしばしば直面した。そのため、「官」であるテレビ局と「合作」をおこなうかたちが一つの重要な制作スタイルとなった。そこでは、「官」の資金と機材を利用して「官」の番組を完成させると同時に自らの作品もつくることができた。こうした「合作」を可能にしたのは、テレビ体制において市場経済化が進んだ結果であった。

だが、一方で、呂新雨《リューシンユー》は、「在烏托邦的廃墟上――新紀録運動在中国」において、テレビドキュメンタリーが市場経済化による「視聴率」と「商品化」の波の中で衰退し、そのことで、九〇年代以降、「新記録運動」が退潮してしまったと悲観的な結論に至っている（呂、二〇〇三：二二一－三）。

この見解に対し、映画作家の馮艶《フォンイエン》は、「同時に注目しなければならないのは、一九九〇年代の後期から大量に出現したDVカメラで作られたドキュメンタリーの作品群である。……DVカメラの出現は、より多くの人に〝独立〟と〝個人〟の立場から表現するチャンスを与えたことは事実である。……ドキュメンタリーの新世代たちは、玉石混交で多元で無秩序であるかも知れないが、彼らは民間に根づく、〝国家メディア〟から遠く離れた草の根の存在である。この意味から言えば、彼らは本当の意味での新記録運動の後継者であると筆者は思う。希望も思想と同じく、下から生まれるものではないだろうか（馮、二〇〇四：二二五－二三六）」と制作者の立場から批判を述べている。

ドキュメンタリーをテレビ的な現象として注目、分析するかぎり、「新記録運動」の「退潮」は必然といえるだろうが、九〇年代後半、呂新雨が注目していたテレビ体制とはまったく別の場所で、新しい胎動が始まっていたのであった。それは、デジタルビデオカメラ（DV）などの小型カメラの登場と普及によってもたらされた新しい「運動」であった。

林旭東によれば、中国では、一九九七年前後から、さまざまな規格とサイズのデジタルビデオ機器が北京の市場に出回り始めたという。相対的に安価（二万五〇〇〇から三万元）で、比較的取りあつかいやすいデジタルビデオカメラの映像の品質が知られるようになると、デジタルビデオ（DV）を用いて自分の作品を撮ろうとする人びとが現れ始めた（林旭東、二〇〇五：三一）。さらに、ノンリニア編集〔ビデオテープなどに記録された動画をいったんハードディスクなどの記憶装置にデジタルデータとして取り込み、それをパソコンなどで編集する手法〕がパソコンで可能になると、撮影から、監督、編集、音楽にいたるまで個人でおこなうことが可能となった。これによって、小規模の資金による独立制作が可能になり、八〇年代末から九〇年代にかけて活躍し始めた独立映画作家による作品がテレビ体制との関係性の中から生まれたのとは異なり、もともと各種の映像制作組織とは無縁で、映像によって表現をおこなう機会に恵まれなかった人びとが映像表現を試みるようになった。その代表的な人物が、楊荔娜《ヤンリーナー》（天乙）である。

1　楊荔娜（天乙）『老人』

呉文光が、住まいからほど近い徳勝門城楼の屋外バーで、楊荔娜に会ったのは、一九九七年の夏も近いあ

楊荔娜。王慰慈（2000）より

る日のことであった。当時、呉文光へ電話をかけて来た楊荔娜は、「楊天乙《ヤンティエンイー》」と名乗り、自分は人民解放軍付属現代劇団の団員で、現在、映像素材を撮りためていると語った。呉文光が楊荔娜と会おうと思った理由の一つは、そんな舞台の上で見得を切る一人の「女の子」が人間の生活の裏側にかかわるドキュメンタリーと関係を持ったということに興味をおぼえたからであった。呉文光の前で、楊荔娜は、自らが撮りためている素材には、孤児院の子どもたち、広場での出来事、自分が住む街で毎日道端に座って時間をつぶす退職後の老人たちなどがあると、一気にまくし立てるように語った。その中で、呉文光の心に触れたのは、最後の老人たちのことで、大義を掲げるドキュメンタリー映画作家たちが見落としていた、老人たちといった被写体がどうしてこの「女の子」のカメラのレンズに入ってきたのかと驚いたのだった（呉、二〇〇三）。

また、楊荔娜は、当初はプロのカメラマンや録音技師をたのんで撮影をしていたがうまく行かず、今は自らDVを使って一人で撮影を続けていることも語った。実際、そのときには、呉文光は、そのDVがそうした素材と特別な関係を持っているということを意識しなかったのであるが、その後、素材を数時間見ているうちに、その画面が「小型カメラを持った一個人のスタイル」のものであることに気づくのであった（同前）。

『老人』曹愷（2005）より

楊荔娜は、一九七二年中国吉林省生まれ。幼年期から芸術を好み、一〇代は吉林芸術研究所で踊りを学んだ。一九八九年に吉林歌舞団のダンサーおよびパフォーマーとなる。そして、一九九二年から一九九五年まで人民解放軍付属芸術学院で演技を学び、一九九五年からは、中国人民解放軍付属現代劇団に参加していた。また、「楊天乙」という女優名で、ジャ・ジャンクーの劇映画『プラットフォーム』にも出演している。

一九九六年春、楊荔娜は、引越してきたばかりの北京市内の清塔地区で、七〇～八〇歳の退職後の老人たちが日がな一日、日向ぼっこをしながらおしゃべりをしているのを見かける。その印象を楊荔娜は次のように述べる。

彼らは毎朝きちんと家を出て、大きな壁の近くの道端に集まって来た。太陽の下に腰をおろし、おしゃべりをする。昼には家へ食事に戻り、その後すぐ戻って来る。夕方五時には夕飯を食べに帰り、床につく。夏、彼らは別の場所、木陰の下にいることが多かった。来る年も来る年も彼らはこの日課をあたかも彼らの仕事であるかのように守っていた。（「監督のことば」より）

「もの珍しさ」から楊荔娜は、老人たちを撮影し始めたのであった。それから約二年間、楊荔娜は毎日のようにカメラを手に老人たちのもとへ通い、カメラを向けながら、彼らの話にじっと耳を傾けた。やがて、老人たちは打ち解け、楊荔娜を「楊子」とよび、彼女がカメラを持って来ない日があるものなら、どうして今日はカメラを持って来ないんだい？　とたずねるほど、楊荔娜と彼女のカメラは、老人たちに受け入れられ、生活の中で欠かすことのできない一部となっていった。

もともと撮影を決めたとき、楊荔娜は、プロのカメラマンや録音技師をたのんだが、うまく行かなかった。

自らの感覚をうまく表現することができなかったのだ。楊荔娜は次のように語っている。

撮影を始めたとき、私はカメラマンと録音技師をたのみましたが、幾日も経たないうちに彼らは来なくなりました。彼らが求めていたものはとても専門的なものでしたが、私は主に感覚にたよっていました。私がいうものは彼らが撮れず、彼らが撮ったものは私が不満でした。もちろん、今から思えば主な責任は私にあって、私はただ感覚にたよって彼らに要求を出しましたが、どう撮ればいいのかはっきりとはいえず、実際彼らを難儀させました。なので、それからは自分一人で撮ることにしました。（朱・万、二〇〇五：四七）

結局、楊荔娜は一人で撮影を続けることを決めるが、ちょうど家族が小型のデジタルビデオカメラ（ＤＶ）を買い与えてくれた。楊荔娜は、ＤＶについて次のように語っている。

ＤＶは大型カメラと比べ、確かにより便利でフレキシブルです。しかし撮影中は実際のところ大型カメラと同じように辛いんです！　もちろん、撮影対象との交流の角度から言えば、ＤＶの小さく精巧なボディーはより親和力を持ち、でしゃばるところがありません。（同前、四八）

ＤＶで撮影を続けていくうちに、楊荔娜がことばにできなかった感覚は、次第に明らかになっていくのであった。

> 撮り始めて多くの素材がたまった後、しばらく撮影をやめました。というのも自分でも何を撮ろうとしているのか分からなかったからでした。その後、ある日の朝、突然、食べる、飲む、しゃべる、放尿する、眠るという幾つかのことばが頭に浮かびました。それは生活の中で最も基本的なものであり、撮ってみてもたいへん単純なものですが、またとても実際的なものです。後にこの幾つかのことばが撮影のベースとなりました。（同前）

楊荔娜のカメラが映し出すのは、親密な交流をとおして得られた、何気なくも生き生きとした老人たちの「日常」の姿である。もちろん、何を「日常」と定義するのかも問われるだろう。例えば、老人たちの生活にとって本来重要であるはずのそれぞれの子どもたちとのシーンはあまり登場しないが、これは楊荔娜が編集の際に意図的に切っているためである。そこで楊荔娜が目指しているのは、「物語」に回収されない「日常」とでも呼べるものかもしれない。かりに老人たちとその子どもたちとの交流のシーンがあったとすれば、観衆は、容易に老人とその家族という頭に思い描く既存のイメージ＝「物語」に狎《な》れながら映画を見ていくはずである。楊荔娜は、そうしたネガティブな意味での「物語」を老人たちの姿の中に読みとることを回避し、ただ、彼らの「日常」を映し出そうとする。そのことは、映画の中で老人たちが、「撮る［拍攝］」ではなく、「うつす［照］」ということばを使っていることからも理解できるが、楊荔娜は次のように語っている。

> おじいさんたちは撮影を「うつす」と言っていますが、私もその呼び方が好きです。私にとっては、「うつす」は客観的なものであり、「撮る」は主観的なものです。撮影していたとき、私は毎日おじいさんたちが家を出る三〇分前には現場に到着していて、彼らを静かに「うつし」ていました。……作品全体

をとおして私は一貫して「うつす」という原則を保ち、私とカメラは鏡となって、目の当たりにした光景を「うつし」たのでした。（同前）

楊荔娜のカメラは、まるで狩りをするかのように何か出来事が起こるのを待ち、必要な出来事を効率よく撮影し、撮ったイメージを収獲物として持ち去るようなプロの映像制作者のカメラとは質的に異なる。老人たちの生活から読みとれる物語＝ことばではなく、老人たちの毎日繰り返される日常の「刹那」にこそ楊荔娜は惹かれたのであって、その感覚に表現を与える最適な道具がDVなのであった。DVは、フィルムのように撮影時間に制約されず、またあまり目立たず、交流の障害になることも最低限に抑えてくれる。映像をみていると、楊荔娜は、DVを媒介として、老人たちの日常の世界に自らを同期させているように思えてくるのだ。

そして、二年にわたる撮影後、半年間の編集期間を経て、一六〇時間以上の素材が九四分にまとめられ、一九九九年五月、『老人［老頭］』が完成する。この映画は、一九九九年の山形映画祭に出品され奨励賞を受賞したほか、二〇〇〇年、フランス・パリのシネマ・デュ・レエルでは審査員賞を受賞した。

しかし、たとえDVであってもそれがカメラである以上、撮影者と被写体は残酷に峻別され、やはり「撮る」ことは「獲る」こと、そして「盗る」につながる。楊荔娜は語る。

作品が奨励賞を受け、私は栄誉を獲得しましたが、おじいさんたちはやはり家の門口に座っているのです。私は自分がコソ泥であり、彼らのものを盗み、私自身を飾っているように感じました。（同前、四九）

ところで、朱靖江は、「(楊荔娜の出現以前――著者注) 中国の独立ドキュメンタリーの創作者群は半ば閉鎖的なクラブであり、大多数のメンバーはみな互いに知り合いであり……エリート的立場と男性的気質がその時代のドキュメンタリー創作を主導していた」と指摘する (梅・朱、二〇〇四：一六)。その意味で、楊荔娜の出現によって、一部の専門家の手、あるいは男性作家の手にだけ握られていた映像表現が解き放たれたともいえる。

2 呉文光『江湖』

楊荔娜との出会いは、呉文光自身にも大きな影響を与えることになった。当時、呉文光は、一九九五年、『四海我家』の制作後、撮影資金の調達の困難などから、フィルムを選択するかそれともテレビレベルのテープを選択するかという問題など制作の苦境に陥っていた。

その頃、私はちょうど困惑の中にあり、『四海我家』の完成後、疲労を感じていた。疲労感は、何か題材ができた後に、資金調達や撮影チームの組織など、撮影の準備に取りかかることから来るもので、そうした従来の伝統的な映像制作のやり方が引っ張り込む多くの段取りにも私は嫌気がさし、そのために、最初に始めたときのあのドキュメンタリーが何であるのかもはっきりとせず、ただ興味だけでつくっていたような本能が失われていることも感じていた。(呉、二〇〇三)

そんなとき、楊荔娜が持ち込んだ『老人』の素材は、呉文光を強く啓発するものであった。素材の大部分のショットは非常に長く、しかもカメラの位置が動くこともなく、まだ映像制作に熟達していない新米がどうしてよいのか分からずカメラの傍らで手をこまねいていることが伺えたが、それはまた、撮影者が生活の現場にいて、静かに出来事のすべてを見届けているともいえた。楊荔娜が撮った老人たちの素材は、プロには撮影できないものであり、そのことは呉文光を震撼させたという。

この生業に従事してきた一人の人間として、そうしたものが、巨大で多く人に畏敬をおぼえさせ恐怖感すら抱かせる大型カメラのショットにおいて起こるとは考えられなかった。またそのカメラの後ろに、もし二人以上の虎視眈々とした映像制作者たちがいたなら、レンズの前でこれほど生き生きとした本来的な生活の状態がありえたかどうか、想像しがたかった。（同前）

呉文光『江湖』撮影風景。呂新雨（2003）より

呉文光は敏感に反応し、それまでの撮影スタイルを変え、従来の撮影方法から構想、テーマ選び、撮影対象までことごとく放棄し、一人DVを携えふらりと撮影に向かうようになり、伝統的な意味での映像制作者のスタイルとはどんどん離れていった（曹、二〇〇五：一三二）。

一九九八年八月、呉文光は、「遠大歌舞団」というテント興行団体を撮影し始める。この興行団体は、河南省農村の興行師の親子が、村の若者を誘って興行団体を起こしたもので、河南省から、北京市郊外、河北省、天津市、山西省など各地を、カラオケでポップスを聴かせ、若い女性のビキニショーを目玉に小屋掛けして渡り歩いていた。撮影は一九九九年四月まで続けられ、そして、呉文光は八〇時間に及ぶ素材を一四九分に編集し、『江湖』(一九九九)を完成させた。

呉文光のカメラは、一座の移動、滞在、興行、再移動といった日常の活動を追う。団員たちは、ステージ衣装を身にまとい街頭宣伝をおこない、現地の警察をレストランで接待する。だが、客の入りは芳しくなく、給料も数ヶ月も出ておらず団員の間には険悪な雰囲気も漂い、やがて矛盾は爆発する。『江湖』が映し出すのは、そうしたこの一座の日常風景である。撮影の経験を呉文光は次のように述べる。

ペンのようにDVカメラを携えて、ゆらゆらと小屋掛けする人びとといっしょにさすらい、毎日耳一杯に「くそったれ!」といった河南弁を聞き、夜、テントの舞台の上に横になる。周囲にはテントの仲間たちが川の字になって眠り、脚の臭いと原っぱの香りが混じった空気が立ち込める。星がテントの上の通気口と隙間から煌く。朝、起きてサンダルをつっかけてテントの外へ出て、原っぱで小便をすると、空気はこの上なくすがすがしく、何の物音もない。そう遠くないところでは、若い仲間の一人がしゃがみ込んで大便をしながら、おはよう、と声をかけてくる。そのとき、北京は本当に遥か遠く、現代アートも本当に遥か遠いのだ。[*1]

映画作家というよりも、小屋掛けするテント団の仲間の一人として、彼らと旅を続けながらカメラを構えていた呉文光の姿が目に浮かぶ。そこには、時代と伴走しながら、芸術家や知識人を追いかけていた頃のような姿勢は見られない。呉文光は、彼らはロマンティシズムなどとは無縁であるという。そして、彼らは、やむを得ず、追われるように故郷を離れて路上の人となったのであると、次のように述べる。

> 一〇年前、私が初めて独立して撮影した記録映画は『流浪北京：最後の夢想家たち』でした。それは、地方の若い五人の芸術家が、北京に出て芸術の夢を追う物語です。現在、私を惹きつけ、記録の対象になっているのは、一群の若い農民……故郷を離れ、小屋がけをして歌や踊りを見せながら、旅を続ける人びとです。
> （「監督のことば」より）

『江湖』同前より

呉文光は、「江湖」が中国特有のことばであり、それが暗に意味するものが、必ずしも「川」や「湖」といった地理的概念ではなく、住みなれた土地を離れ、危険の多い、前途の知れない旅に出て「もう一つの人生」をさすらうこと、あるいは「家から路上に放り出された」状態であると考える。また、呉文光は次のように語る。

> 普通の農民から見れば、彼らは都市に入った人間です。ただし、地理的な環境から見れば、彼らは永遠に環状四号線の外にあり、都市への道は彼らに閉ざされ、入ることはできないのです。また彼らは故郷の土地からも離れています。

彼らは都市と村の間にあるのです。（呂、二〇〇三：一三）

『江湖』の旅芸人たちは、北京の環状四号線の内側、つまり北京の都心部からは排除されており、都市の人間でもなければ、村の人間でもない、「宙ぶらりん」の状態を生きなければならない。ただ、そうした彼らの境遇は、「なぜ、私は彼らに惹かれるのか、それは、私たちの運命もまた〝路上〟に投げ出されているからだと思います」と語る呉文光にとって、自らと重なるものであった。

呂新雨は、『四海我家』がユートピアとしての西洋の崩壊を描いているとすれば、『江湖』は、もう一つの農村の都市に対するユートピアイメージの崩壊を描き出していると考える（同前）。呂新雨は、『四海我家』のユートピアとは、大衆メディア産業が生み出した流行文化の上に立つものであるというが、旅芸人の若者たちにとって、ユートピアとは、すでに都市と農村の間にしか存在するものではなく、また、呉文光自身にとっても、彼らと旅をともにする、そうしたかりそめの時間においてしか見出せないものだったのかもしれない。

また、『江湖』は、ＤＶで撮影されているだけでなく、呉文光の自宅のパソコンで編集されている。このことは、ドキュメンタリー映画制作が、まったく一人でおこなうことが可能になったことを意味するが、呉文光は、「体制」に依拠する必要のない、非常に自由である、「個人化」したドキュメンタリー制作の意義を強調し、自らの立場を次のように語っている。

知識人の立場でもなければ、民間の立場でもありません。また何かアングラの立場でもなければ、何かに反対する立場でもありません。個人のものなのです。（同前、一〇）

呂新雨は、「新記録運動」において、「個人化」が「真実」の後を引き継いでもう一つの抵抗性を持った言説となったと指摘する（同前、一四）。また、呉文光は、自らの転機を次のように語っている。

一九九八年初め、私は次第に所謂個人化とは作家がペンを使って書くのと同じように、自らの心を表現するべきことであるのが分かってきました。我々は、撮った後それが何のためかを知ろうとしすぎ、観念のために何かを撮ろうと思いすぎています。実際、子どもが絵を描くように、あまり重荷を担いすぎず、描いてそれから考えるべきなのです。（方、二〇〇三：三八五）

呉文光が求めるものは、純粋無垢な表現することの喜びであり、そこには、ジャ・ジャンクーが提唱した「アマチュア映画」の精神につながる態度がみられる。ＤＶは、映画を純粋に愛する経験へと立ち返らせるような可能性を持っているのである。

3　ＤＶ新世代

やがて、ＤＶは、都市部の青年たちの間に普及するようになり、「ＤＶ青年」と呼ばれる一群を生み出し、「ＤＶ運動」「ＤＶ潮」などといったことばが生まれた。そうしたＤＶによる映像制作の盛り上がりを受け、二〇〇二年、香港のフェニックステレビは、新コーナー「ＤＶ新世代」（別名「中国青年影像大展」）を開設する。この企画に参加したのは、大部分が映像関係の学問を専攻する学生で、北京電影学院、北京広播学院、北京師範大学芸術科の学生や卒業生らであった。放映された作品には、それまで自らがよく知らなかった

「底層（社会的下層）」の生活や「周縁の人びと［辺縁人］」の生活を取り上げたもの――これが一番多い題材であったが――逆に、父母、教師や、自らがよく知る人や出来事について取り上げたもの、また、自らと距離のある特殊な人や出来事、さらには普通の人の生活を撮ったものまで、さまざまであった。

例えば、特別大賞を受賞した『自転車修理屋［修自行車的人］』は、自転車修理屋の人物が主人公である。自転車修理屋の白哥《バイゴー》は、北京に来てすでに一〇年になるが、この年は商売がうまく行かず、年末になっても場所代を支払うことができず、あちこちへ金策に回る。だが、元々友人の少ない白哥は、必要な二〇〇〇元にまったく足らない三〇〇元あまりしか借りることができない。それでも、白哥は来年の商売が繁盛し金を稼いで妻子を北京に迎えることを希望するのだ。

作者の王宇陸《ワンユールー》と郭奎勇《グオクイヨン》は、中央戯劇学院の学生である。二〇〇一年初冬、初めてDVを手にしたとき、王宇陸に、それほど大きな喜びはなく、むしろ、DVがどういうものなのか、自問していたという。そして、共同制作者の郭奎勇が偶然知り合った自転車修理屋である白哥を対象として撮影を考えるようになった。だが、王宇陸にとっては、白哥との意思疎通には困難があった。

> 白哥は性格が偏屈なので、我々には付き合う過程の中で多くの溝があった。……私は立場を替えて彼の視点から問題を考えてみたが、観念の違いによって我々は一致することができなかった。私は無力感をおぼえた。私は彼との意思疎通に危機をおぼえたが、私のパートナーは違っていた。彼は農村で育った少年であり、白哥と似たような幼年時代と生活を経験していた。彼らがどう意思疎通したのか、何を話したのか、私はさっぱり分からない。（王・郭、二〇〇三：一九一）

中国は、地域的な多様性に加えて、都市と農村とで階層的な分断が存在し、市場経済化やグローバル化が進む中で、都市と農村の社会的格差はますます広がり、農村から都市へ出稼ぎに出てくる「農民工」と呼ばれる出稼ぎ労働者が、都市において、他者化していた。

また、撮影は始まったものの、撮影の経験のない王宇陸は、どうすればよいのかまったく分からなかった。

撮影が始まったが、何の準備もしていなかったことから私の頭は真っ白になり、彼の生活に本当に分け入ることができなかった。それがある日、彼の無力感のにじむ表情を、じっとDVをとおしてあますところなく記録してはじめて、私は本当にDVが何であるのかを理解した。DVとは見つめることである。なぜならDVがなければそのときその出来事は見つめることができなかったのだから。(同前、一九二)

王宇陸は、DVとは撮影対象をじっと見続ける、「見つめる」ことにほかならないものであると理解した。だが、さらに王宇陸はDVが「見つめる」だけでなく、「思いやる」ことでもあるとして、次のように続ける。

しかし、DVはさらに思いやることでもある。なぜなら我々は思いやりの態度ですべてを見つめたからだ。我々は自分たちの目で直接彼を見つめたのではなく、DVをとおしてである。つまり、そのときから、DVは真に感情を解放する道具となり、〝それ〟は我々の撮影対象を見つめた、いや、思いやったのだ。(同前)

ここでは、DVを手にしたことではじめて見えてくるもう一つの「現実」との出会いの経験が述べられているといえる。

作品のラストは、「我々の撮影はいつでも終えることができるが、白哥の生活は続かなければならない」とナレーションが続く。そこでも、撮影者と被写体とは、厳然と分かたれ、両者は「距離」を置いてしか出会えないというドキュメンタリーの宿命が語られているが、少なくともDVが、若者にとって、彼らが中国の社会現実と出会うための一つのツールという側面を持っていたのだ。

一方で、それらDV作品について批判的な意見もある。ジャ・ジャンクーは、映像言語が、従来のテレビ的な言語であると批判的な意見を寄せている。

すべての言語が従来のテレビ的な言語です。そのため私も戸惑いました。私はあなた方「DV新世代」という番組が奨励しようとしているのが、一個の作品としてのDVなのか、それとも一種の社会現象としてなのか分かりません。しかし、私自身は一人の映画監督として、目にすることを期待するのは、形式的に衝動と追求がある作品です。そのほか、それは状態的なものを欠いており、物語的なものが多くの割合を占めています。(同前、一五)

確かに、DVは若者に「現実」と出会う契機は与えたが、それを真摯に見つめなければ、結局は、自分の中にある出来合いのイメージに狎《な》れた、テレビ的な一つの「物語」に依拠した作品を制作してしまうのだ。ジャが述べる「状態的なもの」とは、「物語」に容易に回収されない「生の質感〔生命質感〕」を持った映像のことである。

その意味で、最優秀監督賞を受賞した馮雷《フォンレイ》の『雪落伊犁〔雪舞うイリ〕』は、「衝動」と「追求」を兼ね備えた作品であるといえる。

二〇〇〇年末、カザフの鷹匠についての作品を撮ろうと考えた馮雷は、友人の紹介で新疆ウイグルへ向かった。一ヶ月間にわたるイリ地方でのロケハンの中で、馮雷は、「巴黒拉」という名の一人のカザフ族の少女と出会う。結局、気候が原因となって、もともと撮ろうと考えていた鷹匠の作品は完成しなかったが、カザフ族の少女の作品を撮ることができたのであった。

『雪落伊犁』は三八分の短編作品で、中国最西部、新疆ウイグル自治区イリ地方に生活するカザフ族の少女の一日の記録である。髪を梳かしてもらうシーンに始まり、食器洗い、羊の放牧、水汲み、乳搾り、羊との戯れなどが、モノクロで描き出される。ノーナレーションと少女の生活の一つ一つの行為を見つめるカメラから表現されるのは、生活それ自身の美しさである。詩情にあふれ、細部まできめ細やかに表現された映像は、ジャのいう「生の質感」を持つといえる。この作品は、パリのシネマ・デュ・レエルでヨリス・イヴェンス賞を受賞している。

4　実験的ドキュメンタリー

多くの若者がビデオカメラによって自己表現をおこなうことが盛んになると、一部のカメラを持った若者は、より「実験」的な方向へと向かった。その一人が睢安奇《ジューアンチー》の『北京的風很大〔北京の風は強い〕』（二〇〇一）である。この作品は、DVで撮られたものではなく、睢安奇と彼の助手が三輪自動車に乗り、期限切れのフィルムを使って撮った実験的ドキュメンタリーである。「北京の風は強いですか〔北京的風大嗎?〕」――睢安奇は作品の中で、北京の街を行く人びとに、飽くことなくしつこくたずねる。それに対して、逆に聞き返す者、沈黙する者、横目で見る者、躊躇する者、怒り出す者と、それぞれに違う反応を見せるが、

睢安奇（本人提供）

答えを聞き出すため、睢安奇は、公衆便所の中まで追いかける。こうしたカメラを現実に介入させる方法は、パリの通行人たちに「幸せですか」と質問するジャン・ルーシュの『ある夏の記録』（一九六〇）と同じである。ただ、ジャン・ルーシュの影響については、睢安奇自身、次のように否定する。

実際、当時私はあまり多くは考えておらず、撮影の時はとても単純でした。……〝シネマ・ヴィリテ〟〝ダイレクト・シネマ〟などに至っては、ほんのちょっとした解説を見ただけで、それほどの研究や学習をしたわけではなく、それらから何か影響を受けたとは言えないでしょう。（朱・万、二〇〇五：六二）

また、ジャン・ルーシュと同じように「カメラの暴力」を顕在化させていることについては次のように語っている。

私のやりたいことは現実を拡大することです。我々はたくさんのニュースのインタビューを見て、柔和で客観的であると思いますが、そうしたものを見ることは私に言わせれば一種の傷害行為であり、そうしたものにこそ暴力が隠されているのです。私は伝統的な意味でのニュースのインタビューやドキュメンタリーが強調する、疑いたくなるような客観性に強く反感をおぼえます。私はそれらを解体したいの

『北京的風很大』曹愷（2005）より

であり、私の問いかけという手段やスタイルが何かを壊したとしたら、間違いなくそれは別の何かをも打ち立てたのです。（同前）

『北京的風很大』で、雎安奇は、中国における既存の報道が、「客観」を装うことの虚構性を暴くために、カメラの暴力性を意図的に用いて、現実に介入させたといえる。

5　まとめ

ＤＶの登場は、それまで映像表現とまったく無関係であったさまざまな人びとを個人的な映像表現へと向かわせた。とくに、先進国などと比べ、八ミリフィルムカメラのような小型カメラによる個人的な映像制作の伝統をほとんど持たない中国においては、ある意味で革命的な作用をおよぼしたといえる。多くの若者がＤＶを手にし、ドキュメンタリーを制作することで、自己表現を実現させたが、そうしたＤＶによる映像作品の中には、「表現」というよりは、暴露しているにすぎないような映像もあり、「作品」の質としては不十分なものが多いのも事実である。ただ一方で、カメラを手にしたことではじめて見えてくる「現実」との出会いという個々の制作者の「生の経験」としては、やはり大きな意味があったのではないだろうか。

Ⅱ 「周縁」との出会い

DVの普及で映像表現の垣根が取り払われたことにより、制作者が多様化したことに加え、小型のDVの機動性は、それまでカメラが分け入ることのできなかった領域に分け入ることを可能にした。さらに九〇年代以降の中国の大きな変化は、カメラを持つドキュメンタリー映画作家に、それまで視野に入ってこなかった、さまざまな社会現実を発見させたが、その際、一つの傾向として、社会の周縁にいる人びとを題材とする作品が増えたことがあげられる。

1 朱伝明『綿打ち職人』

一九九八年一〇月のある晩、当時、北京電影学院の三年生であった朱伝明《ジュージュワンミン》は、北京の路上で、「唐《タン》」という姓の一人の青年と出会う。青年は、湖南省の故郷を離れ、北京の道路端にほったて小屋を建てて住み、古い綿布団の綿を打ち直す仕事をおこなっていた。当時クラスメートの杜海濱《ドゥーハイビン》からビデオカメラを借りていた朱伝明は、青年に興味をおぼえ撮影することを決めた。

朱伝明は、一九七一年江西省盧山生まれ。中学卒業後、技術学校に進み、その後九江のボイラー工場で五年間ボイラー工として働き、北京電影学院に入学したのは一九九六年、二五歳のときであった。電影学院では、写真撮影コースで学んだが、朱伝明には強い表現欲が存在した。

私が写真撮影を学んだのは、できるだけ手に職がつくようなものを学びたかったからにすぎませんが、写真撮影は私の物語ることへの欲望、表現への欲望を満足させることができませんでした。私はずっと文学が好きで、文学の私への影響はたいへん大きく、ドキュメンタリーを撮ることとは真実を表現するもので、この誘惑は生理的な本能と同じようなものです。（朱・万、二〇〇五：四一）

もともと朱伝明は作家を志していた。かつては詩を創作し、江西省の雑誌に発表したり、工場では詩社を組織し、労働組合において雑誌の編集などもおこなっていた。その頃の望みは、組合図書館で図書管理員の職を得て、創作しながら働くことであった。

朱伝明。張献民・張亜璇（2003）より

二年生のときから、シナリオを書き始め、シナリオが北京テレビに採用されることもあった。綿打ち職人の青年と出会った当時、朱伝明はシナリオを準備したものの、資金面で都合がつかず撮影できずにいた。ちょうどそのとき朱伝明には友人である杜海濱から借りていたビデオカメラが手元にあったため、劇映画ではなくドキュメンタリーを撮ることを決めたのだった。

青年の仕事場は、学院から自転車で一五分あまりの距離で、朱伝明は頻繁に青年のもとに通い、雑談し、飯を食べ、酒を飲み、撮影した。彼はカメラの存在をとくに気にすることはなかったという。

青年には、北京で大学生活を送る故郷の幼なじみがいたが、会いに行っても煙たがられ、食事に誘っても、幼なじみは食べ終わるとすぐに帰ってしまった。青年は、家族内の人間関係や貧しさに将来をさえぎられ、昔の恋人の思い出に複雑な感慨をもつ。そんな青年の様子を朱伝明のカメラは記録してゆく。そして、一筋の光だけしかない暗い小屋の中で、青年は、自らの過去、家族、境遇、そして夢を吐露する。このシーンはたいへん印象深く、青年の真実の姿が映し出されているが、朱伝明によれば、主人公はもともとあまり自らの辛さや苦しみを語るほうではなかったという。朱はインタビュー（梅・朱、二〇〇四）の中で次のように語っている。

彼はふだん他人にそうしたことは話しません。彼がそのとき苦しみを感じなければ、話さなかったでしょう。それは最後の一日小屋に戻ったとき彼が話したもので、彼が私にそんなに話をするとは私にも驚きでした。（同前、三二八）

撮影後、朱伝明は、何も手本とするものがないまま、どういうかたちになるのかも分からずに、ただ、自分が撮ったものがリアルであるという確信だけを手がかりに編集を続け、七〇分の作品『綿打ち職人［北京弾匠］』を完成させた。ポストプロダクション時のトラブルのため、モノクロで、編集も荒く、構成も緻密でないが、リアリティのある映像から、当時の北京の街の雰囲気も伝わってくる。

この『綿打ち職人』は、山形映画祭に出品され、奨励賞を受賞する。朱伝明は、振り返って『綿打ち職人』のいちばんよいところが「誠実」であったことだと次のように語っている。

当時もあまり多くのことは考えず、私も彼も誠実でした。どこかの会社のために撮ろうと思ったわけではまったくなく、映画祭という概念もなく、当時は映画が撮りたかっただけだったのです。（同前）

朱伝明の第二作『群衆演員〔エキストラ〕』（二〇〇二）は、もともと電影学院卒業後、北京映画制作所の入り口でエキストラの一群を見かけ、彼らの撮影を始めたことがきっかけであった。

北京映画制作所の門の前には、毎日、都市や村から集まってきた青年たちがいた。彼らは自らを「エキストラ」とよび、北京映画制作所の門の前で時間をつぶす。映画制作所がエキストラを必要としたときに指名されるのを待っているのだ。その中の少なくない者が映画に出演しており特殊なアルバイト族となっていた。彼らはそうした端役から見出されることを期待していた。しかし、それは何ら保証のない臨時の仕事であり、食うや食わずの生活で、仕事にありつけなかったときは、郊外にある農家から借りている小屋で無為に過ごすのだった。彼らはいつの日か成功して億万長者になるという夢を持っているが、実際、彼らにカメラを向ける朱伝明は違った。

私にとって唯一はっきりとしていたことは彼らに希望がないということでした。彼らは胸いっぱいの希望をもって希望のない道を歩き、彼らを待っているのは絶望的な結末ですが、彼らだけがそれを知らないのです。傍観者としてそれを撮っていると、私は自分がとても「腹黒い」と思いました。私は救済者ではなく、そんな力も持っていませんし、ただ一人の記録者にすぎないのです。（同前、三三〇）

カメラの暴力性を自覚しつつ撮影を続ける朱伝明のカメラは、あたかも虎視眈々と獲物をねらう狩人のよう

『エキストラ』曹愷（2005）より

であった。完成した『群衆演員』は、内容があまりに赤裸々なため、厳しい批判を浴びるものでもあった。批判に対して、朱伝明は、それは「真実」を追い求めるためであったと次のように答えている。

> 私はこの題材で撮り始めたときからこのような結果になることは分かっていましたが、真実の世界はこのようなもので、真実のものはときに人にとって受け入れがたく、真実と向き合いたくない人、事実や真相が存在していないことを願う人もいるでしょうが、私は人びとに真実のものを見せたかったのです。（朱・万、二〇〇五：四二）

確かに物事は「真実」であればあるほど、時に受け入れがたいものであり、プライバシーにかかわることはとくにそうだ。ただ、難しいのは、「真実」を見せるために、撮られる側のプライバシーが犠牲になりかねないことだ。ここでもカメラを持った撮る側と撮られる側が権力関係として平等でないこと、カメラが不可避に暴力性を帯びていることに、どれだけ自覚的であるかが問われている。

一方で、中国の独立ドキュメンタリーを見ていると、被写体がカメラの前でごく自然に振舞っていることが多いと感じてしまう。このことは慎重に議論しなくてはならないが、確かによく指摘されるように中国においてはそうした問題に関して法意識が確立していないことが要因として挙げられる。ただ、ドキュメンタリー映画の上映が公認されておらず一般に見られる機会が少ないということを勘案しても、それだけではなく、中国特有の撮られることに対するおおらかさのような文化的要因もあるように思う。もちろん、近年は、インターネットやSNSが普及する中、プライバシーの問題はますます重要になっている。実際、『群衆演員』をめぐっては、登場人物の一人が、後から実は自分がドキュメンタリーの撮影を受けていたのだということを知り、朱伝明を相手どり司法に訴えるといった問題に発展している。[*2]

朱伝明は、自分が題材を選ぶ際に重視しているのは、被写体の職業ではなく、「底層」であるかどうかであると、次のように語っている。

多くの人は私と話すとこう言います。君の題材選びはすばらしいよ。外国人は綿打ちを喜んで見るからね。実際、私にとっては、綿打ち職人を撮ったとしてもゴミ収集員を撮ったとしても、職業、あるいは生業といったものはそれほど重要ではなく、重要なのは一人の底層の人、一人の侮辱され損ねられた小人物の内心であり、彼の現実の前での一撃にも堪えない自尊心、彼の彷徨と失落、そして待機と絶望な

ど、あらゆるこうしたものが私には貴重に思えるのです。（梅・朱、二〇〇四：三三七）

「底層」の定義は、概ね社会的下層を意味するが、社会的弱者やマイノリティを指す場合もある。社会的下層の苦境を好むような朱伝明の発言には危うさを感じるが、朱伝明の考え方をさらに追って行くと、朱伝明は、被写体を選択した理由を「境遇」ということばで語っている。

境遇です。さまざまな外地からやって来て身につけた職で生計の道をはかる人の境遇です。私の北京の境遇もある意味からいえば彼らと同じであり、ただみな方式がちがうだけなのです。（同前、三三二－三三）

ここには、自らと被写体とを同じようなレベルで捉える眼差しが存在している。ただ、電影学院の学生である朱伝明と、綿打ち職人の青年とでは、やはり差異が存在していると考えられるが、こうした疑問に対して、朱伝明は次のように反論する。

ありえません。私は生まれつきそうしたものを処理することができます。民間に行くと私は自由であり、野に行けば精力が旺盛になります。……そうした人びとと付き合うとき私は水を得た魚のように、とても自由自在で、ある場所で手も足もでないということはありません。これはたぶん私の過去の経験と関係があります。私はずっと野で育ったので、野にいるととても気持ちがいいのです。そこはとてもおもしろく、誠実なところだと思うのです。（同前、三三三）

朱伝明は、自分の出身によって解決できると断言するが、さらに、境遇が同じであるという朱の眼差しは、カメラにおける「真実」を自らへも向ける。別のインタビューで、「最終的な作品は作者自身と向き合うものので、一人の人間が自己に対してうそをつけば何の意味もない（朱・万、二〇〇五：四二）」と語っているように、朱伝明の「真実」の追求は自らにも向かうが、それは「諸刃の剣のごとく、他人に刺さると同時に自らにも刺さるもの」なのであり、朱伝明は、「底層」に対して、自らを撮るように向かい合っているといえる。だが、それでもカメラを持った撮る側と撮られる側の間には埋めがたい溝が存在するはずである。DVが、カメラの存在を限りなく小さくしたとしても、完全に消し去ることはできず、撮る側と撮られる側の間の「距離」は近づくことはあっても、それがなくなることはないのである。朱の境遇が同じであるという眼差しは、撮る側と撮られる側の「距離」の問題を見えなくさせる危うさを持つ。

その後、二〇〇二年一二月故郷に帰った朱伝明は、念願であった劇映画を撮るが、完成したドキュメンタリー的要素の強い映画『山の上』（二〇〇三）は、ロッテルダム映画祭などに出品され、脚光を浴びた。

2　杜海濱『線路沿い』

一九九八年、朱伝明は、クラスメートの杜海濱らと「道光電影小組」を結成する。それは、かつて文学科という電影学院内において周縁的な学科であったため、ジャ・ジャンクーらが映画グループを結成したのと同じような事情からであった。メンバーの一人である杜海濱は、次のように述べている。

私の専攻は写真撮影で、学校では周縁的な状態にあり、創作の範囲からは外れていました。ただ、実際

『線路沿い』曹愷（2005）より

のところ電影学院に入って、朱伝明、汪世卿《ワンシーチン》それからあと二人のクラスメートといつも五人でいて……

我々は映画実験グループを結成し一日中映画を見ていました。グループの名前は道光小組です。（杜、

二〇〇一：二一二）

「道光」の「道」とは元々「盗版（海賊版）」の「盗」のことで（道も盗もdaoと発音）、映画を見る機会が乏しい当時においては、海賊版の存在は、彼らに大きな影響を与えた。海賊版が果たした役割については後述する。

杜海濱は、一九七二年陝西省生まれ。西安と宝鶏で育った。一九九〇年中央美術学院への入学に失敗し挫折を経験する。南方で社会人を経験した後、一九九六年に北京電影学院に入学し、写真撮影コースで学んでいた。電影学院に入学してみると、まわりの学生はみな映画のために存在するかのように思え、自分がとてもちっぽけに思えた。ただ、他の学生より年齢が上であり社会経験があったことによって、杜海濱は次第に自信を取り戻していった。そんなとき、外国から戻った姉に小型ビデオカメラを買ってもらい、短編習作の制作を試みたのだった。

一九九八年、杜海濱は、同郷の友人と再会した。彼は、一九九三年、杜海濱とともに夢を抱いて北京にやってきた幼なじみで、一九九四年、杜海濱が仕事のため南方へ行った後も北京に残っていた。彼は、北京の実験演劇団に参加するアマチュア俳優であった。杜海濱は再会をきっかけに一九九九年一〇月から四ヶ月間、彼と他の団員との交流や彼の生活に対する考え方などを記録し、ポストプロダクションに一ヶ月ほどの時間をかけて、四五分の作品にまとめ、処女作となるドキュメンタリー映画『竇豆《ドウドウ》』を完成させる。

『竇豆』は、朱伝明の『綿打ち職人』とともに、クラスや画家の友人たちに「アンダーグラウンド上映」され、ジャ・ジャンクーにも見せた。ちょうど、山形映画祭に審査員として参加する予定であったジャは、二人の作品を携えて日本へ行く。結局、朱伝明の『綿打ち職人』だけが上映されるが、映画祭で朱の作品が奨励賞を受賞したことは杜海濱を大いに励ました。

当時、杜海濱が、『竇豆』に英語字幕をつける編集作業をおこなっているとき、同じ編集室でやはり一人の「軍人」が字幕の作業をおこなっていると聞いた。海外の映画祭に出品するためということだった。当時、杜海濱は、北京で自分のほかに誰がそんなことをやっているんだろうと思ったが、後にそれが人民解放軍付属現代劇団に所属する楊荔娜で、『老人』の編集をしていたのだと知ったという。

その年の夏に卒業をひかえていた二〇〇〇年春節、故郷の宝鶏に帰っていた杜海濱は、構想中の劇映画のため、線路のそばで小型ビデオカメラを片手にロケハンをおこなっていた。そのとき、立体交差橋から「浮浪児」を眼にする。ぼうぼうとなった髪と垢だらけの顔、見ていられないほど汚く、衣服もめちゃくちゃであった。しかも一人は、本物そっくりのおもちゃの銃を手にしていた。杜海濱は一瞬震えた。はじめはカメラを手にしていた杜海濱をテレビ局の記者だと思ったのか、少年たちは、金をなくしたとか、身分証を盗られたとか、自分たちがどうしてここで年を越さなければならないか訴えてきた。彼らと雑談を始め、しばらくして、試しにカメラを向けてみたが、彼らは拒絶することはなかった。

少年たちは、出稼ぎ中にだまされた者、身分証を失った者、両親が離婚した者と、さまざまな理由で家出をして、廃品を売ったり、盗みを働いたりしながら、線路沿いで生活していたのだった。

当時、杜海濱は資金不足のため劇映画の計画が頓挫したままであった。彼らと出会って三〇分後、杜海濱は本来の劇映画の計画を捨て、目の前のすべてを撮ることを決定した。それから杜海濱は撮影に没頭した。

私が没頭して疲れを感じなかったのも、それがいろいろな可能性に満ちた仕事だったからです。いつも何が起こるか予想もつかず、常に待つ価値がありました。ときどき私が注意していないときに、偶然二度とないような場面や事件が起こり、それはとても力強く活力があったので、私は瞬時に反応し、取捨選択する判断を求められました。(杜、二〇〇三：一一〇)

ここから、次々と出現するリアリティのある情景に本能的に反応している杜海濱の姿が想像できる。それを可能にしたのが、小型のビデオカメラであったといえるが、さらに続けて次のように語っている。

いま見てみると、作品の中のいくつかのよいシーンはどれも最初から最後まで一つのショットで撮られたものです。私は、それはドキュメンタリーの現場における激励のメカニズムであり、それは絶えずドキュメンタリー映画作家の内部の熱愛と情熱を刺激することができると感じています。(同前)

杜海濱のことばから、彼が、瞬きすることすら惜しいような生命の流れのすべてを捉え、ドキュメンタリーの現場に自らの「生」を投企し、さらに、現場から活力をえているような、そんな相互関係が存在していたことがうかがえる。さらに、杜海濱は、「彼ら、そしてゴミ捨て場は、さらに深く入り込み私の生の経験の一部となっている(同前、一一二)」と語っている。

だが、杜海濱にも、映画作品が撮られる側にとってどんな意味があるのかという問いがあった。杜海濱は、自らの苦悩を次のように表現している。

この作品が完成して、私が常に思うのは、自分が略奪者のようだということで……一人の友人として彼らと接触し、記録をおこなったとき、何らの功利的な色彩はありません。しかし、作品を編集すると、確実に独占性が生まれます。自らが作品を手にしたところで、それは彼らとはまったく関係のないことです。彼らが話したことをここで繰り返し使っても、彼らはあそこで何も知りません。そのうえ、彼らの現在の生活は何一つ変わることはないのです。（杜、二〇〇一：二一八）

成果物としての映画作品が、撮る側を利するのに対し、撮られる側にはまったく利益がないという問題は、ドキュメンタリーが常に抱える問題である。撮る側は映画作品によって、経済的な利益や映画祭で賞を獲得するなど栄誉を得る可能性があるが、撮られる側は、イメージを収奪され、プライベートの様子が公に晒されるリスクまで背負わなくてはならないのだ。

杜海濱は、その後もドキュメンタリー制作を続け、東北部から北京郊外の鉱山に出稼ぎにやってきた労働者を撮った『石山』（二〇〇六）、傘をめぐる中国各地の農村の様子をリレー的に記録していく『傘』（二〇〇七）などを撮り、二〇〇九年には四川地震を題材にした『１４２８』を撮っている。

3　「底層」をめぐって

中国の独立ドキュメンタリーは、これまでも社会的に主流ではない、周縁的な人物やテーマにカメラを向けてきたといえるが、ＤＶの登場は、それを「底層」を題材とするというかたちでさらにラディカルにし、同性愛者、出稼ぎ労働者、性風俗従事者、失地農民、鉱山労働者、薬物中毒者などを撮影対象とする作品を増やした。例えば、胡庶《フーシュー》『我不要你管』（二〇〇二）は、ホステスの生活をＤＶで記録した最も早い作品の一つである。作者の胡庶は、中国南方の貴陽市郊外の粗末なアパートの一室で、三人のホステスと一人のホステスのボーイフレンドと生活をともにしながら彼女たちを撮影している。また、胡傑《フージエ》は『遠山』において、私営の炭鉱の鉱夫たちの過酷な生活状況を記録している。さらに、陳為軍《チェンウェイジュン》の『好死不如頼活着』は、河南省の「エイズ村」の農村家庭を記録したものである。

一方、劇映画の分野でも、「底層」に注目した、失業者と売春婦の奇妙な関係を描いた王超《ワンチャオ》の『安陽の赤ちゃん〔安陽嬰児〕』（二〇〇一）や、悪漢炭鉱夫を描いた李楊《リーヤン》の『盲井』（二〇〇二）などの映画が制作されている。

また、そうした「底層」をテーマにした映画作品が、海外の国際映画祭などで賞を獲得していることから、ネット上に「地下電影拍攝指南〔アンダーグラウンド映画撮影指南〕」なる文章も登場して、そうした状況を揶揄する意見も見られる。それは、男性主人公は「失業中もしくはある種非正常な状態」、女性主人公は「性産業従事者あるいは失業した紡織工場の女工」でなければならない。映像スタイルは、「長回しと暗いシーン」を多用すること。さらに「必ずよい英語字幕をつけましょう。なぜならあなたの作品はとてもたくさんの国外の観客と向かいあうだろうから」[*3]と、皮肉に満ちた内容となっている。

「底層」への眼差しは、呉文光の『江湖』にも明らかである。『流浪北京』において都市に流浪する「知識人」を記録した呉文光は、『江湖』においては、ＤＶを使って、社会矛盾が集中的にあらわれる「都市と村の結合部」と呼ばれる都市と農村の狭間を流浪する「農民」芸人たちを撮っている。呂新雨は、八〇年代の「盲流」と九〇年代の「盲流」の違いについて言及している（呂、二〇〇三：六）。八〇年代の「盲流」が、一種理想主義的な後光を持っていたのに対し、九〇年代の「盲流」とは、全く詩的な意味のない生活そのものが剝き出しとなった荒っぽさと苦しみを露わにした農民の都市への流入であるという。

「底層」が前景化した社会背景としては、九〇年代以降加速した市場化とグローバル化によって、社会・地域格差の拡大と固定化が急速に進み、二〇〇〇年代に入ると中央政府も無視できないほどに社会問題化したことがあげられる。そうした社会現実にいかに向き合うかをめぐって九〇年代は知識人の間に思想的な分岐を生み出したが、二〇〇〇年代半ば頃には、中国の文学研究、批評ジャーナリズムにおいて、「底層表現［底層表述］」の語が多用され、それをめぐる議論がおこなわれた。「底層」（『鐘山』一九九六年第五期）を書き、早い時期から「底層」に言及していた蔡翔《ツァイシアン》は、執筆の動機を振り返って次のように語っている。

九〇年代の〝人文精神〟論争の後、市場経済はすでに正式に始動しており、一部の知識人は敏感に社会的な再分化に注意したのでした。（劉旭、二〇〇六：二一〇）

「底層」の顕在化とは、表現者と対象との間に生まれた「距離」に由来しているのではないだろうか。それはまた知識人と社会との間の「距離」とも言い換えることができるだろう。八〇年代、啓蒙的言説の担い手であった知識人は社会との一体感を持っていたが、九〇年代においては、社会との間に「距離」ができてしまったといえる。そうした「距離」の出現は、「ポスト社会主義」時代にあって、「大きな物語」の終焉の後の中国的なポストモダン状況の一つのあらわれのようにみえる。そして、イデオロギー＝ことばの崩壊は、必然的に断片的なもの、周縁的なものを浮き上がらせたが、一面において、そうした断片化した「現実」を拾い、周縁的なものと向き合うことにＤＶが親和性を持ったのだ。

独立ドキュメンタリーの中では、このような被写体との「距離」は、ときにユーモアを、またときには悲惨さを生み、画面に陰影を与えているが、そうした作品に、郭熙志《グオシージー》の『回到原処［もとの場所に帰る］』（二〇〇二）、黄文海《ホアンウェンハイ》の『喧嘩的塵土［喧騒の塵］』（二〇〇三）、趙大勇《ジャオダーヨン》の『南京路』（二〇〇六）などを挙げることができるだろう。

Ⅲ　カメラを持った女

楊荔娜の『老人』（一九九九）は、ＤＶの登場によって、一部の専門家の手にだけ握られていた映像表現の権利が広く解放されたことを意味したが、それは同時に男性作家の手にだけ握られていたドキュメンタリー映画制作に女性作家が参入し始めたことも意味した。

張真《ジャンジェン》は、中国の九〇年代半ばから後期における激しい「転形」を背景に登場し、社会現実と向き合い、カメラを手にしてドキュメンタリー映画制作を始めた女性映画作家たちの社会的関心と深く現場に分け入る姿を、ジガ・ヴェルトフの『カメラを持った男』（一九二九）になぞらえ、「カメラを持った女」と呼ぶ。そして一方で、彼女たちの題材選びや映像スタイルは、「キノグラース（映画眼）」が持つ気勢の勇壮な全知的視座や男性的眼差しとは大きく異なり、社会の隙間や周縁的な場所にある文化や人物を見つめるものであると考察している（張、二〇〇六）。

1　李紅『鳳凰橋を離れて』

まず、女性映画作家の作品というと、ＤＶ作品ではないが、一九九七年、山形映画祭において、小川紳介賞を受賞した李紅《リーホン》の『鳳凰橋を離れて［回到鳳凰橋］』（一九九七）が思い浮かぶ。

李紅。呂新雨(2003)より

李紅は、一九六七年北京生まれ。一九九〇年に北京広播学院を卒業すると、中央テレビとNHKが共同で立ち上げた映像制作会社に入り、テレビ番組制作をおこなっていた。そのときの番組制作がきっかけで、李紅は、安徽省の農村・鳳凰橋から北京へ出稼ぎに来て家政婦として働く四人の若い女性たちに興味を持ち、彼女たちを撮影し始めたのであった。その後、李紅は、中央テレビに籍を置き、時間を融通しながら、カメラマンの孟凡《モンファン》と撮影を続行した。李紅は、家政婦である彼女たちを撮影対象に選んだ理由を次のように語っている。

純粋に一人の都市の人間として彼女たちがとても興味深いと思いました。普段から目にしているのにまったく分からない、もの珍しい部分があって、彼女たちがどう生活しているのかとても知りたくなったんです。(呂、二〇〇三:二〇五)

それから三年を費やして李紅は、四人の若い出稼ぎ女性労働者たちを記録し続けた。

戴錦華によれば、八〇年代中期から九〇年代前期に、出稼ぎ労働者、とくに出稼ぎ女性労働者が、「新しい事物」、「社会進歩」の目印として、メディアに注目されることになったという。一九九一年には、『外来娘』というテレビドラマが人気をよんだが、それは、「都市／農村」、「文明／愚昧」という二項対立的な構図の中で、故郷を離れた娘たちは勇者と表現され、旧習や偏見に打ち勝った成功者として表現された（戴、一九九九：二一）。

都市と農村の格差をかかえる中国社会において、都市に生活することは、農村からの出稼ぎ労働者、しかも女性には厳しいものであった。『鳳凰橋を離れて』に登場する女性たちは、北京の胡同にある、六平米にも満たない粗末な部屋で寝起きし、毎日、ただ部屋と仕事場とを往復するだけの生活を送っている。ただ、李紅によれば、この時間こそが彼女たちにとって、人生において最も自由なひと時でもあり、原題には「帰る［回到］」ということばが使われているが、彼女たちにとって、帰ることも離れることも同じなのだという。彼女たちは、北京と故郷の鳳凰橋の間を行き来する存在なのであり、李紅のカメラは、その間を往還する、かりそめの時間の中に揺れる彼女たちの姿を映し出す。

李紅は、カメラを持たずにまず彼女たちと知り合い、比較的親しくなってから小型カメラを使って撮影を始め、少しずつ彼女たちとの対話を記録していき、その後カメラマンの孟凡が業務用の大型カメラを持ち込んで正式に撮影に入った。

最初から撮影の方向性があったわけではなく、彼女たちは日中、仕事に行くため、撮影は主に夜間、彼女たちの部屋でおこなわれた。狭い部屋に置かれた、至近距離のカメラに向かって、彼女たちは、自らの故郷のこと、両親のこと、初めて写真館に行ったときのことなどを語る。李紅に、彼女たちと寝起きをともにすべきであるとアドバイスしたのは、ボーイフレンドの李暁山《リーシャオシャン》であった。そして、李紅が、彼女たちの中の一人、霞子《シャーズー》のために理容を学ぶ友人を紹介してあげた日の夜のことだった。霞子が突然自らの初恋と失恋の話をし始めたのだった。李紅は、そのときのことを次のように語る。

私は長い時間考え始めていました。カメラを手にしたら彼女が話さなくなるのではないかと恐れたのです。彼女が話してから、彼女の気持ち、母親のこと、初恋のこと、鳳凰橋のこと、彼女の故郷のことがとても重要になっていると感じるようになりました。（呂、二〇〇三：二〇六）

張真は、『鳳凰橋を離れて』の女性の視点がここに確立したと指摘する（張、二〇〇六：八九）。しかし、李紅が、ことさらに「女性の視点」を強調しているとも思えない。暉峻創三は、李紅が「けっして自分が女性であることをこの映画〔鳳凰橋を離れて〕で懸命に示そうとはしていない」とし、むしろ、李紅が「懸命になっているのは、このドキュメンタリーから作者の存在（その性別も含めて）、カメラの存在をできるかぎり消し去り、あたかもそこにそれら撮る側の存在など無いかのように、素材の普段どおりの真実を提示したいということだったと思われる」と指摘する（暉峻、一九九七：一二）。確かに、李紅は、撮影する自らの存在を消し去ることに努力しているように見える。そこには、当時「真実」を保証するものとして大きな力を持っていたダイレクト・シネマ的な手法の影響が確認されるが、おそらく、パートナーである李暁山の影響が大きいのだろう。李紅にアドバイスをしていた李暁（小）山は、新ドキュメンタリー宣言の場にも立ち会った新ドキュメンタリーの人的ネットワークの一人である。

私は二回目の編集のときボーイフレンドに見せると、彼は多くの問題点をあげました。それからまた編集すると、蔣樾に見に来てもらいました。蔣樾が見ると、段錦川にも見てもらい、彼らに意見を言ってもらいました。編集するたびに短くなりましたが、それも彼らが私より経験を持っていたからです。（李幸他、二〇〇六：二一六）

李紅自身も『鳳凰橋を離れて』は集団でつくった作品であると語っているが、もっとも、彼女たちがまるでカメラの存在を忘れているかのように振舞うほど、李紅と彼女たちの関係性が深まっていたのは、李紅の努力の賜物であったといえる。しかし、こうした彼女たちとの関係性の構築の過程は、都市の人間である李紅にとっては、苦悩の過程でもあった。

たびたび私は都市の人間としてのもの珍しさを排除することができず、そうした分裂の程度を表現する方法が見つかりませんでした。そのため、最終的に編集してできたものは、私が次第に深く入っていく過程にすぎず、私の矛盾を表現できていません。（王、二〇〇〇：一九四）

李紅は、呂新雨によるインタビュー（呂、二〇〇三）に対して、「都市の人間の農村の人間に対する略奪」（同前、二〇九）とまで言っている。ここでは、撮る側と撮られる側の関係という課題が浮き彫りになっていると同時に、戸籍制度に象徴される都市と農村という中国の二元的社会の問題があらわれている。李紅は、ドキュメンタリーが「残酷」であることを認め、次のように語っている。

私はドキュメンタリーとは本当に、とくにその方法がとても残酷な方法だと思います。……私がドキュメンタリーをつくっているとき、とても複雑な気持ちになります。それは小説を書いたり、劇映画を撮るのとは異なります。撮り終わった後に完成した作品には、一人の生きた人が目の前に置かれ、人の生活が露わになるのです。しかも一番撮りたいのは人にとって最も重要でプライベートな部分であり、あ

なたにとって生活の一部分にすぎないことが、その人にとっては生命の最も大切な部分なのです。(同前、二〇九)

このようにカメラを向けることが否応なく持つ暴力性についても、李紅は自覚的ではあるが、自らにとって、ドキュメンタリーの制作が何を意味するのか、次のように語っている。

私が表現したかったのは一人の都市に住むオバカサンが初めて本当の生活の状態に触れたことであり、それは実のところドキュメンタリーではなしえないものです。私が表現したいものは、誰かもう一人が同時に私がどうしているのか撮らないかぎりは、ドキュメンタリーでは表現できないものなのです。(同前、二一〇)

李紅にとって、ドキュメンタリーの制作は、「本当の生活の状態に触れ」る、「生の経験」といえるものであったのだ。李紅は、「監督のことば」で次のように述べる。

私は都会に生まれ住んでいるものとして、地方からやってきたこのような少女たちに向けられた多くの既成概念をそのまま鵜呑みにしていました。しかし撮影をとおして彼女たちを知っていくにつれ、私はことばを失っていきました。この『鳳凰橋を離れて』は、まさにこのことばを失う過程の記録になっているのです。

『鳳凰橋を離れて』の記録は、李紅にとって、まさに「ことばを失う過程」であり、またそれと同時に、カメラをとおした「ことば」からの「解放」の過程でもあったといえる。自分とはまったく異なる運命を背負った彼女たちと出会い、三年間に及ぶ交流から、やがて同じ女性としての視点を発見していくそのプロセスこそが李紅にとって最も価値のあることであったのである。ただ、そのプロセスがにじみ出ているからこそ、編集の未熟さや画面の粗さをこえて、「作品」として観衆に伝わる何かが『鳳凰橋を離れて』にはあるのだといえる。

『鳳凰橋を離れて』英未来（2012）より

2 劉暁津『尋找眼睛蛇』

李紅のほかに、DVが普及する以前にドキュメンタリーの制作を試みていた女性映画作家として、劉《リウ》暁津《シアオジン》をあげることができる。劉暁津は、雲南大学中国文学科卒業後の一九八四年、雲南テレビに入り、ディレクターとして、特集番組を制作し始めるが、やがてそうした制作方法に不満を感じるようになった。ちょうどその頃、テレビで『望長城』が放映され、また、雲南大学の同級生であった呉文光が北京から昆明に戻り『流浪北京』の編集作業をおこなっていた。劉暁津は、『流浪北京』に独立精神と特集番組にはないリアリティを感じ、自らも独立ドキュメンタリーの制作を始めるのであった。

そして、劉暁津は、一九九〇年から一九九三年にかけて、当時、西南地方で知られていた毛旭輝《マオシューフイ》、張《ジャン》暁剛《シアオガン》、葉永青《イエヨンチン》、周春生《ジョウチュンション》、王川《ワンチュワン》の五人の画家を記録する。この『中国西南当代芸術家五人集』という映像は、機材のトラブルなどから結局、作品として完成することはなかったが、中国の現代アートの歴史を知る貴重な資料として一九九三年一一月、「中国経験展」において上映された。

その後、劉暁津は、一九九四年から一年間、中央テレビの臨時ディレクターとして北京に滞在した機会をつかって、仕事の合間に北京で活躍していた一〇人の芸術家を撮影する。撮りためられた二時間テープで四〇～五〇本の素材は、しばらく放置されるが、後にまとめられ、そして完成したのが『尋找眼睛蛇〔コブラ・アイをさがして〕』（一九九九）である。

『尋找眼睛蛇』は、文慧《ウェンフイ》（舞踏家）、楊克勤《ヤンコーチン》（画家）、邢丹文《シンダンウェン》（写真家）、廖文《リアオウェン》（批評家）の四人の女性に絞って構成された内容で、現在は、芸術界でそれぞれ名を成している彼女たちの、九〇年代当時の、本業である芸術活動よりは、むしろ女性としての側面が描き出されている。四人は、一般の多くの女性たちとは違う道を選択しながら、やはり同じ女性としての個人的な夢を持ち、葛藤を抱え、北京という都市で生きている。北京の「表現者」が撮影の対象になっていること、インタビューを多用していることなどから、『尋找眼睛蛇』は、呉文光の『流浪北京』との類似点も指摘できる。だが、劉暁津自身が、撮影対象と自らを重ね、寄り添っていることを強く感じる。そのことは、タイトルによくあらわれている。タイトルの『尋找眼睛蛇』の「眼睛蛇」とは、九〇年代に活躍した女性ロックバンド「眼睛蛇〔コブラ・アイ〕」のことであり、映画の中で写真家の邢丹文がロックバンドを訪ねることに由来している。

この作品名は、スチールカメラマンの友人に由来しています。当時、彼女が「眼睛蛇〔コブラ・アイ〕」というロックバンドの練習スタジオを訪ねるところで、結果的に私は彼女にくっついて北京の街を歩き回ることになりましたが、その道のりはとても長いものでした。後に私はそのことを作品のタイトルに使いました。実際そこに秘められた意味は、その段階において、我々中国人女性は、内面で多くの終わらない探索と葛藤をしており、この作品に表れているのはそうした探索と葛藤のプロセスなのです。[*4]

道に迷ってあちこち歩き回る邢丹文を追って、劉暁津のカメラも一緒に歩き回る。その姿は、独立を目指す女性たちの社会における「彷徨」と、そしてそれを記録する劉暁津自身の「彷徨」を写しとっているといえる。ちなみに、「眼睛蛇〔コブラ・アイ〕」は呉文光の『私の紅衛兵時代』に登場するロックバンドである。

劉暁津は自らにとってのドキュメンタリーを次のように語っている。

私はドキュメンタリーによって、もう一つの段階の人生を経験し始めました。ドキュメンタリーは私の

一生に付き従う表現スタイルなのです。（同前）

ドキュメンタリーによってもう一つの人生を経験したと語る劉暁津のことばからは、他の映画作家たちと同じく、制作プロセス自体が重要であるような「生の経験」を読み取ることができる。

『尋找眼睛蛇』は、『鳳凰橋を離れて』と同じく、中国において早い時期に映像制作資源に触れる機会を持った女性映画作家による作品と位置づけられるが、この二作品の撮影が始まった一九九四年は、季丹《ジダン》が、東北地方へ、また馮艶《フォンイエン》が、三峡地区へ撮影に向かった年でもあった。一九九四年は申し合わせたかのように女性映画作家たちがドキュメンタリー制作を開始した年であったといえる。

英未来。英未来（2012）より

『盒子』同上より

3　英未来の『盒子』

DVは、多くの女性作家に映像表現の機会を与えただけでなく、それによって女性作家がDVを手に、非常にプライベートな領域に深く踏み込むような映像を可能とした。二〇〇一年八月に完成した英未来《インウェイライ》の『盒子《ホーズー》』は、中国で初めての同性愛をテーマにした独立ドキュメンタリーである。

作者の英未来は、瀋陽出身。遼寧大学中国文学科を卒業後、新聞や雑誌などで編集の仕事をする。一九九四年頃から『生活空間』のようなドキュメンタリー番組を好んで見るようになり、自らもドキュメンタリー制作を志すようになった。一九九九年からテレビ局でディレクターとして働くことになり、ドキュメンタリー番組の制作にもかかわった。『盒子』は、英未来がはじめて独立映画制作で撮ったドキュメンタリー作品であった。

英未来は、撮影対象である「小甲《シャオジア》」と「小乙《シャオイー》」という二人の女性が住むアパートに七日間住み込んで撮影をおこなった。映画では、まず別々におこなわれた二人へのインタビュー・シーンがモノクロで映し出される。その後、日常生活を撮った場面はカラーとなり、女性たちのプライベートなこれまでの生活と記憶、そして現在の彼女たちの生活の断片が記録されている。

二つのロケ・シーンを除いてほとんどが室内のシーンであり、二人の世界が箱の中のように外の世界から隔絶されている印象を与えるが、タイトル「盒子〔箱〕」という閉鎖的なイメージをよくあらわしている。また、これは同性愛者が中国国内で置かれている孤立した状態を示すことのほか、二人のプライバシーを保護する目的もあると考えられる。そうした同性愛女性の生活という極めて閉鎖的な私的空間に、英未来と彼女のカメラは入り込んだわけだが、英未来は、自らが女性であることのメリットについて、インタビュー

（英、二〇〇三）の中で言及している。

それ〔女性であること〕は私にそうした空間に入ることを可能にしてくれました。彼女たちは異性に対して排他的な姿勢をもっていて、もし異性の監督であったなら、受け入れたとしても私のように容易ではなかったでしょう。（同前、一三七）

さらに、英未来は、彼女たちと、まるで家族のように生活をともにするような濃密な時間を過ごすことで、彼女たちの「日常」と「内面」にまで入り込むことになる。

彼女たちが私の前で本当にリラックスし、いつもの生活の状態を取り戻したのは、彼女たちの裸を撮った後です。私は、個人が裸を撮ることを許すということは絶対に相手に対して全幅の信頼があるからで、あの日はすべての出来事が起こり、そしてそれは自然でした。（同前、一二九－一三〇）

ところで、英未来は、撮影動機について、女性監督として、女性問題に関心を持つことは自ずと逃れられないことであると語るが、『盒子』では、同性愛を社会的テーマとしては描いていない。むしろ、二人と英未来の生活の記録のように見える。時折、カメラの後ろから英未来の応える声が聞こえてくるが、英未来自身が彼女たちの世界を深く理解しようとする姿勢が伝わってくる。

七日間という期間に、同性愛の世界について何も知らなかったのが彼女たちの世界の純粋な美しさを受け入れるようになって、私はその世界に感動させられ、ショットを用いてその感動を表現しようとしました。（英、二〇〇三：一二九）

むしろ、英未来は、彼女たちの「日常」をとおして、閉鎖的ではあるが、純粋な世界を描き出そうとしている。そのとき、DVは、彼女たちの感情世界に分け入ることと親和性を持ち、英未来と彼女たちの「濃密な時間」を映画として結晶させることを力強く後押しするものであった。

ところで、曹愷《ツァオカイ》は、『盒子』が「被写体の内面を深く掘り下げることをとおして、彼女たちの同性愛の要因についての社会学的意義を十全に現している」と指摘する（曹、二〇〇五：一四九）。おそらく、それは二人のインタビュー（ことば）が強い根拠となっているためであると考えられる。『盒子』には、多くのインタビュー・シーンが挿入されている。そこでは、彼女たちの成長期の体験や家庭環境、そして性的体験が語られる。内向的な「小甲」は、幼いときから両親を怖れていたこと、母からの愛情を欠いていたこと、家庭を厭う父や男の子のような姉の存在などを語り、そして「女の子が好きなのは、今考えてみると、たぶんこのような要素があるのかもしれないね」という。また、性についての経験を語るところでは、「小甲」は異性や親類からもセクシャルハラスメントを何度も受けてきたことを打ち明け、「小乙」は未婚で妊娠し別れたことなど、男性との不愉快な経験を語る。こうした二人の「告白」は、結局、家庭環境に問題があったり、異性愛に挫折することで同性愛者になるといった、異性愛者が持つ、同性愛者に対するある種のイメージを再生産することになり、「強制的異性愛」イデオロギーと共犯関係に陥ってしまうという危うさも持っている。ここでは、インタビューがリアリティを担保することの難しさが表れているといえる。

4　楊茘娜『家庭録像帯』

男性映画作家の眼差しが、社会の周縁に位置する人びとの姿や耳に届かない声を記録し伝える傾向があるのに対し、女性映画作家の眼差しは、さらに自らや自らの周辺に向かう傾向があり、例えば、愛情関係、家庭関係など、「私」性を強くおびた作品が制作されている。個人的、身辺的な記録映像は一般に「セルフ・ドキュメンタリー」とよばれている（那田、二〇〇五）が、他の地域のセルフ・ドキュメンタリーと同じように、中国のセルフ・ドキュメンタリーもある種の「トラウマ」を題材にするものが少なくない。

楊茘娜《ヤンリーナー》の第二作となる『家庭録像帯（ホームビデオ）』が、家族のプライベートな問題をテーマにしていることは、そうした傾向をよくあらわしている。二〇〇一年六月、楊茘娜（天乙）は『家庭録像帯』を完成させる。『家庭録像帯』は、記録の方法から映像のスタイルまで『老人』と異なる作品で、楊茘娜は、カメラを自らの家族内に持ち込むが、画面からも『老人』のような安らかさは消える。『家庭録像帯』は、「記憶」をめぐった映画であるともいえる。楊茘娜の父親と母親は何年も前に離婚しているが、彼女は当時いったい何が起こったのか知ろうとする。というのも、幼い頃から舞踏を学び、少女時代は基本的に歌舞団で過ごしていた彼女は、早くから家を離れて独立した生活を送っていたからだ。二〇年前、父親は母親が不倫したのではないかと疑いを持ち、母親に毒をもるという事件を起こす。弟は、事件の通報者と目撃者として精神的に強い矛盾と苦痛に苦しんでいた。

作品の中で、楊茘娜は、父親、母親そして弟に当時の出来事について立て続けに質問していくが、当事者として彼らの同一の出来事に対する証言は大きく食い違う。それはまるで黒澤明の『羅生門』のような世界であるが、家族を撮ろうとした動機について、インタビュー（梅・朱、二〇〇四）の中で、次のように語っている。

私が家族を取り上げたのは、主に家族が自分の成長の過程に与えた影響が大きかったからです。私が十数歳のとき父親と母親が離婚しました。当時、私は家を離れて学校で学んでいたため、何も知らず、後から彼らから話され、弟は私に何も言いませんでした。そのことはおそらく私にとって「コンプレックス」になっているのだと思いますね。（同前、三〇三）

そして、映画の後半では、それぞれが自らや他の者が語っている映像を見たときの反応を記録している。ただ、同じ家族の一員として、楊荔娜は、その問題やカメラを自らに転じることはなく、また、家族や事件に対しての自らの態度を表明することもない。そこには家族としての当事者性の希薄さすら感じられるが、次のことばから、楊荔娜自身の内面において葛藤があったことがうかがえる。

ポストプロダクションの際、私は自分が一人の娘なのか映画作家なのかはっきりしないことがあり、ある問題は避けたいと思いました。なぜなら私は他人に母親についての多くの出来事を知られたくなかったからです。私はこれも今後改めるべきところだろうと思っています。そうしたこともみな試練を経なければならないところで、とくに家族をテーマとするときはそうです。私は現在も彼らへの感情の上に留まっていると感じます。一人の作者として、娘であるほか、もっと考えなくてはなりません。（同前、三〇四）

『家庭録像帯』に映し出されていたものは、楊荔娜自身の当事者性の希薄さではなく、撮影することではじめて向き合った家族の問題に戸惑う姿であったといえる。

後にカメラを持つようになってこのことをはっきりさせたいと思うようになりました。以前からいつも母から父との感情上のこじれによる苦しみについて聞いていて、彼女の涙に慣れてしまっていました。カメラを通してはじめて本当の意味で彼らを見つめ始めたのです。（同前、三〇三－四）

楊荔娜は、DVをもったことによってはじめて家族を見つめることができるようになったのであり、『家庭録像帯』は楊荔娜にとって、家族との出会い直しのプロセスを表現したものであって、自分自身を見つめ直す作品であったといえる。

5　王芬『不幸せなのは一方だけじゃない』

楊荔娜と同じく、役者としての経歴を持つ王芬《ワンフェン》は、楊荔娜より少し早く、自らの家族にカメラを向けている。

王芬は、一九七八年江西省進賢生まれ。高校卒業後、一九九六年に上海謝晋明星芸術学校で学び、その後、山東芸術学院演技科で学ぶ。卒業後は、広州へ行き、映画・テレビの俳優、広告や雑誌のモデルの仕事をした。二〇〇〇年北京へ行き、テレビドラマの制作スタッフとしてスクリプトを担当し、時々俳優を兼ねるようなことをしていた。やがて、王芬は、映画監督に興味を持ち、北京電影学院の監督科に入ることを考えるが、試験勉強は無乾燥で、DVを手にして撮影をおこなったことも、当時の自分の状態から脱する口実のようなものであった。王芬は両親から撮影の約束をとりつけると、DVを借り、すぐに故郷江西省の鉄道沿いにある実家に帰った。王芬は語る。

私は行く前にはっきりとした考えがあるわけではありませんでした。しかし、行ってみるとすべてがそこで私を待っており、それも長年待っていたようでした。[*5]

王芬は、父親と母親、別々にカメラを向け、二人に長年にわたる結婚生活についての感想を語らせる。これまでたくさんの女性と浮気を重ねてきた鉄道職員の父は、自分が人生において本当に愛する人と暮らせない苦しみを語る。一方、母は、これまでの結婚生活の苦痛を訴え続ける。カメラはそうした二人の「吐露」を記録する。

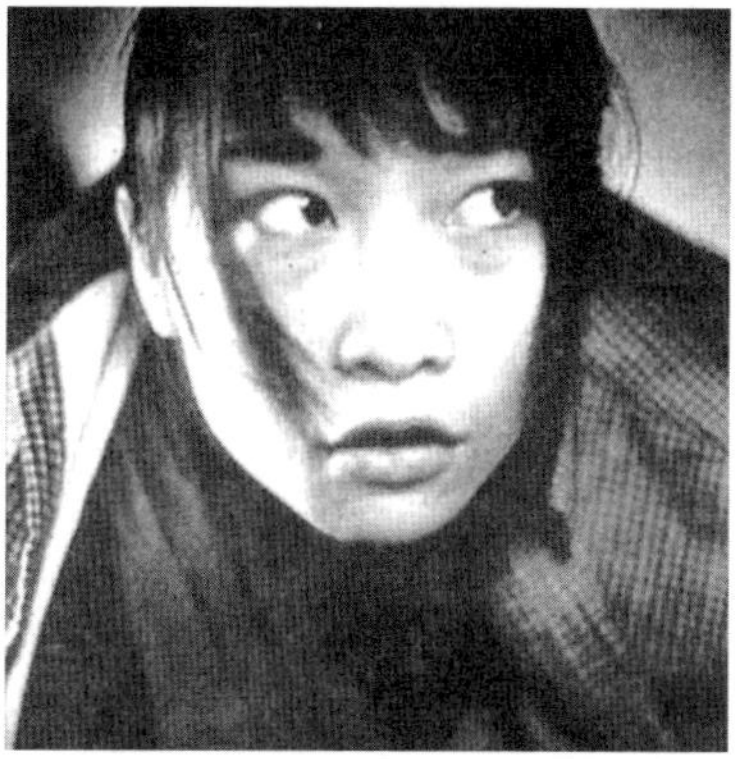

王芬。張献民・張亜璇（2003）より

王芬は、六日間滞在し、五時間半の素材を撮る。そして、四五分の『不幸せなのは一方だけじゃない［不快楽的不止一個］』（二〇〇〇）を完成させるが、完成まで一五日もかからなかったという。『不幸せなのは一方だけじゃない』に映し出されているものは、どこの家族にも隠されている痛みであり、結婚の不幸、日常の口喧嘩など、すべて日常に埋没しているものである。王芬は、DVによって、それに触れ、表現したのであるが、自作について次のように語っている。

この映画の私にとっての意味や体験について、自分自身で最もはっきりしているのは、私が娘として大人になってから彼らに対して唯一表現できた無力感や同情、理解とは――彼らに語る機会を与えることであった。[*6]

さらに、『不幸せなのは一方だけじゃない』は、両親の間に存在する感情のからみあいや互いへの恨みや不満をただ表現するだけではなく、流行音楽を加えるなどして、批判的にとらえなおしている点が特徴的である。『不幸せなのは一方だけじゃない』は、中国において、DVが登場して最も早い時期の若者的な感性にあふれたセルフ・ドキュメンタリーとして位置づけられる。

香港のフェニックステレビは、『不幸せなのは一方だけじゃない』によって、民間における映像創作の力に啓発され、学生や社会人の作者のドキュメンタリー作品を専門に放送するレギュラー番組「DV新世代」を開くことを決めたのである。

6　その他の作品

そのほか、DVの登場によって多くの女性映画作家による作品が作られた。女性詩人の唐丹鴻《タンダンホン》による『夜鶯不是唯一的歌喉』(二〇〇〇)は、は唐丹鴻本人と二人の芸術家の二〇〇〇年前後の生活状況と芸術行為を記録するが、そこではさらに深く「私」に眼差しが向けられ、日常の状態の背後に隠された、苦しみ、愛情、恐怖、幻想、性、幼少期の記憶などが明らかにされていく。さらに作品には、精神科医との対話の現場が含まれているが、このドキュメンタリーの制作自体が一種の「治療」のような役割を果たしているように思われる。

ＤＶは、映像表現を非商業的作家へと解放したといえるが、職業的映画作家の経歴をもつ彭小蓮《ポンシアオリエン》と寧瀛《ニンイン》などの女性映画作家もドキュメンタリー制作に参入している。『北京好日』（一九九二）、『スケッチ・オブ・Peking［民警故事］』（一九九五）などの劇映画作品で知られる寧瀛は、『希望之旅』（二〇〇二）を撮っている。寧瀛は、三日間かけて三〇〇〇キロ以上の道のりを、四川省から新疆ウイグル自治区まで、綿花の収穫にあたる出稼ぎ労働者たちを乗せた列車に、自ら乗り込み、乗客たちにインタビューをおこなう。「幸福とは何だと思いますか？」「あなたにとって人生の意義とは？」と抽象的な質問を繰り返してゆく。乗客の反応は、インタビューに対して自らの希望を興奮して話す者、不安を露わにする者とさまざまである。抽象的な質問に、ふっと、「出稼ぎ労働者」と一言で括ることの難しい乗客たちそれぞれの真実の姿が浮かび上がる点は、少しジャン・ルーシュの『ある夏の記録』（一九六〇）を髣髴《ほうふつ》とさせる。

また、セルフ・ドキュメンタリー的作品は、女性映画作家だけに見られる傾向ではなく、例えば、章明《チャンミン》の『巫山之春』（二〇〇三）、呉文光の『操他媽電影』（二〇〇五）、胡新宇の『男人』（二〇〇五）、『姉貴［姐姐］』（二〇〇七）などの男性映画作家による作品も強く私性を持つ。さらに、そうした私性を持った作品でも、かならずしも内向きな「私」に収斂していくものばかりではない。例えば、胡新宇の『男人』は、作者本人も含む三人の自堕落な生活を送る男たちが主人公である。酒に酔い、性に飢え、エアガンを持ち歩きながら、日がな一日麻雀を打って暮らしている。女性についての暴言や粗暴な素行など、見るべきものでない何かに立ち会わされるかのような居心地の悪さを感じるが、また、作者は撮影者としての「私」を積極的に作品世界とかかわらせる。それは「私」に刻印された他者性＝社会性を暴きだすようなものがあり、不協和音を奏でる映像は、ある意味できわめて政治的なものであり、カメラの暴力性を自覚的に利用した試みといえる。

7　まとめ

英未来は、DVが「女性を解放するもの」だとするが、ただそれは、イデオロギー的な意味ではなく、機材の操作のレベルでのことだという。なぜなら、DVを手にする以前は、自分で「大型のカメラを担ぐことができ」ず、カメラマンをたのまなければならなかったからだ（呉、二〇〇三：一四〇）。

DVによって一人で映像制作ができるようになったことは、女性映画作家の独立ドキュメンタリーへの参入を促した。そして、「女性」でなければ、なかなか分け入ることのできなかった世界へカメラが入ることになり、社会的にも、内面的にもドキュメンタリー表現の幅が広がったといえる。

Ⅳ　映像の充実へ

ドキュメンタリー映画作家・黄文海《ホワンウェンハイ》は、『鉄西区』が現われるまで、「独立ドキュメンタリー映画作家が撮った映像は、社会的下層の人、障害者、セックスワーカー、路上生活者など、すべて何か見たことがないものを暴露するものであった」と述べている（文海、二〇一六：三三五）。たしかに、DVの登場は、それまで踏み込むことが難しかった領域へカメラを踏み込ませ、周縁にいる人びとの姿を捉えることを促したといえる。そのことは、DVを手にした映画作家たちの前に、矛盾を抱えながら大きく変貌する中国の社会があったからだ。またその一方で、何が撮られているかという内容だけでなく、『鉄西区』のように、映像として充実した「質」をそなえた作品も現われるようになった。

1　沙青『一緒の時』

二〇〇三年、「雲之南」において大賞である「青銅賞」を受賞した、沙青《シャーチン》の処女作『一緒の時［在一起的時光］』（二〇〇二）は、一四歳の脳性麻痺の少年とその家族を記録した四九分の作品である。脳性麻痺の少年が父親のひざの上で抱きかかえられている。父のことばに、しゃべれない少年は、足を動かしコミュニケーションをとる。母親は遠くの病院で働いているため家にはいない。手術の費用がないため少年は衰弱して

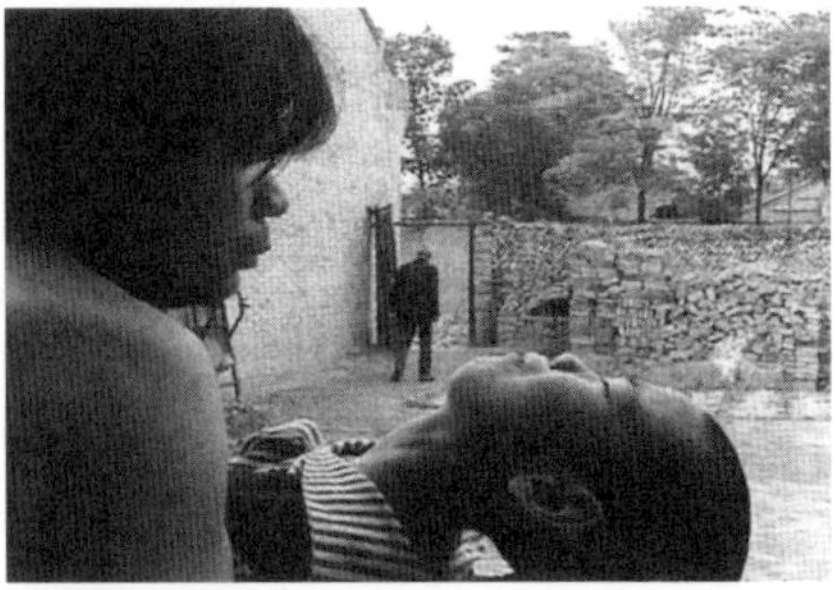

『一緒の時』郭浄（2003）より

沙青。易思成（2011）より

いくが、家族はなすすべもなく見守るしかない。カメラは、少年をめぐる家族の姿を静かに見つめつづける。その丁寧に撮影された一つ一つの映像と、感情に抑制をきかせた編集は、ことば以上の何かを見る者に伝えてくれる。

沙青は、一九六五年北京生まれ。大学受験に失敗した後、二〇代で舞台関係の仕事につくと、その後、一九九四年から一九九七年までの三年間、中央テレビのドキュメンタリー制作班に録音技師として参加する。撮影対象が「取材の素材」としてしか扱われていないことに非常に戸惑いをおぼえた沙青は、中央テレビの仕事を辞め、独立映画制作の道に入った。一九九九年以降は、季丹と共同で二本のドキュメンタリーを編集していた。

『一緒の時』は、二〇〇三年、山形映画祭のアジア千波万波部門にも出品され小川紳介賞を受賞する。沙青は「自分の思考と感慨が認められたことは、賞そのものよりも私を励ましてくれます」と語った。沙青と季丹にとって、独立ドキュメンタリー映画制作とは、まさしく「生活の方式」であった。沙青は、「私たちが映画を撮ることと生活とは渾然一体としたもので、あらゆる生活は映画制作をめぐって進んでいます」[*7]と語る。

　だが、そうした生活の方式は結果として経済的な逼迫を余儀なくされる。二人の生活費は最低限度に抑え込まれ、「雲之南」に参加するため、彼らは飛行機ではなく列車を使い、一番安い宿に泊まった。また、撮影に使用したカメラはＨｉ８とよばれる家庭用ビデオカメラで、テープもはじめは友人が提供してくれたものを使い、その後はブラックマーケットで購入した安価なテープを使用したのだった[*8]。

　二〇〇一年一月から、沙青は、陝西省合陽で撮影を開始した。沙青にとって、初めてのドキュメンタリー撮影であった。当初、明確な方向性があったわけではなく、現地の文化館の館長から、紙切り芸人の男性を紹介されたのがきっかけだった。紙切り芸人の家には、脳性麻痺の障害のある息子がいた。息子の障害は重かったが、家族全員が全力で少年を支えており、温かいやさしさに包まれていた。当初は、紙切り芸人の父親を中心に撮影したが、沙青は、もし父親だけを撮れば、容易に、障害者を抱えた家族の生活がいかに苦しく、両親がいかに息子の生命を維持して生活しているかというような内容の作品になり、単純な「物語」に回収されてしまうと考えた。

　沙青は、最初の一ヶ月撮ってみたことから、生活の細部に自分の心を動かすものが多くあることを発見し、子どもの視点から撮影してみようと考えた。だが、息子の病状が悪化し、撮影を一時中断した。一ヶ月後、再度訪問すると、門口に父親が息子を抱きかかえて絶望した様子で座り込んでいた。息子の病状が悪化し途方にくれていたのだった。沙青は、すぐに対策を講じるよう促した。周囲の人間は善意から、父親にあきらめて苦痛から解放されろと忠告するが、父親はそれを拒否して必死に息子の世話をする。経済的な貧困の中で家族には大きなプレッシャーがかかり、葛藤を強いられていく。

　沙青の静かで、抑制のきいたカメラは、そうした苦境においてこそあらわされる、忍耐力、自尊心、生のしなやかさを捉える。また、『一緒の時』には、ナレーションはないが、ある意味、ナレーションがまったく必要ないほどの「物語」がそこにはあり、沙青による一つ一つのショットは、雄弁に、だが、静謐に「物語」を語っている。つまり、映像の力によって語っているのである。

とくに、ラストの井戸から水を汲むシーンは、「まだ乾ききっていない井戸から桶一杯の水をすくい取ることで希望を表現したのがとても印象的であ」[*9]り、余韻、余白を残している。このシーンについて沙青は、次のように語っている。

井戸から水を汲むシーンは、もともと私はそれがとても長く、限りのないプロセスであり、とくに象徴的な意味を持つと考えました。彼らの生活状態は、救いようがありませんが、それでも生活は続き、子どもの病気は家族に付き従います。この作品の結末はとても難しいものでした。なぜなら彼らの生活の軌跡から見れば、いかなる停止の記号もないのであり、終わりは主観的なものでしかありません。ドキュメンタリーのカメラが不介入であることは不可能であり、現場にいさえすれば介入せざるをえないのです。[*10]

沙青は観察者に徹するが、ただ、ワイズマンのダイレクト・シネマの影響を受けた、他の多くのドキュメンタリー映画作品とは一線を画す映像の「質」を獲得しているように思える。

佐藤真は、ダイレクト・シネマのような観察映画は、「ただただ見つめる。目の前で何が起きても、……冷徹に見つめ続ける」ものだとし、どんな情況でも冷徹な観察者であり続けるしかないことを日本のドキュメンタリー映画作家の福田克彦のことばとして「観ることの宿命」とよぶ。撮影現場に長くい続け、撮影する相手との関係が深まれば深まるほど、情が移り、親しみも湧くが、そうした中でも常に観察者に徹し続けるには、たいへんな覚悟が必要である。佐藤真は、「この宿命を意識した観察者によってしか、キャメラの前で起こる出来事（事実）を批判的に見る視点は生まれない」と述べる（佐藤、二〇〇一ド：一四）。「ドキュメンタリーのカメラが不介入であることは不可能であり、現場にいさえすれば介入せざるをえない」という沙青の「カメラの不透明性」への自覚は、「観ることの宿命」を引き受けているからこそのことばであるといえるが、佐藤真のいうような「冷徹」さはあまり感じない。山形映画祭では「精密でありながら決して冷たくはなく、同情的でもないカメラと対象との関係が際立っていて、共感を覚えた」と審査員のコメントが寄せられていた。季丹は、沙青のことばとして「三度の出会い」について紹介している。

沙青が総括したことのある「三度の出会い」はとてもいいです。一度目は撮影者と被写体の出会い、二度目はポストプロダクションの際の被写体との再度の出会い、三度目が放映した際の観衆との交流です。この三度の出会いをすべて経過してはじめて、人生全体が昇華し、そうして一本の作品を制作することが可能になるのです。（朱・万、二〇〇五：三七）

『一緒の時』に、撮影対象に対する抑制のきいた映像が存在し、また撮影対象に寄り添うように時間が流れているのは、こうした「出会い」への自覚であり、「出会い」を繰り返しながら、その「出会い」を映像に結晶させたからなのだろう。日本のドキュメンタリー映画作家・土本典昭は、ドキュメンタリーとは「人と出遭う事業である」と述べたが、沙青の記録とは、生と出会い、それを承認する行為のようにみえる。

2　王兵『鉄西区』

張献民《ジャンシェンミン》のところへ、上海映画制作所の知人にともなわれて王兵《ワンビン》という青年が訪れたのは二〇〇一年頃のことであった。その頃、張献民は、DVに関する著書『一個人的影像』の執筆に没頭しているところであった。

張献民は、一九六四年南京生まれ。北京外国語大学でフランス語を学び、さらに、フランスに留学し、パリ第三大学とフランス国立映画学校で映画を学ぶ。帰国後、北京電影学院で教鞭をとる一方、北京の実践社などの独立映画に関する活動にもかかわり、中国独立映画の代弁者と呼ばれる人物である。

王兵は、張献民にすでに一五〇時間の素材を撮影済みであることを語り、知人のほうは、資金集めや技術的なアドバイスなど編集面で張献民が援助してくれるのではないかと期待しているのが明らかだった。しかし、張献民には、王兵を援助する方途が見つからず、二人はとてもがっかりしながら張献民のところを去っていった。そのとき、王兵は、張献民に、ポストプロダクションにあと七万元の資金が必要だと計算していたが、張献民は、二〇万元は必要だろうと考えていた（張、二〇〇五：一四五）。

王兵は、一九六七年陝西省西安生まれ。幼少の頃両親と陝西省の農村に戻って一四歳になるまで過ごす。一四歳のときに父親が事故死したため、父親に代わって西安の建築設計院で働く。それから一〇年間、国の機関での仕事と生活は王兵にとって無味乾燥なものであった。一九九一年、瀋陽の魯迅美術学院撮影科に入学し、写真撮影を学ぶ。その後、北京電影学院撮影科で一年間、映像撮影の研修を受けた。一九九七年から、中央新聞記録映画制作所で、ドキュメンタリー制作班に参加し、テレビドラマの制作にもかかわった。また、芸術青年と交流があり、撮影家、個人映像作家などの前衛芸術の人間たちともかかわるようになっていた。

王兵

張献民。ともに中山大樹(2013)より

一九九八年、王兵は瀋陽の工業地区である鉄西区の映画を撮影しようと思いついた。当初は劇映画として構想し、鉄西区へ行き取材をおこなうなどしたが、資金やスタッフ編成などの問題から実現不可能であることに気がついた。そして、一九九九年一〇月、中央新聞記録映画制作所から一台のDVを借りドキュメンタリーの撮影を始めたのであった。当初の予定では、五〇時間程度の素材を三～五ヶ月かけて撮るつもりでいた。しかし、結局三〇〇時間の素材を撮ったため、レンタル費用は、すでにDVを一台購入できる金額をこえていた。

撮影は二〇〇一年までおこなわれ、その後、長い編集期間があった。張献民の話では、制作のプロセスにおいては多くの人間が王兵を援助したが、芸術家の艾未未《アイウエイウエイ》がまずその一人であった。艾未未は、借用証もつくらないまま一万元の金を王兵に差し出した。一万元を受け取った王兵がまずおこなったことは新たに二〇本のテープを買うことであった。

もう一人の援助者は評論家の林旭東《リンシュードン》であった。張献民と林旭東の二人は、どちらも王兵が撮った素材を一度始めから終わりまですべて見ることを承諾したのであったが、結局すべて見たのは林旭東だけであった。三〇〇時間の素材をすべて見るには毎日一〇時間見たとしても一ヶ月かかる計算である。林旭東が王兵に公的機関の編集室を紹介すると、王兵は、のちにパソコンを購入し編集するようになるまでの期間、そこで就業時間外の夜間に編集作業をおこなった。さらに、この段階で大きな役割を果たしたのが、編集技師のアダム・カービーと、ベルリン国際映画祭やロッテルダム国際映画祭でディレクターをつとめたサイモン・フィールドであった。

そして、二〇〇二年二月、五時間に編集された『鉄西区』が、ベルリン映画祭フォーラム部門に出品され、翌二〇〇三年一月のロッテルダム映画祭において、「工場」、「街」、「鉄路」の三部から構成される九時間の完全版が上映された。また、同じ年の一〇月の山形映画祭のコンペティション部門においてグランプリを獲得したのだった。王兵の登場は鮮やかであった。

『鉄西区』は、雪の舞う工場内をゆっくりと進む汽車の先頭車両から前方を撮るショットで始まる。カメラは雪片を受けながら、工場地区の雪景色を進んでゆくが、その長回しのショットが約七分間も続く。分かりやすい物語やテーマを見つけようとすれば戸惑いしかない。映し出される風景を、観衆は、自らの経験に働きかけながら、身をゆだねて見てゆくしかない。カメラが工場内に入っていくと、労働者の休憩室が映し出される。そこでは、食事をとるもの、雑談するもの、散髪するもの、喧嘩するものとさまざまであるが、さらに突然、シャワー室からは、全裸の男が出てくる。光の加減もあり、労働者たちの何気ない日常の光景は独特な雰囲気を醸し出す。

鉄西区とは、東北地方の瀋陽にある工業地区で、旧満州国時代に軍需産業基地として形成し、新中国が成立すると、計画経済時代には最も重要な工業基地となり、八〇年代初めには一〇〇万人の労働者がいた。それが九〇年代以降、市場経済化と国有企業改革の中で衰退していき、一九九九年の年末にはほとんどの工場が操業停止状態で、レイオフされた労働者が街にあふれていた。王兵は「主流の人びと」を撮ったと語るが、鉄西区は、社会主義中国の労働者たちの集団的記憶の残る場所ともいえる。

もともと王兵は魯迅美術学院の学生だった頃に、スチールカメラの撮影のために鉄西区を訪れていた。鉄西区について、王兵は次のように語っている。

> 一九九三年、私が魯迅美術学院で学んでいたとき、カリキュラムに屋外の写真を撮る課題がありました。私はすぐに鉄西区に行きました。当時、とりわけあの工場が好きで、その壮大さと質感は一種の吸引力をもっていました。ある一個人の過去の理想のような感じがしました。(張、二〇〇三：一一七)

『鉄西区』郭浄(2005)より

確かに、『鉄西区』では、大きな工場それ自体が映画の主役であるかのように存在感を放っており、労働者たちの肉体と強烈なコントラストとなって、より際立っている。

驚くのは、被写体である労働者たちが、カメラの前で自然にふるまっている点だ。あたかも撮る側と撮られる側の間で、カメラの存在が消えているかのようである。鉄西区に入った王兵は、「何の方法もなく、ただ彼らにたえず近づいた(朱・万、二〇〇五：九九)」と語るが、映画の観衆は、王兵がどうやって労働者たちの間に溶け込むことができたのかと関心を持つだろう。張献民は、それは「時間」が最も大きな作用を及ぼしたという。王兵は、長い期間そこに入り浸り、長い時間を使って彼らとともに過ごし、撮影することもあればしないこともあった。そして彼は通りすがった無職で遊びほうけている親戚のような存在、あるいは麻雀仲間となり、小型のカメラは、人びとが気ままにテーブルの上に置く茶碗やしゃもじ、タオルへと変わったのである、と（張、二〇〇五：一四四－五）。

ただ、王兵がカメラの存在をことさらに消し去ろうとしているようには感じられないが、いずれにせよ、その「王兵の距離」と呼ばれるカメラと被写体の独特の関係によって、観衆はいつの間にか、自らもその場所に立ち会っているかのような不思議な感覚をおぼえるのだ。

呂新雨は、工場の閉鎖が告げられた歴史的瞬間が王兵にとって重要であったと次のように述べる。

王兵が単独で一台のＤＶを手に鉄西区に分け入ったのが、ちょうど一九九九年末だった。一人の労働者がベンチに座って個人的な経験を語っていたが、わずか一〇分後、彼の運命の変化が始まった。一人の人間が入ってきて工場が閉鎖されると告げたのだ。王兵は彼が撮影したその瞬間が特別重要であり、撮っているときは分からなかったが、カメラとその労働者がともにその瞬間を過ごしたのだと感じた。なぜならカメラが立ち会ったその瞬間は時空の中に凝固し、二度と消えないからだ。（呂、二〇〇四）

これもＤＶという小型カメラによって、王兵が労働者の個人的な生活空間に入り込めたがゆえに、居合わせ撮影できてしまったシーンであるといえる。『鉄西区』が中国ドキュメンタリーの歴史において、記念碑的な作品であるとすれば、一つには、個人を撮っているにもかかわらず、工場の閉鎖という歴史的瞬間を目撃し、それを記録してしまったからである。『鉄西区』は、ＤＶが中国の歴史と出会ってしまったその記念碑であるといえるのだ。

一方、丸川哲史は、『鉄西区』において観衆への効果として、工場の閉鎖の重要性を認めながらも、一般的に、ドキュメンタリーは「出来事を待っている」とも言えるが、王兵の態度は、そうでないことに注目する（丸川、二〇〇八）。そして、ドキュメンタリーが目指すものは、出来事それ自体を伝えることではなく、出来事を作品の時空の中で充実させることであるとし、王兵の作品において「画面」というコンセプトがないことからも分かるように、王兵の作品には、時空しかなく、時空しかない作品において「待つ」という態度はあり得ないと、指摘する。

確かに、王兵のカメラには、獲物を狙って待ち構えているような視線は感じられない。もっと自由なカメラの視線を感じる。逆に言うと、見る者の視線も制限されることなく、自由であるということだ。それは王兵が、カメラを向ける世界をメッセージ＝ことばに還元できてしまうような単純なものとして見せることなく、多様な世界を多様なものとして見せようとしているからだともいえる。

このことは、日本のドキュメンタリー映画作家・土本典昭の王兵へのコメントを想起させる。晩年、土本典昭はインタビューの中で、最近気になったドキュメンタリーを聞かれて、王兵の『鉄西区』を挙げている。土本は、「単純な感動」ではなく、「気になる」とし、自らの「根本の考え方とぶつかるところがとても面白い」と述べる。まず、ビデオによって九時間という長時間の撮影が可能になったことを取り上げ、「映画で根本的に考えなければいけないのは、映画の長さに対する考え方」だと語る。次に、『鉄西区』の労働のシーンについて、ＰＲ映画で仕事の現場を撮影した経験から、「それがどういう労働なのかが、何回観ても見えてこない」と「労働」が撮れていないと指摘する。そして最も興味深いのが、『鉄西区』は「はじめにシナリオありき、できあがった映画のイメージありき、ではなくて、撮れたものから考えるという非常に今日的な映画」であるという指摘である（土本・石坂、二〇〇八：三二九－三三一）。

土本の指摘を参考にすると、王兵の方法は、DVによって可能となった、「撮れたものから考える」という撮影を中心としたスタイルであり、事前に、テーマや意図、イメージを持って制限しない、枠づけすることのないスタイルであると考えられる。そのことは王兵にとって「フレーム=画面」がないことと関係があるのだろう。王兵は、「画面」については次のように述べる。

画面とは映画において実際は存在しないものです。映画にとって画面の意味とは視覚上の平衡を指し、映画には時間と空間しかありません。(朱・万、二〇〇五:一〇〇)

さらに、王兵は自らの映画の方法について、「長回し」とともに「時間と空間が一貫して私の映画における一切の言語の基礎」(同前、九九-一〇〇)であると述べている。

つまり、何か外在的なものを設定し、それに基づいてフレームによって世界を切り取り提示するのではなく、「映画=時間と空間」を自立させることこそが王兵にとっては重要なのである。丸川のことばを借りれば、「出来事を作品の時空の中で充実させること」といえるだろう。そのため、王兵が、「私にとって工場が閉鎖されるかどうかは何の影響もありません。重要なのは工場の一般の労働者の生活であり、工場が閉鎖されるかどうかといった外部的な事件ではありません」(同前:一〇一)と述べているように、王兵にとっては工場の閉鎖自体は、外在的なものに過ぎないのである。

王兵は、事件やイデオロギー、ことばなど外在的な何かに映画が依拠することを嫌い、被写体と観衆を直接的に向き合わせることを目指す。王兵の被写体との独特の距離感は、それを実現するための方法であるといえる。観衆と対象を直接結びつけることについて、王兵は次のように述べる。

作家の撮り方として二種類あると思います。一つは対象と撮り手の間に距離を設定するやり方で、もう一つは、できるだけその間にあるものを取り除くやり方ですね。私は、できるだけ対象を観客の方へとダイレクトに近づけたい、そのように思っています。芸術というものは、どのようなジャンルであれ、このような問題を抱えていますね。私の場合は、できるだけその間に挟まっている障害を簡素にしたい。歴史を語る際には必ず、イデオロギーというものが絡んできますが、できるだけそれらを取り除いて真実を摑み出したい。（王、二〇〇七ａ：五四）

一方、直接性を求め、外在的なフレームを設定しないため、映像から社会的な出来事や「問題」に対する王兵の解釈のようなものを見てとることは難しい。『鉄西区』を取り巻く社会背景的な知識にしてもテロップで提示するだけであり、まして問題を告発するような意図を見てとることはできない。

ところで、王兵が目指す直接性は簡単なことではない。言うまでもなく、撮る側と撮られる側の間でカメラを完全に消し去ることは原理的にできないからだ。むしろ、カメラが介在することにどれだけ自覚的になれるかが問われているのであり、王兵にはその自覚が方法論として確立しているのではないかと思う（それが無意識的なものであれ）。このことを中国独立ドキュメンタリーの文脈の中に置いて考えるなら、独立ドキュメンタリーが目指してきたものが、ナレーションということば＝イデオロギーをとおした現実の理解ではなく、カメラをとおした現実との出会いであったとすれば、ここで問われるのは、カメラも一つの「形式」であるということへの自覚の問題といえるだろう。

『鉄西区』を見ると、王兵は、ワイズマンのダイレクト・シネマ的な手法を独自に発展させ、ＤＶの方法論をつくり出したといえる。王兵は、「事件＝外在的なもの」に頼らず、「映画＝時間と空間」を自立させようとするが、『鉄西区』が示しているものは、外在的なものに頼ることのない直接的な表現、ドキュメンタリーの表現の位相における「独立」なのである。つまり、王兵において、中国独立ドキュメンタリーの「独立」というテーマが、表現の位相で問題とすることが可能になったのだ。

3　于堅『翡翠駅』

カメラも一つの「形式」であるという点に自覚的である表現者の一人に詩人・于堅があげられる。于堅も、『鉄西区』の完成版ができた二〇〇三年に、ドキュメンタリー映画『翡翠駅［碧色車站］』（二〇〇三）を制作している。ここでは于堅の詩論とドキュメンタリー作品を通して、ドキュメンタリーと詩の親和的な関係から、中国独立ドキュメンタリーにおける「表現としての独立」について見ていきたい。

何ものにも依拠することのない独立した詩表現を目指す于堅が、一九九五年に発表した代表的な詩論が「拒絶隠喩（隠喩の拒絶）」（于、二〇〇四）である。この詩論の中で、于堅は、まず、原初においては、世界における隠喩とは「元隠喩」であり、文明以前の世界においては、「命名（名づけること）」とは「元創造」であって、命名者こそが真の詩人であったとする。ただ、そうした時代は終わっており、その後は、「正名（名をただすこと）」の時代であり、詩人の用いるいわゆる隠喩とは、「ポスト隠喩」であり、正名の結果であるという。つまり、現代においては、事物を直接的にことばで名づけることは難しく、既存の言語体系に依拠しなければ表現することはできず、二次的にしか世界を経験することはできないわけだ。于堅は、原初とは異なる新たな命名の方法として「隠喩の拒絶」を次のように定義する。

詩とは既成の意味や隠喩システムからの自覚的な後退である。／それは隠喩の後の世界である。命名の時代は去り二度と訪れない。命名の時代に帰ろうとする願望はユートピアの白日夢に過ぎない。／しかし命名は詩が持つ古くからのゲーム規則の一つである。／隠喩の拒絶とは詩に新たに命名の機能をもたせることを意味する。この命名は原初の命名とは異なり、それはすでにある名から覆いを取り払うプロセスである。このプロセスの中で、詩は顕現するのだ。（于、二〇〇四：一三〇）

「隠喩の拒絶」とは、ことばからできあいの意味性や象徴性をそぎ落としていくことによって、概念化してしまった世界をもう一度直接的に経験しようとするプロセスであり、このプロセスの現場において〈詩〉はあらわれるものなのである。

『翡翠駅』（本人提供）

さらに、于堅は、「詩は一つの名詞ではなく、詩とは動詞である。／詩とはことばが「現場にあり」、透明になってあらわれることなのである」（同前）と続ける。于堅にとって、詩とは、作品（＝名詞）ではなく、詩を書くという行為（＝動詞）それ自体が重要なのである。もっと言えば、このときのプロセス＝動詞としての〈詩〉とは、詩というジャンル（＝名詞）に限らない一つの「方法」として捉えることも可能である。「隠喩の拒絶」の副題は「方法としての言語」であるが、このようなプロセス＝方法に自覚的な姿勢は、「方法としてのドキュメンタリー」という考え方に通じるといえる。

村山匡一郎は、ドキュメンタリー映画に、カメラと対象との従来の関係を揺るがし、作り手と対象の新しい関係を導入することで、映画表現を問い直す可能性を見出し、「ドキュメンタリー」を映画表現の一つの方法としてとらえることを提起する（村山、二〇〇六）。その際、村山が参照しているのが、映像作家の松本俊夫である。松本は、「ドキュメンタリー」の「方法」について次のように語っている。

ドキュメンタリーの問題はノン・フィクションとしてとらえるべきでもなければ、特定のジャンルとしてとらえるべきでもなく、何よりも現実に迫る「方法の問題」としてとらえなければなりません。……方法の問題とは、あくまでも対象と主体と表現の関係をどうとらえるかということにかかわる問題です。……ドキュメンタリーというのは、何よりもそういういっさいのできあいの物差を捨て去って、いわば裸の眼で現実を凝視すること、その凝視そのものの軌跡として記録の問題を追求すること、いいかえれば対象をあくまでも主体的に記録することを意図しています。（松本、二〇〇五：七三―五）

ここで言われている「できあいの物差を捨て去って、いわば裸の眼で現実を凝視すること」とは、「隠喩の拒絶」における「すでにある名から覆いを取り払うプロセス」に通じている。その点でカメラは機械的な記録装置であるため、人が慣性的に見ない現実まで、そっくり記録することで、できあいのことばやイメージに塗《まみ》れた現実とは異なる、ある種人がそれまで意識していなかったような新しい現実を提示する力を持つ。ただ、注意しなければならないのは、「方法としてのドキュメンタリー」においては、記録が主体的でなければならないことである。中国独立ドキュメンタリーにおいて、イデオロギー＝ことばを介して現実を理解するのではなく、カメラをとおしていかに現実と直接的に向き合うかが問われているとすれば、カメラもことばと同様に、私たちと現実との間にある一つの介在物であり、カメラで記録するという行為自体に自覚的でなければならない。

于堅の『翡翠駅』は、雲南省を走る昆河線の沿線にある「碧色〔翡翠色〕」という小さな村の駅とその周辺を舞台にしたドキュメンタリーである。昆河線は、元は滇越鉄道として、一九一〇年にフランスによって敷設された昆明とベトナムのハノイ（河内）を結ぶ鉄道であった。フランス帝国主義の中国への進出を促進したこの鉄道の開通は、一方で内陸にあった雲南の地政的な孤立性を打破し、政治・経済・文化などあらゆる面で大きな変化をもたらした。文化・生活面においては、フランス風の生活スタイルが流入することになり、フランスのブランデー、ビール、コーヒーなどが愛好されるようになったほか、昆明では早期の洋風建築はほとんどがフランス様式のものとなった（石島、二〇〇四）。「尚義街六号」で「フランス式の黄色い家」が登場するのはこのためである。

映画に登場する地元の老人の口から、翡翠駅が「小上海」、「小香港」と呼ばれ繁栄していたことが語られるが、現在はかつての面影はなく、駅舎とプラットフォームに掛けられた時計が洒脱さを残すばかりで、線路には草が茂り、打ち捨てられた機関車は子どもたちの恰好の遊び場となっている。

この映画には、明確なプロットのようなものはなく、カメラは翡翠駅で繰り返される日常と、線路沿いに収穫したトウモロコシを干すなど、駅の周囲に暮らす人びとの営みを、静かに記録していくのみである。そして、観衆は、そうした生活の断片を見つづけることになるが、やがて、できあいのことばや意味性の覆いが取り払われ、断片の存在それ自体が現われてくるのである。

「この映画において表現しようとしたのは時間（張、二〇〇七：六三）」であるとインタビューに答える于堅は、続けて次のように語っている。

その駅で私は、機関車という恐竜ですら鉄くずに変わり、すべてはただ消え失せていくものにすぎないのに、そうした消失の、流れの下で、真に永遠で動かないものが庶民の生活に対する愛であり、日常生活なのだと悟ったのです。(同前)

『翡翠駅』。張亜璇(2007)より

二〇世紀初頭、鉄道はその雲南の小さな村にとって嵐であった。しかし、一〇〇年後のいまどうか、そこにあるのは昔と同じように繰り返される具体的な日常であり、于堅はそこに日常という「永遠」なるものを見出すのだ。先に言及した「穿越漢語的詩歌之光〔中国語を穿つ詩の光〕」において、于堅は、詩について、次のように述べている。

概念化した文明史とはその実一つの具体的で、アクチュアルで、新鮮な日常生活の忘却の歴史なのである。……詩の価値は、それがいつも人を新たな始まりに帰らせ、存在の本性に気づかせることにあるのである。詩は永遠に「途上にある」ことで、忘却をこえる、存在の家郷へ立ち戻る言語運動なのである。（于、一九九九：一二）

于堅のドキュメンタリーは、見る者に「忘却の歴史」をこえて、「存在の本性に気づかせる」という点で、詩と親和するものであり、「永遠」の日常という現場へ介入する方法であるのだ。インタビューの最後に于堅は、次のように語っている。

ドキュメンタリーはある時には生活を再建する詩であり、私に、普通の人びとの真の経験をとおして生活とは実は美しく尊いものであって、価値のないものではないことを気づかせてくれるのです。ドキュメンタリーにとって存在に対する尊厳を表現することが最も大切なことなのです。（同前）

于堅にとってドキュメンタリー＝詩とは、できあいのことばやイメージを取り払い、存在の現場に介入していく方法であると同時に、あらゆる存在を記録＝承認する方法なのである。于堅の詩論とドキュメンタリーを見ると、中国独立ドキュメンタリーにおける「独立」にとって、「体制からの独立」だけでなく、「表現としての独立」も重要であることが分かる。

＊1 呉文光「DV：一个人的影像」http://www.ccdworkstation.com/archivewuarticle43.html

＊2 「隠私被拍成DV電影」http://ent.sina.com.cn/v/2004-04-28/0111377269.html

＊3 「地下電影拍攝指南」http://ent.163.com/edit/020805/020805_128889.html

＊4 閻琳「従紀録延伸到音楽：劉暁津訪談」http://www.art-gean.org/liuxiao/correlativearticle_browse.aspx?id=154 https://qkzz.net/article/12e81756-8424-4182-90fb-fbblf4blfb44

＊5 「現象紀録片人訪問談：王芬」http://fanhall.com/news/entry/7785.html

＊6 「作者自述：一個説話的機会」http://www.ycwb.com/gb/content/2003-06/28/content_547813.htm

＊7 「三個紀録片人的幸福生活」（『南方周末』二〇〇三年四月三日）http://www.southcn.com/weekend/culture/200304030039.htm 現在 http://i.mtime.com/1094139/blog/1623654/

＊8 同前。

＊9 山形国際ドキュメンタリー映画祭審査員のコメント。

＊10 注7と同様。

第4章　映画を見る運動

配給・上映面において大きな歪みが存在している中国においては、映画を作ることに加えて、見ることにも困難が強いられている。ただ、逆説的なのは、そうしたフラットでない環境であればこそ、「見る」という行為自体の価値が際立ち、見ることがより積極的な意味を生みだす可能性が開かれるということだ。中国における独立ドキュメンタリーをめぐる動きを、「運動」と捉えるなら、人的ネットワークに支えられながら展開した「映画を見る運動」は映画運動であったといえるかもしれない。九〇年代の終わりから二〇〇〇年代初めに中国各地で展開した「映画を見る運動」について見てみたい。

Ⅰ　海賊版からシネクラブへ

1　海賊版VCD・DVDからシネクラブへ

ジャ・ジャンクー（賈樟柯）は、「禁止できない映像」という文章で、中国における新しい映画運動の起点を一九九五年に置いている。ジャによれば、一九九五年は中国沿海部の漁民たちが台湾から密かに持ち込んだ海賊版VCDによって自由に映画を見ることが可能となった年であったという（ジャ、二〇〇九）。VCDは、日本では馴染みが薄いが、日本と異なりアナログのVHSがそれほど普及していなかった中国においては、DVDが普及する以前、DVDよりは画質が劣るものの同じくデジタルメディアとして広く普及していた。ジャは、海賊版の流通を、深刻な知的財産権問題であると認めるが、一方で、それによって、中国における映画鑑賞のかたちが変わったと評価する。というのも、ジャは、八〇年代、中国映画の変革が進んだが、一部の官僚や知識人のみに鑑賞の機会が与えられる「内部上映」という映画受容における制約は変わらなかったと指摘し、そうした非民主的な映画受容のあり方を一変させたのが、海賊版であったと考えるからである。

興味深いのは、ジャも指摘するように、九〇年代後半から二〇〇〇年代初めにかけて、中国各地に、映画愛好者たちによる「映画を見る社会団体」が次々に組織されたことである。それは、かつて日本においても六〇〜七〇年代に盛んに組織されたシネクラブのような存在であった。一九九六年に中国初の民間の映画団体「101」が上海に成立したのをはじめとして、中国各都市にシネクラブが成立する。そうした一般の映画愛好家たちが団体を結成したことは、八〇年代に、中国各地の学生詩人たちが詩団体を結成したことを彷彿とさせるが、北京の「実践社」、「現象工作室」、広州の「南方電影論壇」、「縁影会」、南京の「後窗看電影」、瀋陽の「自由電影」、武漢の「Rock」、鄭州の「辺縁社」、重慶の「M社」、山西の「漸近線観影会」、昆明の「昆明電影学習小組」などがよく知られている。

2　上海・101工作室

上海に成立した「電影101工作室」のメンバー周健蔚《ジョウジエンウェイ》は「電影101工作室」の成立を次のように振り返る。

一人きりで映画を好きでいることは孤独なことだ。そこで一九九五年一一月、徐鳶《シューユエン》という男が突然何かの衝動に駆られて、雑誌『電影故事』に一通の手紙を書き、その手紙に共鳴した上海の映画狂たちが集まった。一九九六年一〇月、映画誕生から一〇一年目のこの年に、「電影101工作室」は成立した。[*1]

一九九六年一〇月一日、徐鳶ら六人の映画愛好者たちは、それぞれの手元にある映画を持ち寄り、映画誕生一〇一周年の日であることから「電影101工作室」と名づけた組織を結成した。そして、当時、入手が困難であったVCDやビデオテープの映画作品を上映する活動を始めた。徐鳶の記憶では、その頃はDVDがなく、多くの映画は人に頼んで香港・台湾あるいは海外から持ってきてもらっていたが、一本のビデオテープを台湾から上海まで持ってくる費用は一〇〇元以上もかかり、全員の所蔵を合わせても約一〇〇本に過ぎなかった。また、ビデオテープの映像は何度もダビングされているため画像がはっきりしないこともたびたびであった。個人の力で豊富な映画を受容することは難しく、資源の極度の欠乏が、そうした映画を熱愛する人びとを結びつけ上海で最初のシネクラブを立ち上がらせたのである。[*2]それは徐鳶にとって「映画を見る権利」を獲得する運動であった。徐鳶はかつて一部のヨーロッパ映画を見ることが困難であった経験を次のように振り返る。

一〇年前、一般人が『8 ½』を見ようと欲することは男が子どもを産むことより不可能なことであった。見る機会を持つことは特権の象徴であった。一〇年が過ぎたが、そうした状況は依然として存在している。あの晩、私は賊のように宵闇にまぎれて上海戯劇学院に忍び込み、学生に交じって『8 ½』を見た。二時間半後、異常に興奮して上映室を出たとき、私は、自分を待っていたのが惨めさであるとは思ってもみなかった。いつまで待てばこれら人類共有の精神的財産を公明正大に見ることができるのだろうか？　一〇年後もやはり学生に交じって映画を見るというのか？　当時、私は大抵用務員を装うほかなかったのだ。[*3]

ここから、徐嶲が、ジャ・ジャンクーの指摘する非民主的な映画受容に対して強い憤りを感じていたことが分かる。映画の受容面で歪みを抱える中国においては、映画を見ることもまた「権利」として獲得しなければならない側面があったが、そのことがシネクラブに「運動」的な性格を持たせたともいえる。

「101」は、一九九六年に上映活動を始め二〇〇三年に正式に終了するまで、メンバーは一六〇人近くにのぼり、メンバーの階層も、公務員、外資系企業の会社員、教師、学生とさまざまで、多くは上海に住んでいたが、さらに全国三〇近い都市にメンバーがいた。また、「101」は、上映活動だけでなく、中国映画の現状についての文章や映画評論を掲載した『電影101工作室』（後に『新影響』と改名）、上海の映画、音楽、書籍、演劇についての情報を提供する『半月譚』（後に映画を中心とした『電影月評』に改名）を発行するなど出版活動も展開した。

シネクラブの活動自体は、ヨーロッパや日本においても見られ、中国に限った話ではないが、徐嶲は次のように述べている。

101工作室が一九九六年に成立して以来おこなってきたすべてのことは、世界的には他のどの場所においても特別なことではないが、しかし、いまここにおいては、それが存在していることに特別な意味があるのだ。そしてその特別な意味とは、いまここという環境にうち立てられたことにあるのだ。（同前）

羊子と楊超。程青松（2011）より

この映画を見ることについての強烈な当事者意識が、中国のシネクラブ運動の根底にあり、「映画を見る運動」が、上海に限らず他の地域においても展開された理由の一つであるのだ。

3　北京・実践社

北京の「実践社」は、二〇〇〇年四月、「映画的思考の権利を堅持し、映像の民間化した表現を推進する」をスローガンとして、羊子《ヤンズー》（楊海君）を中心に、常征《チャンジョン》、楊超《ヤンチャオ》ら北京電影学院の出身者によって組織されたシネクラブである。羊子は、一九七三年浙江省寧波生まれ。一九九六年に中国美術学院雕塑学科を卒業した後、北京電影学院進修班で学び一九九八年に卒業していた。「当時は第四世代、第五世代の監督たちが映画を撮っており、我々が映画を撮るチャンスは少なく、前途は漠然としたものであった」と羊子は語っているが[*4]（王、二〇一一：一八四）、二〇〇〇年前後、中国における映画産業の規模はまだ小さく、興行成績は毎年二〇億元足らずであった。映画の多くは「主旋律映画」

であり、映画制作資源の多くは第四世代、第五世代の監督たちに握られ、若い監督たちにとって映画制作の機会は非常に限られていた。実践社の「発起趣意書」に、「ますます多くの人が、映像表現の権利を〝貴族化〟した業界の中から奪還することを望んでいる」とあるのはこうした原因によるが、当初の活動は、具体的な映画制作ではなく、交流が中心であった。「実践社」を設立した当時を振り返って羊子は次のように語る。

当時、私は電影学院を卒業した後、長い間、広告会社やテレビ局でディレクター関係の仕事をしていましたが、多くの共通の理想を持った同窓の友人たちがみな非常に孤独であることに気づき、互いに交流し、激励しあう必要を感じました。そこで我々は映画サロンを開くことを思いつきましたが、ずっとかたちにはなりませんでした。（梅・朱、二〇〇四：四九）

やがて、「実践社」の活動は、上映運動として「かたち」になった。羊子は「実際、作品を見ることは創作にとってとても重要である」というが、当時の中国では映画を見る環境が十分ではなく、「そのため我々の最初の活動は〝古典的な巨匠の映画を見る〟こと（同前）」であったと語る。上映活動を展開するにあたっては、鑑賞可能な映画作品が手に入ったことと、上映する場所を確保できたことが大きかった。

一九九九年、羊子は、電影資料館で潘剣林《パンジェンリン》と知り合う。潘剣林は、特別なルートで台湾から入手した六〇〇本の芸術映画を所蔵しており、それは当時、中国国内で最も充実していると言われるものであった。羊子らは、大金をはたいて潘剣林から二〇〇本の作品を購入した（王、二〇一二）。また、活動拠点は、北京電影学院に近い「黄亭子五〇号」というバーに置くことができた。「黄亭子五〇号」は、もともと詩人の簡寧《ジェンニン》が開いたバーで、頻繁に朗読会などの文学活動がおこなわれていた場所であった。当時のオーナーは、アメリカで生活した経験を持ち、映画サロンなどの活動がアメリカではよくおこなわれていることから、上映会を開くことを承諾してくれた。

ところで、中国においては、カフェやバー、大学の教室などにおける、小規模な非公式の上映は当局から黙認されているが、こうした上映モデルの最も早いものが、一九九五年頃、北京電影学院監督科の台湾出身学生が、北京大学小東門と清華大学西門の間の成府街小区に開いたカフェ「雕刻時光」での上映会であった。「雕刻時光」という店の名は、タルコフスキーの著作『Sculpting in time』の中文タイトル名からとられている。「雕刻時光」では、毎週火曜日と木曜日が映画の日と定められ、古典映画などが上映された。また、同じようなカフェ上映がおこなわれていたところに、「黄亭子五〇号」のほか、清華大学東門の「盒子」、南京青島路の「半坡村」、成都玉林区の「白夜」などがあった。

そして、二〇〇一年四月一日、「実践社」は上映活動を開始した。現在、評論家・上映イベントのコーディネーターとして活躍する張亜璇《ジャンヤーシュエン》が、初めて実践社の情報を知ったのは、当時在学していた北京師範大学の宿舎の入り口に貼ってあったポスターを見てであったという。ポスターには、タルコフスキーの短編映画『ローラーとバイオリン』（一九六〇）の上映が紹介されていたという。当日は、タルコフスキーの作品のほか、二本の短編映画が上映され、王小帥《ワンシャオシュアイ》、管虎《グワンフー》といった映画監督も参加した。

また、羊子は、第六世代の監督と面識があったため、作品を上映するだけでなく、監督に来場してもらい観衆と直接交流する場を積極的につくった。羊子は、「こうしたやり方は、一方で観衆が監督と直接に交流することを可能にし、観衆はそれを通して映画に関心を持つことができました。他方、多くの若者に「この監督は実際のところ自分たちとたいして変わらないな。自分たちも撮れる」と気づかせることになり、多くの若者たちに自信を植えつけることができました（梅・朱、二〇〇四：五〇）」と語るが、一方で、独立映画の監督たちにとっては、当時、中国国内で公開の機会がなかった自らの作品を上映する機会となり、やがて独立映画フォーラムという名称の活動となった（同前）。

こうして、実践社の上映活動は、海外の芸術映画から国内で一般公開されていない独立映画の上映へと方向性が変わり、観衆も外国映画を上映するときよりも多くなった。張亜璇は、このような独立映画の上映と監督との交流が他のシネクラブには見られない実践社の特徴であったとして次のように語っている。

実践社は初めて独立映画の上映を始めた社会団体であり、他の団体にはこうした条件はおそらくなかったでしょう。101は実践社より早く、縁影会の活動もすばらしいとはいえ、彼らにはこうした条件はありませんでした。当時数人の中心的なメンバーが電影学院におり、北京では容易にそうした監督たちと連絡をとることができ、さらに当時は第六世代の監督の作品がありました。実践社は初めて彼らを公共空間に放ったのであり、たとえそれがバーであったとしても、この面では、そのことは替えのきかない作用を起こしたのです。（王、二〇一一：一八七）

こうして、実践社では、王小帥の『ザ・デイズ』（一九九三）、何建軍《ホージエンジュン》の『郵便配達』（一九九五）といった独立制作の劇映画のほか、楊荔娜《ヤンリーナー》（天乙）の『老人』（一九九九）、朱伝明《ジュージュワンミン》の『綿打ち職人』（一九九九）、杜　海濱《ドゥーハイビン》の『線路沿い』（二〇〇〇）、王芬の『不幸せなのは一方だけじゃない』（二〇〇〇）などのドキュメンタリー映画も上映された。その後、上映活動をおこなう場所が増え、北京の「三味書屋」、「風向標」、「雕刻時光」、「盒子」、「蔵酷」、「翡冷翠」、国家図書館などでもおこなわれるようになった。さらに、二〇〇一年には、各大学で映画の上映と講座を開く「高校巡展」もおこなわれた（梅・朱、二〇〇四：五〇－一）。

呉文光《ウーウェングアン》は、自らの『江湖』（一九九九）が、実践社の上映活動の場で初めて上映されたときのことを次のように回想している。

『江湖』が黄亭子で上映されたことに私は感激した。そこは公共の場であり、設備は粗末なバーであったが、小さなプロジェクターによって幅一メートルの長さのスクリーンに映し出され、上映は成立した。私はすでに天国だと感じていた。……観客の数は目測でだいたい百人余りであり、バーの中にぎっしりつまり、座席がなく立っている者も少なくなかった。私は暗がりの中に立って映画を見、作品の中の河南方言が中国の公共空間に響いているのを聞きながら、気分は少し前にアムステルダム映画祭で上映したときよりも愉快であった。それは私がずっと願っていた自らが撮った映画作品の中国での上映であった。（王、二〇一一：一八八）

それまで、呉文光は、自宅のビデオを使って友人に見せるなど、自分の作品をプライベートなかたちでしか上映したことがなかった。それが、映画館ではなくバーとはいえ、そこは呉文光にとって、スクリーンに映し出された自らの映画「作品」をとおして観衆と向き合う場であった。作品は「観衆」に見られてはじめて「映画」になるという当たり前の定義に従えば、中国において呉文光の作品が「映画」となった瞬間であったといえる。

4 DV記録小組

実践社は上映活動として発展していったが、羊子自身は、「我々は実践社を一つの映画愛好者のクラブと定義したことはなく、映画創作に尽力するグループなのだ」と、実践社をあくまで「創作」中心に考えていた。そのため、実践社は、こうした上映活動を「基礎部分」として、さらに「創作部分」の活動も展開していく。

そして、「劇映画小組」に加えて、二〇〇〇年八月二六日、張亜璇を責任者として、「ＤＶ記録小組」が成立する。これは呉文光の協力を得て生まれたもので、呉文光は実践社というプラットフォームをかりて中国ドキュメンタリーの発展を推進しようとしたのだった。最初の活動は、呉文光が考案したもので、ワイズマンの作品を上映・鑑賞した。さらに、実践が重視され、実際にメンバーには機材を持って撮影に出ることが求められた。メンバーの誰かが作品をつくり終わると、小組で上映し意見を求め、また撮影した素材についてみなで討論することもあった。さらに、香港、台湾、アメリカなどから監督や評論家を呼んで交流することもあった（梅・朱、二〇〇四：五一）。ＤＶ記録小組の活動には、楊荔娜（天乙）、杜海濱、朱伝明といった若い映画作家たちも参加しており、さらに後にＤＶで撮影した映画『我們害怕』（二〇〇一）を制作する程《チョン》裕蘇《ユースー》は活動に参加するために上海から飛行機に乗って北京に駆けつけた。

羊子は、ＤＶ記録小組が中国の若い世代のドキュメンタリー映画作家を啓蒙し成長させるのに大きな意義があったと次のように語る。

もちろんドキュメンタリーには特徴的なところがあって、それは劇映画のように構想が求められることも、役者をさがすことも、多大な資金を求められることもありません。さらに、ＤＶはより個人化しているため、容易に入っていくことができます。総じて言えば現在さらに多くの若者がＤＶを手にして、自分の周りの生活について撮り続けています——撮ったものが最終的にどうであるかは関係なく、少な

くともカメラをすでに手にしていること、そのことがとても重要なのです。（同前、五二）

ただ、一方で羊子には、次のように、ドキュメンタリーを映画と見なさないところもあった。

私は、ドキュメンタリーはやはり映画には数えられないと考えます。映画は精鋭化するべきもので、誰でも映画を撮ることができるわけではありません。我々が提唱するのは精鋭化した映画です。一つ一つのショットに真摯に向き合わなければならないのです。[*5]

こうした映画をめぐる考え方の違いは、主に電影学院の学生を中心とした劇映画小組とDV記録小組の対立へと発展していくが、王小魯《ワンシャオルー》は、映画プロパーを中心とした劇映画小組には「フィルム・コンプレックス」のようなものが見られたと指摘している。後年、羊子は次のように語っている。

呉文光は、ある種個人的な感情を持っているかのように、電影学院系の人びとに反感を持っていて、いくつかの意見や観点において一部の実践社のメンバー、特に劇映画小組とはまったく異なっていました。（王、二〇一一：一八八－九）

王小魯によれば、当時、劇映画小組の人間がDVの粗雑さが映画をダメにする可能性があると語ったとき、呉文光が激怒し、口汚く反撃したという（同前、一八九）。

こうした意見の対立には、「個人（化）」、「民間」といった概念についての理解の相違による映画観の違いが存在しているといえる。羊子は、「民間」について次のように考えを述べる。

私は多くの一般庶民に撮影してもらうことが「民間」だとは考えません。私は、本当の「民間」とは個人化したものであり、作品が深く個人の内心に入ってこそ民間化したものなのだと考えます。（梅・朱、二〇〇四：五三）

羊子にとって、「個人」とは、映画作家「個人」のことであり、「民間化」とは、既存の体制に依拠した映画制作とは一線を画す、「個人」として独立した映画作家のレベルで果たされるべきことであった。そうした映画作家の手による「作品」こそが「民間化」した「映画」なのである。

これに対し、呉文光の「個人化」とは、映画制作の解放、それは体制から独立映画作家への解放をこえる、徹底的な映画制作の「民主化」、「大衆化」であったといえる。呉は、ＤＶ記録小組の第一回の活動の場で、ＤＶについて次のように自らの見解を述べている。

ＤＶとは一つの別称なのです。というのも我々は独立映画制作については長く話してきましたが、ＤＶという方式はというと、私はそれが最も個人創作あるいは民間の立場を代表する一つの方式だと思うのです。最も重要なことは一個人が手にして自ら撮ることができ、それが一つの眼に見える現実に変わること——どのように映像を一つのグループあるいは団体の手から解き放ち、それを一つの真に個人のものとするかなのです。[*6]

羊子が映画を「作品」中心に考えていたのに対して、呉文光は制作プロセス自体も重視するような、映画を「経験」的に捉えており、後に、呉文光が、後述する「村民映像計画」へと向かうことも、こうした「民間化」の方向性の延長といえるだろう。

5　中国独立映像展

実践社の一番の功績は、やはり「映画を見る運動」をとおして人的ネットワークを作ったことであり、そうした人的ネットワークが具体化したのが「映画祭」というかたちであったといえる。

二〇〇一年九月二二日から二七日に、実践社は、瀋陽の「自由電影」、上海の「101」、広州の「縁影会」といった団体と協力し、また『南方週末』、「北大在線」などの機関の資金的支援を受けて、中国で初めての非「官」の民間映像イベントである「第一回中国独立映像展［首届独立影像展］」を開催した。会場となった電影学院では、開幕当日は朝から正門の前に人が集まり、至る所に映画祭のポスターが貼られ、さらにジャ・ジャンクーの『プラットフォーム』（一九九九）が閉幕式に上映されるというニュースが飛び回った。電影学院の大上映室でおこなわれた開幕式では、座席が満席となり、その場にいた程青松《チョンチンソン》は、次のように振り返っている。

その中に身を置いて、私は歴史を経験しているという感覚をおぼえた。……謝飛《シエフェイ》先生は「我々にはずっとこのような青年作家の作品や思想を明らかにする機会がありませんでした。今回の活動は長年の中国映画の教育と発展における空白を埋めるものであり、我々は独立映画祭をとおして才能の発見を望むものであり、才能を激励します」と言った。（程、二〇〇四：二三七）

もともとこの上映イベントの構想は二〇〇〇年初めに、他の人間がどんなことをしているのか分からず、一度みなが他の人間が撮った作品を見ることができる機会をもうけてはどうかといった考えと、もう一つ、九〇年代以降に制作されたすべての作品を集めて見ることもよいだろうといった考えから生まれたものであった。そして、一九九六年以来の民間の映像のほか、短編映画やドキュメンタリー映画を含む一〇九本の作品

第1回中国独立映像展ポスター。張献民・張亜璇（2003）より

第1回中国独立映像展集合写真。程青松（2014）より

が上映され、中国国内で始まったDV制作による作品が一堂に会する機会となった。また、そのうちドキュメンタリー映画は三五本であった。

だが、閉幕式は朝陽公園の向かいの楓花園のドライブインシアターに移っておこなわれた。なぜなら、四日目に電影学院が上層部から抗議の電話を受けたからであった。羊子は次のように語っている。

なぜなら当時『盒子』が同性愛をテーマとして扱っていたのですが、熱心な老同志がどうしてこんな作品を上映するのだと言い出し、電影学院の張会軍《ジャンフイジュン》や『南方週末』の編集長を自己批判させ、上映させませんでした。もともとジャ・ジャンクーの『プラットフォーム』は電影学院で上映するはずでしたが、その後上映できなくなりました。正直な話その事についてはジャに申し訳なく思っています。ドライブインシアターの上映環境はひどいものでした。さらにジャの製作会社は多額の費用を払って、プリントを持ち込んだと聞いています。(王、二〇一一：一九一)

当時、中国語圏ではまだ上映されていなかった『プラットフォーム』のプリントを、ジャ・ジャンクーたちは、パリから香港へ運び、さらに深圳の税関を密かにとおして持ち込んだのであった。そのため、プリントには中国語字幕がなく、ジャが通訳しながら上映された。

杜慶春《ドゥーチンチュン》は、当時、当局からの危険視を避けるため、名称を「独立映画祭」とせずに、「独立映像展」としたにもかかわらず、中止命令が下された理由について、『盒子』が上映されたからではなく、「中国においてはもともと映画祭を民間でおこなうことは許されない(同前、一九三)」からだと述べている。

だが、この独立映像展という「映画祭」が、中国の独立映画、独立ドキュメンタリーの歴史の中で一つのメルクマールとなったことは間違いない。張亜璇は、この映画祭でたくさんの作品を見たことがきっかけとなって、多くの若者がカメラを手にし始めたという点で重要な役割を果たしたと語っている。[*7] 映画祭に参加した若者が、カメラを持つようになったということは、それだけ中国の社会に撮りたいという潜在的なエネルギーが存在していたということであり、また、そうした作品を求める人びとが存在していたということだろう。実践社自体は、たびたび当局の検査を受けたほか、関係者が、それぞれが属する単位から圧力をかけられるなどして、二〇〇三年に解散を余儀なくされる。

実践社の解散の原因について、王小魯は、管理が杜撰であったから、また、羊子が実践社を法人に変えたから（二〇〇一年八月、実践社は、「実践」の名称で法人として登記される）など、さまざまな説があると紹介する。実際、実践社は当時すでに全国で名声を博し、多くの都市に分社を有していたが、後期においては、羊子と楊超は、映画『旅程』の制作を計画していたため、実践社の実質的な事務作業は別の人間に任せていた（同前、一九二）。だが、王小魯は、実践社の解散が自発的なものではなく、解散を余儀なくされたものであることを指摘する。南京分社の上映活動をめぐって、実践社は立ち入り調査を受けるが、その理由は「活動を届け出、認可を受けていない」ことであったという。さらに王小魯は、仄聞として次のようなことばを紹介している。

> 当時実践社の責任者であった芮定坤《ルイディンクン》は、特許局の所属であったが、リーダーから呼び出され面談があり、実践社の仕事を続けるか否か判断を迫られ、後に杜慶春、張献民らもそれぞれ面談を受けるなど、「単位」に所属するものはみな面談があった。聞くところによると、実践社を調査した資料はとても分厚いものであったという。（同前、一九三）

羊子には面談がなかったが、それは「単位がなかったから」であり、単位に所属するものは、実践社の活動への参加を続けたなら、仕事を失う恐れがあったのだ。

そもそも、実践社の禁止は、何ら法的手続きを踏んだものでなく、申し立て、協議、弁明といったいずれの段階も欠いていた。ただ数度の電話の口頭命令のみで、映画青年たちが苦心して運営していたシネクラブは終わってしまったのだ。さらに解散の正式な理由は一切告げられることはなかった。同じような状況は後節で触れる広州の縁影会においても見られ、縁影会は二〇〇四年に解散することになった。こうした行為は、関係者を大いに失望させる結果となったが、二〇〇一年一二月、北京大学で開催された第一回中国同性愛映画祭が同じように禁止されると、独立映画のイベントは次第に地域的には郊外へと周縁化し、市内における活動はサークル化、サロン化していった（同前）。

しかし、その一方で、独立映画は、もう一つの方向性を歩むことになるが、それはより政治・社会的なものとの対話を目指す方向性である。例えば、縁影会の欧寧《オウニン》は、王小魯に向かって、当時自分が苦心して運営していた縁影会が解散させられ、市民社会の建設にコミットすることの重要性を感じるようになったと語ったというが（王、二〇一一：一九三）、縁影会の解散は、欧寧の創作と企画に新しい傾向をもたらしたのだった。

また、張亜璇は、このときに広がった、映画を撮る、見るという活動はさまざまに展開し、北京や南京、雲南で開催された独立ドキュメンタリー映画祭などに受け継がれていったと述べている。確かに、中国国内で定期的に開催された独立系の上映イベントに参加すると、多くの関係者が元々実践社と縁のある人間であることが分かる。実践社の切り開いた精神は継承されたのだ。

６　まとめ

海賊版ＶＣＤという廉価な第三世界のゲリラ的技術が生まれると、海賊版活動は、長期にわたって存在した中国における映画の空白状態を打破した。そして、大量の映画作品が民間に流通し、多くの餓えた映画狂を救ったのである。集まって映画を見ることは、映画狂たちが映画を学習し交流する最も喜ばれる方式となり、北京、上海、広州、深圳、南京、武漢、瀋陽、成都、昆明などにシネクラブが生まれ、民間に広く「映画を見る運動」が広がった。そうした動きは、「第一回中国独立映像展［首届独立影像展］」の開催で頂点に達したといえる。

II　映画を見る運動とネット空間

1　南京・後窗看電影

映画を見る運動に対してインターネットの果たした役割は大きい。南京において上映活動を展開した「後窗看電影」は、もともとインターネットの電子掲示板上での交流から発展したシネクラブであった。「後窗看電影」は、一九九八年一二月に、衛西諦《ウェイシーディー》が、よく利用していたコミュニティサイト「西祠胡同」上に映画論壇を開設したことから始まった。西祠胡同サイトは一九九八年に立ち上げられたもので、中国では最も早く、ネットユーザーが活発に活動したコミュニティサイトの一つであった。

ところで、二〇〇九年三月、私は、「雲之南」映画祭に足を運んだ。映画祭では映画の最終上映が終わると、決まって映画作家、観客らが連れ立って酒場に繰り出すのだが、ある晩、私は上映終了後、一人の映画作家と立ち話をしているうち、酒場に向かう一団とはぐれてしまった。その映画作家は、私ともう一人男性客を連れて、一団が向かうであろう酒場へ行ったが、私たちのほかに映画祭の関係者はいなかった。仕方なく三人で飲み始め、二人ともほぼ初対面であったので、私は、自分が何者であるかを伝えるため、中国の独立ドキュメンタリーについて研究していることなどを語った。すると、映画作家が、それならこの男に話を聞かなければいけないと、もう一人の男性客を指した。その私の隣に座った口数の少ないもの静かな人物が「後窗看電影」の衛西諦であった。以下、「雲之南」の開催期間に衛西諦から聞いた話と彼が執筆した「後窗回望——兼談網絡帯給電影什麼」(衛、二〇〇三)をもとに、「後窗看電影」の経過を記述したい。なお、衛西諦は本名ではなく、「衛西諦」の発音がＶＣＤの発音に近いことに因むペンネームである。衛西諦は自らの経験を次のように語っている。

私個人、映画にそれほど思い出のある人間ではない。一九七〇年代初めに生まれた者は、みな私と同じように、八〇年代初めに中国映画が突如盛んになり、『大衆電影』の発行部数が一〇〇万冊に達した時代においても、まだ幼かったために中国映画の復活の喜びも意識できなかった。三年前は私も映画を自らの暇つぶしの方法と同じように見なしており、「映画狂」という肩書きは受け入れにくいものであった。

(同前、二九三)

雑誌『後窗』張献民・張亜璇（2003）より

このように、それほど映画と深いかかわりを持っていたわけではなかった衛西諦が、映画論壇を始めたのは、「交流」が目的であった。

映画論壇を始めたのは、まずネットが次第に普及して、私のところにも到達したからであり、次に私は頻繁にコミュニティ（西祠胡同）

を訪れていたが、まだ独立映画の論壇がなかったからであり、最も重要だったのは交流——映画を見た後の交流を渇望していたからだ。実際、ここ数年間、私は他人が言及した映画を見、他人は私が言及した映画を見、生活はそのような無意識的な交流によって変わったのだ。(同前)

衛西諦は、「後窗看電影」の最大の収穫は、さまざまなタイプの映画愛好者に互いが知り合うための一つの橋渡しをしたことであり、同じあるいは異なった視角や観念を持った映画狂や業界人に交流の空間を提供したことだと考える。そうしたことは、ネットが出現する以前にはどんなメディアも達成できないものであった。

一九九八年一二月に論壇を立ち上げてから最初の一年間は、交流の内容も、映画情報と簡単な感想のやりとりにとどまっていた。それは、論壇に訪れる者が少なかったからであるが、いわゆるネット映画評論の書き手も未成熟であり、映画情報も網羅的なものではなかった。この間、衛西諦は「管理者」として自らが実行するほかなく、大量の情報と評論を転載し、ほとんど毎日二、三回は書き込みをし、体面を保った。

衛西諦は、当初から一貫して、「フラットに映画を見る」姿勢を保とうとした。それは巨匠(あるいはアンダーグラウンド)の映画だけを鑑賞する「高級映画愛好者」にも、商業娯楽映画だけを見る「低級映画愛好者」にも賛同しない姿勢であり、同じ一つの映画について、それぞれに異なった角度から鑑賞しあうように促すことであった。こうして「後窗看電影」は、次第に「オリジナル性、開放性、包括性」の特徴を持つようになっていった。

また、その最初の一年の間に、「xian」と「秘密客」との交流が始まったことも重要であった。二人との交流は、衛西諦がサイトを一年近く運営していて初めてのことであったが、このとき衛西諦は、ネットというのは本来偶然出会った意気投合する者同士がともに歩む場であるのだと初めて感じた。こうして相対的に開放性を持つ映画愛好者のサークルが次第に形成されていった。衛西諦は述べる。

このサークルは、映画産業の最も周縁部にあるものであったが、むしろ永遠に開放的な態度をとるもので、次第に無視できない声が集まるようになった――それまで映画に属する声というのは、映画界内部の関係者からのみ発せられるものであり、かりに映画ファンの声があったとしてもそれはほんの微々たるものであった。（同前、二九五）

そして、二〇〇〇年、「後窗看電影」にとって重要な転機が訪れた。「映画についての書き手」であるネットユーザーが大量に「後窗看電影」に参加するようになったのだ。彼らは優れた、またオリジナリティにあふれた評論を「後窗看電影」にもたらした。もちろん、評論の数や質には起伏があり、ネット映画評論家の入れ替わりもたえずあったが評論は続いた。やがてネット上の映画評が豊富になるにつれ、多くの映画狂たちの間で、「後窗看電影」を訪れ、必要な映画評を調べるという習慣が広まり、自然とユーザーの芸術映画鑑賞に自由で便利な方途を提供することになった。そして、ユーザーの中から電影学院や某大学の映像専攻に合格したといった書き込みも見られるようになり、また、多くの雑誌メディアの映画担当編集者が「後窗看電影」を訪れ、必要とする文章や書き手を求めるようになった。さらに、多くの刊行物の映画関係の紙面がネットの書き手によって占められていった。つまり、それは彼らの声がすでに伝統的なメディアに受け入れられ、認められたことを意味した。

論壇の開放性は、作者と読者に相互関係性があることによって保証された。伝統的なメディアにおける映画についての文章が、読者との交流において一方通行であったのに対し、「後窗看電影」のような論壇は、常に双方向であり、映画評論の書き手は、より真剣に勇気をもって書くことが求められる。もちろん、ネット上では匿名性も確保されており、無責任な書き込みも可能ではあったが。

そして、二〇〇〇年六月、「後窗看電影」は、正式な上映活動を開始する。衛西諦たちにとって、自分たちが住む南京は、言ってみれば北方でも南方でもない都市であり、北京や上海のような映画資源に乏しく、また海外との交流の機会が多いところでもないため、伝統的な文化の蓄積はありながら、民間の文化活動に欠ける地であった。当時、武漢、上海、広州、北京などの都市にはいずれもシネクラブによる上映活動が存在しており、そこで、ネット上で知り合った友人たちと、南京における上映活動を始めたのであった。当初は、上映する作品はVCDを使い、東南大学の教室や図書館において上映会を開き、そうした上映活動は二〇〇二年頃まで続いた。

また、「後窗看電影」は、上映活動のほか、映画評論の刊行物を発行することもおこなったが、衛西諦は、「開放性」の重要性を繰り返して次のように述べている。

その〔後窗看電影〕根本のかたちは、一つの紙面であり、一つのBBSであり、一つのネット上の論壇であり、それは自由に訪れ、自由に立ち去り、自由に話せる場所である。そうである以上、「開放性」は必然的にそれが存在する最も重要な理由であり、支えなのである。(同前、二九七)

「後窗看電影」の上映活動は、北京などの活動に比べ規模は大きいものではなかったが、論壇と同じく、地道な態度でおこなわれ、商業化することなく、また組織化することもなく、「開放」的な友人同士の映画集会のようであった。上映会においては、エドワード・ヤンの『牯嶺街少年殺人事件』（一九九一）に、南京じゅう大雨にかかわらず、ユーザーたちが、ほうぼうから駆けつけたこともあれば、フェリーニの作品を上映したとき、おそらくその重苦しさからか、半分ほど上映したところで、会場にたった二人しか残っていなかったこともあった。ただ、衛西諦は述べる。「大きな映写室の静寂な空気の中に、ただVCDデッキが回る雰囲気だけがあったが、二人の観客が異常なほど集中している表情を目にして、ふと、こんな友人がいるだけで、論壇であれ、上映活動であれ、存在する意味はあるのだ」と（同前、二九八）。

2　北京・現象工作室

　二〇〇〇年代、定期的に開催された上映イベントとして有名だったのが、北京の「北京独立電影論壇」と「中国紀録片交流周」、南京の「中国独立影像年度展」、昆明の「雲之南紀録影像展」などであった。それらは、非公式のイベントであったため、「映画祭［電影節］」を名乗ることはなかったが、事実上、映画祭の役割を果たしていた。

　北京の上映イベントの中心的な役割を担っていた「現象工作室」の朱日坤《ジューリークン》もまたインターネット上の活動から映画活動を始めた人間の一人である。朱日坤は一九七六年広東省恵州に生まれた。客家系の出身である。二〇〇一年、映画好きの朱日坤が、社会人の友人と大学院生の友人を誘い、三人で立ち上げたのが「現

朱日坤（本人提供）

象工作室」であった。朱日坤自身はそれ以前別のサイトを立ち上げ、VCDや音楽CDの交換などをおこなっていた。当初は、余暇の時間をもっと楽しくしようと、「現象網」というサイトの掲示板をとおして、小さな範囲で、映画について論じあっていた。その頃はまだ「独立映画」という概念については曖昧であった。二〇〇二年になると、「現象工作室」は、中国の独立映画に注目するという方向性が明確になり、その年の七月から、独立映画の上映と交流活動を開始した。また、同時に映画、音楽ディスクの発行を開始し、「現象工作室」は、最も早く映画ディスクの発行という方式を通じて国内に独立映画を広める団体となった。上映活動は、最初期は、国家図書館でおこない、後に大学や王府井書店などでおこなった。図書館や大学といった場所で上映をおこなった理由を朱日坤は次のように語っている。

当時、私はなるべくよい場所を探そうと考えていました。我々はハード面をより重視し、バーのような雰囲気はあまり好まなかったので、バーで上映したことはありませんでした。実際、私も普通の映画愛好者であり、いろんなジャンルの映画が好きです。どのような内容であれ、おもしろいと思えば、議論を生むだろうと思って、なるべく上映しました。[*8]

また、交流会には、王小帥、杜海濱、ジャ・ジャンクーらの映画監督が参加した。そして毎週一回の活動を半年以上続けた後、二〇〇三年に、第一回の中国ドキュメンタリー交流週(「中国紀録片交流周」)という独立ドキュメンタリーの上映イベントを開催した。ドキュメンタリー映画の上映を選択した理由を、朱日坤は、次のように語る。

私はドキュメンタリーがよりおもしろいと考えました。当時、ドキュメンタリー映画の制作本数が拡大の傾向にあり、上映イベントを開催すれば、見せられるドキュメンタリー映画がより増えるのではないかと思いました。（同前）

二〇〇四年、第二回は、よりよい環境で上映しようと、北京の公的機関である「中華世紀壇」との共同開催を模索した。朱日坤は、「中華世紀壇」の館長と共同開催することで合意し、資金的な援助の約束も取り付けた。だが開催期間の三日目、館長は上映される作品の内容を知って、問題を起こすおそれがあるとして、共同開催を取りやめてしまった。

二〇〇六年、第三回は、安徽大学と中国科学技術大学の協力を得て、安徽省合肥市で開くことができた。このときは、釜山映画祭のディレクターやマルセイユ映画祭の代表、山形映画祭のコーディネーターなどを招請し講座を開くことができたほか、国内の大学からも、張同道《ジャントンダオ》や呂新雨《リューシンユー》らの研究者が参加し、さらに呉文光らドキュメンタリー映画作家も多く参加し、盛況であった。

上映イベントを開催するのに、資金的な問題は深刻である。経済的な効果や利益がないため、進んで助成する機関は少ない。中には朱日坤に、上映イベントの活動を通じて商業的な宣伝広告をおこなってはどうかともちかける企業もなくはなかったが、「独立」にこだわったため、それを断ったという。また、当局からの規制も厳しく、毎回のように関係部門から「監督」が会場へやって来て、ときには警察が出動して上映を禁止することもあった。

そうしたなか、朱日坤にとって、美術評論家の栗憲庭《リーシャンティン》との出会いは大きかった。栗憲庭と朱日坤は、協力して「栗憲庭電影基金」を立ち上げた。「栗憲庭電影基金」は、非営利の映画総合機構であって、二〇〇

栗憲庭。朱日坤（2009）より

六年一〇月六日の第一回北京独立電影展において成立し、朱日坤はアート・ディレクターに就任した。

栗憲庭は、一九四九年吉林省生まれ。一九七八年に中央美術学院中国画科を卒業後、一九七八年～八三年まで『美術』雑誌の編集をおこない、「星星画会」などの現代アート運動を紹介・擁護した。一九八五年～八九年には『中国美術報』の編集をつとめ、「八五美術運動」の紹介に尽力した。九〇年以降は、フリーの美術評論家として活動しており、九〇年代の現代アートの第三世代の作家たちの作品に「シニカル・リアリズム」という用語を最初に使った人物でもあり（牧、一九九八：一〇二）、七〇年代末以降の中国の現代アート界を支えてきた人物といえる。

もともと独立映画の関係者に絵画を学んでいた者がいたことから、栗憲庭自身も、趙亮《ジャオリアン》、胡傑《フージエ》、王兵《ワンビン》らの映画作家とは多少の交流はあった。また、宋荘美術館の設立を計画したときも、すでに上映スペースを設ける構想はあったが、何をするかはっきりしていなかった。そんなとき、王兵が朱日坤を推薦して引き合わせてくれ、それですべての事業が具体化することになったのだった。栗憲庭は独立映画について次のように語っている。

ここ数年、私は断続的に一部の作品を見てきたが、私の心の奥深くに触れたのは、華やかさに覆い隠されてしまった真実の世界が、依然として独立映画のショットには見え隠れし、消費時代によってどんどん薄れた人の良識と責任感が、依然としてそうした独立映画の監督たちの身に存在していることであった。それは常に私を現代アートの創成期のあの雰囲気や感覚の中に返らせるかのようであった。*9

基金の資金は、栗憲庭の要請に、方力鈞《ファンリージュン》らすでに成功した中国の現代アートの芸術家たちが応えて援助したものであった。また、「栗憲庭電影基金」は設立当初から、映像資料や写真資料、文献資料などを含む中国の独立映画の収蔵と保管につとめ、独立映画、とくに独立ドキュメンタリーの制作と普及を支援し、それには、製作、ポストプロダクション、配給なども含まれていた。映画アーカイヴの映画作品は、開放されており、国内外の研究者やプロデューサー、また一般の映画愛好者の研究、鑑賞、討論に資した。さらに『電影剳記』を刊行するなど出版活動もおこなわれた。

現代アートのメッカとして注目されてきた北京東郊の宋荘は、中国ドキュメンタリー交流週と北京独立映画論壇という二つの上映イベントによって、中国の独立映画の拠点としても知られるようになった。二〇〇八年には「現象工作室」のオフィスが新設され、カフェや交流スペースのほか、上映スペースも完備された。独立上映スペースが設置されたことは、一般の映画館で上映されず、DVDなどで鑑賞されている独立映画や独立ドキュメンタリーを、スクリーンで観てもらいたいという願いの表れでもあった。国際的な交流も進み、山形映画祭の協力を得て、土本典昭、小川紳介といった映画監督のレトロスペクティヴが上映イベント期間中に企画上映された。

独立映画の現状を、朱日坤は、「上映の制約と商業化の挟み撃ちを受けている」と表現する。映画館が、「体制」の管理下にある中国では、海外でみられるミニシアターやアートシアターのような映画館が存在しないため、独立映画やドキュメンタリーの一般公開はまずありえない。そうした「体制」の問題に加え、映画産業が全体的に商業化の潮流に向かっていることも困難の要因になっている。数々の困難に直面しながら上映イベントを続けた朱日坤は言っている。

中国の社会と同じように、インディペンデント映画もとても複雑な現象で、それを一言で概括することは難しいです。大きくいえば、中国の社会は多元性を必要としていて、社会的な意味、芸術の発展のどちらかにかかわらずそうです。独立映画とは一つの現象です。それぞれ異なった人がたずさわり、異なった映画を生み出しています。私はこの状況を全体的にひけらかすのは好みません。しかし明らかに、独立映画は現在の社会にやはり有意義なものなのです。私にとって、それは一つの生活の方式であり、一つの個人的な選択なのです。選択したら、とにかく努力するだけです。[*10]

朱日坤にとっても、映画は「生活の方式」なのであった。

3　見ることの憤怒

中国でドキュメンタリー制作の活況の背景に、ＤＶや海賊版ＶＣＤ・ＤＶＤの普及があったことについてはすでに触れたが、衛西諦も朱日坤もインターネットをきっかけに映画を見る運動にかかわっており、インターネットが果たした役割は大きかったといえる。

中国でインターネットが開通したのが一九九五年。翌年には中国初のインターネット・カフェが北京に開店している。本格的な普及は二〇〇〇年代に入ってからだが、一九七〇年代生まれで、当時、大学生であった衛西諦や朱日坤ら多くの若者は、ユーザー間で意見交換が可能な電子掲示板に、自らの思いを書き込む余白を見出した。ネットが新しい空間に思えたと、朱日坤も語っている。[*11] 興味深いのは、朱日坤が、初期の上映活動に参加していた若者の多くが今は何をしているのか分からないと語っていたことである。おそらく、映画を見る運動に参加したのは、無名無数の映画愛好家たちであった。また、朱日坤は、映画を見ることも一つの表現だとも語ってくれた。つまり、映画を見る運動においては、見ることも表現活動の一環であり、「見る」ことが自らを「表現」することであった。もちろん、かれらの「表現」はかたちとしては残されていないのだが……。このように「受容」が「表現」に近づく時代とは、八〇年代がそうであった。詩人于堅は、八〇年代においては読むことが時代に対する一つの「憤怒」の表れであったと語っていたが、そのとき、「読むこと」は一つの表現であったのだ。同じように、二〇〇〇年前後においては、映画を「見ること」が一つの表現であり、「１０１」の徐鳶の非民主的な映画受容に対する憤りが表すように、「憤怒」の表れであった。

八〇年代、「読むことの憤怒」は表現の原動力であった。同様に、二〇〇〇年前後、「見ることの憤怒」も表現の原動力であった（中国語では読むも見るも同じ「看」である）。そして、「憤怒」が「表現」へと転化する際、ＤＶの力は大きかったといえる。

ところで、衛西諦によれば、映画を見る運動自体は、二〇〇〇年代に入ると、次第に収束していったという。当局の検査が入ったことが収束の理由にあげられるが、また、さまざまなジャンルの海賊版ＤＶＤが普及し、集団で見る必要性が低くなったことが大きいという。[*12] 実践社の羊子も次のように語っている。

ただ、現在我々はそうした活動〔上映活動〕を終えようと考えていて、というのは、国内ですでに大量のヨーロッパから世界各地の巨匠の映画が現れ、ＶＣＤやＤＶＤが、とても普及しており、我々が推薦・紹介する必要がなくなっています。（梅・朱、二〇〇四：五〇）

現在でも、バーや大学などで上映会活動はおこなわれているが、かつてほど上映活動が目立つことはない。今や、映画は一人で楽しむものになっている。インターネットもはや新しい空間でなく、若者にとって自明のものとなった。さらには、さまざまな個が往還し、他者との出会いが生まれていた集団性は失われ、私化が進んでいるようだ。映画を見ることは、良くも悪くも多様化し、今やネット上でいくらでも映画を視聴できる時代が到来している。ただ、そうした時代であるからこそ、もう一度、「見ること」の経験を自覚的に問い直す必要があるのではないだろうか。

Ⅲ 「見ること」から「撮ること」へ

1 欧寧と縁影会

中国各地で始まった「映画を見る運動」の中からは、実際に、映画を撮ることへ踏み出す集団もあった。それが、欧寧《オウニン》によって立ち上げられた、広州・深圳の「縁影会」とドキュメンタリー『三元里』（二〇〇三）である。

欧寧は、一九六九年広東省生まれ。中学時代に詩を書き始め、詩雑誌を創刊。一九九三年に深圳大学国際文化伝播学科を卒業。一九九四年、音楽グループ「新群衆」を結成し、さまざまな音楽活動の企画を始める。一九九六年にデザイン会社 Sonic China を立ち上げ、一九九八年には深圳に新茗堂芸術書店を開く。そして、一九九九年、深圳において「縁影会」を組織するのであった。欧寧は「関於縁影会」（欧、二〇〇三）という文章において、結成の経緯を次のように述べている。

一九九九年夏、四川の詩人楊黎《ヤンリー》と何小竹《ホーシアオジュー》が峨眉映画制作所の雑誌『電影作品』を引き継ぐと、女流詩人翟永明《ジャイヨンミン》の推薦で、私は雑誌のデザインを担当することになった。そのとき、私はすでにシュウ・ケイ（舒琪）〔香港の映画監督、批評家〕と面識があって、彼の壹角書店からたくさんの映画関係書籍と芸術映画のオリジナルＶＣＤを購入した。その当時は、まだ芸術映画を見ることのできる機会が限られていたため、私は定期的な上映会を組織し、他の人と私が所有するＶＣＤを分かち合うことを決めた。それは同時にその機会を利用して『電影作品』の執筆者をさがす目的もあった。私たちは深圳にあるデジタル・ホームシアター機材を販売する企業のショールームを借り第一回の上映をおこない、この会の名を「縁影会」とした。この三文字にこめられた意味は、「映画によって、ともに歩む」という意味であった。（同前、三二四）

一九九九年九月一一日、深圳のパークウェイビルのショールームで最初の活動がおこなわれ、ドイツ映画『ラン・ローラ・ラン』（トム・ティクヴァ監督、一九九九）と日本映画『KAMIKAZE TAXI』（原田眞人監督、一九九五）が上映された。縁影会の上映活動は、多くの映画狂を引きつけることになった。それは、「第六世代」の「禁止映画」を含む、国内ではなかなか見ることのできない作品を見る機会となったからである。九〇年代後半に中国に流入した海賊版ＶＣＤは、ハリウッドの大作映画や香港の商業映画であったため、縁影会は、大量の海賊版ＤＶＤが中国に出現する以前、上映という形式で世界映画史上の古典的作品を普及させると同時に、多くの人びとが国内の映像を探索する手助けとなった。一九九九年の年末には、「北京・深圳・広州・香港独立短編映画精選」を企画し、深圳の蔣志《ジアンジー》のドキュメンタリー『食指』（一九九九）と広州の曹斐《ツァオフェイ》の映像作品『失調二五七』（一九九九）を上映し、二人は、縁影会の早期の会員となった。

蔣志は、一九七一年湖南省生まれ。一九九五年に中国美術学院（浙江美術学院）を卒業後、雑誌記者やテレビ局でディレクターの仕事をしていた。『食指』は、著名な現代詩人で現在は精神病院で長期療養中の食《シー》指《ジー》（本名、郭路生）に対するインタビューを記録した作品である。

一方、曹斐は、一九七八年生まれ。『失調二五七』を制作したとき、まだ広州美術学院の学生であった。『失調二五七』の「二五七」とは、広州美術学院の番地を指し、デッサン室、トイレ、宿舎、学校の道などキャンパスの風景の断片をモンタージュすることによって芸術青年たちの内面的な不安とリアリティを表現する実験的な作品である。

「縁影会」曹愷（2005）より

さらに、縁影会では、ジャ・ジャンクーの『一瞬の夢』（一九九七）と王小帥の『ルアンの歌』（一九九七）なども上映され、その二作品はどちらも広州では初めての上映となった。

縁影会は非営利団体であったが、会員からは会費を集め、上映作品に関する資料を配付することや、上映後、監督を招いて交流会をする際の旅費などに使った。多くの会員にとって、縁影会に入ったことの意味は、気の合った仲間とともに優れた映画を見ることにとどまらず、そうした自由な映画鑑賞の方式が新しい人間関係と交流モデルを発展させることでもあったのである。

二〇〇〇年春には広州にも縁影会が成立し、活動は拡大して行き、会員数は八〇〇人をこえた。上映する場所もオフィスビルという閉鎖的な空間からバーのような公共的な空間へと移った。また、バーのほかにも、商業展示センターや公的な美術館を上映場所とするなど、活動はさらに発展していった。とくに、美術館のような機関で上映会がおこなわれたことは極めて珍しいケースで、芸術センターや博物館、映画館を含むそれら「官」の機関が、縁影会のような活動を受け入れることはまず考えられないことであったからだ。実際、縁影会の上映活動は、多くの場合、バーやカフェ、書店など商業施設でおこなわれ、常に場所が変わるなど流動的におこなわれていた。

さらに、縁影会は、上映活動と同時に、映画評論の発表と出版にも力を入れた。コピー印刷のかたちで会員誌『縁影志』を刊行し、毎回上映する映画作品の詳細なデータを載せ、会員の映画理解の助けとすると同時に、映画についての意見を発表する場を提供した。縁影会は、最も貧弱であるが同時に最も簡便な方法で、映画狂たちへ映画に対する原初的な情熱を表現する場を提供したのである。また、『日本電影特集』、『賈樟柯電影特集』、『田壮壮電影特集』、『寧瀛電影特集』などの特集号を刊行した。さらに、欧寧は、二〇〇〇年、雑誌『影話』（一九九八年創刊）の第二期において、中国で最初にデンマークの映画運動「ドグマ九五」を紹介している。

『影話』第二期の編集後記で、欧寧は、「独立とは自ら始める精神であり」、「独立は自らの弱さを隠す看板であるべきではない」と述べ、独立の立場とアマチュア精神を提唱している。ただ、それはプロを敵とし、粗雑な作品を横溢させることを意味するものではなかった。そのため、縁影会は、多くの映画産業内部の監督や俳優、キャリアのある映画評論家を招いてワークショップや講演会、座談会を開催し、そうした人びとの映画経験を分かち合うことにつとめた。また、そうした活動は多くの場合、上映会とセットでおこなわれたが、そのことは作者と作品を相互参照する意味を持った。一九九九年以来、縁影会は、監督では香港のアン・ホイ（許鞍華）、シュウ・ケイ（舒琪）、アレン・フォン（方育平）、中国の張沢鳴《ジャンゾーミン》、婁燁《ロウイエ》、ジャ・ジャンクー、田壮壮《ティエンチュアンチュアン》、寧瀛《ニンイン》、呉文光、俳優では韋偉《ウェイウェイ》（『小城之春』の女優）、評論家では、羅卡《ルオカー》、李焯桃《リージュオタオ》、何《ホー》思穎《スーイン》といった映画人や、さらにその他の青年監督と懇親会や討論会を開催した。やがて、縁影会の活動をとおして、その中から映画評論家やディレクター、さらには映画作家が生まれることになった。そして、縁影会自体もまた、活動を上映から制作へとシフトさせていくのである。

2　『三元里』

縁影会の内部で、作品を撮ろうという機運が盛り上がった頃、折りよくキュレーターで評論家の侯瀚如《ホウハンルー》から二〇〇三年のヴェネツィア・ビエンナーレへの出品の話が舞い込み、ドキュメンタリー『三元里』（二〇〇三）が制作されることになった。制作グループには、映画、音楽、視覚芸術、デザイン、詩、社会科学などさまざまな領域にまたがる「縁影会」のメンバーが参加し、コーディネートは、欧寧と曹斐が、映像の編集は曹斐が担当し、音響設計には、欧寧の友人で、日本の音楽家・大友良英とセッションもおこなう香港のディクソン・ディ（李勁松）が参加した。

「三元里」とは、もともとは広州の北郊外に位置する村落であり、アヘン戦争時には、社学〔中国の郷村教化機関〕を中心に住民が抗英闘争を展開した歴史的な場所であるが、皮肉なことに現在は麻薬と密接な関係を持つ場所となっていた。現在の三元里は、「城中村（都市の中の村）」と呼ばれる都市の中に村落の集落形態と農村戸籍制度が残っている地域である。都市化による地価の高騰は、農民によるビルの高層化と賃貸業を加速させ、そこへ地方の農村部からの大量の出稼ぎ労働者などが流れ込み、人口構成と組織体制がきわめて複雑となり、麻薬、犯罪、性風俗業などがはびこり、治安が悪い場所として有名になってしまったのだ。

三元里の存在は、中国における近代化の一つの帰結としてみることができる。欧寧は、「城中村」という現象は、広州だけでなく、深圳など珠江デルタの各都市や、さらに西安、石家荘、太原、紹興、昆明、杭州

『三元里』曹愷（2005）より

など中国各地の都市に見られるもので、「歴史之債〔歴史の債務〕」であると考え、「歴史之債」（同前）という文章の中で、三元里を記録することについて、次のように述べる。

我々の『三元里』プロジェクトは広州が都市化する過程で生まれた奇妙な現象を記録しようと努めるものであり、また政府の長期計画および城中村問題の処理における責任と力の程度を考察するものである。……三元里のような「城中村」は常にある日突然都市の風景から消え去る可能性があり、我々がそれを記録するのは、民間の視角に基づくもので、その主旨は広州の都市化のプロセスにオルタナティヴな歴史档案を保存することである。（同前、三三－四）

欧寧は、『三元里』を「歴史档案」と述べるが、実際の作品を見ると、それは歴史資料というにはあまりに実験的な作品である。

『三元里』は、アヘン戦争時に三元里の村人がイギリス軍を果敢に追い返した歴史を語る粤劇〔中国南方の古典劇〕のシーンから始まる。そして、珠江をボートで遡りながら、川沿いのビルが建ち並ぶ新市街から旧市街へカメラは移動し、三元里へ入っていく。そして、街を歩く老若男女、廟や祠、アパート、貸し部屋、ベランダ、路地、壁と壁のすき間、路標、広告ポスター、電信柱――と、三元里の日常の風景を映し出していく。また、三元里にある抗英記念碑の前で共産党によるセレモニーの様子を写したシーンなども挿入される。そしてラストには、学生時代に三元里をよく訪れていた欧寧がつくった詩に曲をつけた歌が流れる。

四四分の作品は、モノクロの映像で統一され、セリフはなく、歴史をテーマにしながらナレーションもなく、伝統的なドキュメンタリーが持つ叙事性は放棄されている。かわりに、リズム感のある編集がほどこされており、ビデオクリップのような洗練された雰囲気を持ち、また、ディクソン・ディによるビートの利いた音楽が、都市の変化を物語るような疾走感と現代的な感性を刻み込んでいる。

欧寧は、『三元里』は、ジガ・ヴェルトフの『カメラを持った男』（一九二九）に大きな影響を受け、彼が、社会主義革命によって変化するモスクワの街の生活を「映画眼（キノグラース）」によって記録したように、自分たちも「散文詩的都市ドキュメンタリー」を撮ったと述べるが、ただ、欧寧は次のように付け加える。

ジガ・ヴェルトフは我々の指導教官だが、我々が手にするのはもはや彼の時代の撮影機ではなく、DVというより個人化した映像の武器だ。『三元里』は一つの「都市交響曲」だが、それがあらわにするのは大きくそして美しい都市の全景ではなく、グローバル化の波の中で打ち砕かれた中国の都市のかけらなのだ。（同前、三五）

さらに、欧寧は、制作方法について、集団であるが個人の撮影を強調したと語っている。撮影は事前に大まかなアウトラインがあるだけで、あとはDVを手にした六人の撮影者が、「都市の遊歩者（フラヌール）」的な視点から自由に三元里の各所を撮影し、毎週のミーティングを一〇回ほど重ね、次に何を撮るか議論をしながら進められた。そして、六〇時間の素材を討論しながら編集してゆき四四分の作品として完成させた。欧寧は、映画が総合的なものであると語りつつ、「しかし、私は、いかなる芸術作品も、「詩」が基礎になっていると思」[*13]うと述べる。『三元里』の実験的、前衛的な手法は、詩人としての欧寧の感性に由来しているといえ、『三元里』の制作過程は、参加者それぞれの個性を、欧寧が詩的作品にまとめあげていく過程であったといえるだろう。

二〇〇四年、縁影会は、北京の実践社と同じように当局からの禁止命令により解散を余儀なくされる。王小魯によれば、欧寧は、苦心して運営していた縁影会が解散に追い込まれ、市民社会への参与の重要性を感じ、そのことが欧寧の創作とキュレーションに新しい影響を与えたという。[*14]

3　「大柵欄計画」

欧寧は、二〇〇五年から北京で、ドイツ連邦文化基金会とドイツのゲーテ学院北京校協賛の下、「大柵欄計画」というプロジェクトをおこなう。このプロジェクトは、典型的なコミュニティをサンプルとして、都市研究をおこなうもので、テクスト、ウェブサイト、写真、ドキュメンタリーというかたちで表現されるが、「三元里」プロジェクトの延長線上にあるといえた。

北京で都市研究をおこなう準備のため、欧寧たちは、二〇〇五年七月から一ヶ月間、北京の環状四号、環状五号一帯の村落を調査する。そこで分かったことは、北方の北京と南方の広州とでは都市化に違いがあり、北京には「城中村」が存在しないことであった。そして、北京における都市化を特徴的にあらわす地域として選ばれたのが、「大柵欄」であった。

大柵欄は、天安門広場の南に広がる前門大街を西に折れた横路で、かつて盛り場が形成されていたところである。八〇年代以降、都市の拡大により、中心部にあった大柵欄は逆に衰退し、また、周囲には各地からの出稼ぎ者が住むようになり、「貧民窟」となってしまった地域である。欧寧たちは、この大柵欄を対象として、その歴史、貧困の実体、社会組織の状況、建築などに対して研究・調査、撮影をおこなった。

ドキュメンタリー『煤市街』（二〇〇七）は、この「大柵欄計画」のドキュメンタリー部分である。煤市街は、天安門広場の西南に位置し、大柵欄に接する街路であり、政府は、前門大街の整備にともない、煤市街の道幅を八mから二五mに広げる計画を発表する。大柵欄について欧寧は次のように語る。

大柵欄には価値のある建築物は多くありません。価値があるのは街路の生活様式と商業様式としてのサンプル的意義です。煤市街では今日行って目にした家が、明日行ってみるとなくなっている。ドキュメンタリーにとってこうした変化は人を引きつけます。街の隅々まで我々は全力で撮りますが、それはローラー作戦式です。[*15]

近代化の中で、中国各地で同じような再開発が進み、古い街並みが取り壊され、空間の変容が各地で起こっているが、むしろ、失われているのは生活方式など、従来存在していた社会的関係性であるといえる。『煤市街』は、そうした空間の変容と、そこに住む人びとの関係がテーマになっている作品といえる。ただ、映像素材は、欧寧たちが撮影したものだけでなく、張金利《ジャンジンリー》という煤市街の住民の手によっても撮影されている。

張金利は、煤市街の道路拡張工事によって取り壊されるレストランの主人である。立ち退きの保証金をめぐり当局と対立した張金利は、最後まで立ち退きに抵抗する。欧寧たちは、張金利にカメラを渡して、レストランが壊されるまでの過程六〇時間の映像素材を撮らせ、それを編集して『煤市街』を完成させている。張金利のカメラは、闘争の日常を写し出す。

このようなコミュニティの住民が映像制作に参加するやり方は、例がないわけではなく、のちに触れる雲南省の少数民族地区で実践されているコミュニティにおける参加型映像教育プロジェクトなどにみられるものである。それは、現地の少数民族の人びとにカメラを渡して身の回りの生活を撮ってもらい、それを作品にまとめて撮影者に渡し、それぞれの地域で上映することによって、自分たちのコミュニティがどのように変化しているのかを学ぶというプロジェクトである。

ただ、『煤市街』が雲南における試みと異なるのは、張金利のカメラが、より強く抵抗の道具として機能している点である。最後に、強制収用のため屋内に踏み込んできた当局関係者に対し、張金利は必死にカメラを向け抵抗を試みるが、それに対し当局側もカメラを構えて入り込んでくる。そのカメラの角逐する場面は奇妙に、今日の「撮る／撮られる」ことの政治性を表すなど、より政治的な意味合いを帯びており、張金利の参加によって、欧寧の市民社会への参与という問題意識が強く前面に出ているといえる。

ところで、再開発により、繁華を極めた民国初期の都市空間を「偽装」した前門大街は、北京五輪開幕の直前にオープンした。そこには、さまざまな「交通」が存在する路はもはやなく、資本の動きに方向づけられた均質な空間があるだけである。各都市で再開発の目玉とされているそうしたテーマパーク化された消費空間は、ときに荘厳な廃墟に見えるが、そのモデルとなったのが、一九九九年に完成した上海の南京路の歩行者天国である。この南京路に中国各地から集まり廃品回収などで生計を立てる路上生活者を記録した作品が、趙大勇の『南京路』（二〇〇六）で、消費空間にあっても、人間の身体それ自体は均質化されずに残るということをまざまざとみせつけられる。

4　黄偉凱と曹斐

縁影会に参加し、『三元里』を制作したメンバーからは、曹斐や黄偉凱《ホワンウェイカイ》のように、それぞれに自らの映像・映画制作に進んだ者もいる。

黄偉凱は、二〇〇五年に『飄』を完成させている。この作品は広州の地下広場で歌う河南省の農村から出てきた一人の流浪歌手の物語であり、彼の恋愛や生活、価値観、そして彼個人の運命と時代の大きな流れと

黄偉凱。郭浄（2005）より

の絡み合いを表現している。作品の最後で、主人公は公安当局によって、収容・送還されるが、撮影する黄偉凱は、ＤＶを手にしながら懸命に連行される主人公を追いかけ、紙幣をねじ込むように彼に渡している。

　都市戸籍と農村戸籍の区別が存在する中国においては、農村からの出稼ぎ労働者の都市での不法滞在が大きな問題になっており、毎年多くの不法滞在者が収容され、原籍地へ送還されているが、二〇〇三年三月、広州市内で出稼ぎ労働者の孫志剛《スンジーガン》青年が、暫定居住証を携帯していなかったために公安に拘束された後、収容送還所に送られ、そこで迫害を受け死亡してしまうという事件が起こった。『南方都市報』が国内のメディアで初めてこの事件を報道すると、大きな議論が起こり、収容送還制度が廃止されることになった。この「孫志剛事件」が起こったのは、作品での収容・送還の出来事の三日後のことであったという（呂、二〇〇八：六四）。孫志剛がそうであるように、『飄』の主人公も、中国の沿海都市部の背後に存在する広大な農村部から都市に湧き上がる無名無数の出稼ぎ労働者の一人であり、黄偉凱のカメラは、中国の近代化が抱える矛盾の一つを捉えたといえるだろう。

　黄偉凱は、一九七二年広東省生まれ。一九九五年に広州美術学院国画科を卒業後、映画美術の仕事などを経て、縁影会に参加した。その後、二〇〇二年から独立制作をおこなっている。二〇〇九年には、アマチュアのジャーナリスト一〇人によって撮影された一〇〇〇時間にもおよぶ中国で起きている事件、事故の映像を六一分のモノクロ映画へと編集した『現実、それは過去の未来』（二〇〇九）を制作している。

一方、曹斐は、一九七八年広州生まれ。日本の漫画やアニメを見て育ち、二〇〇一年、広州美術学院装飾芸術設計科を卒業。在学中の一九九九年、香港でみたＤＶ映画に刺激を受け、Ｈｉ８カメラを借り、実験的な作品である『失調二五七』を完成させた。曹斐は、ＤＶによる表現と個人化について次のように述べる。

私は、作品の中に自らの時空間、現実とは異なった空間をうち立て、虚構の中にもう一つの真実を実現したいと希望しますが、ＤＶという比較的自由な映像メディアを使って自らの内在的な感性を表現すると、必然的に個人化を引き起こします。（欧、二〇〇三：三一五）

同じ年、『失調二五七』の上映会に深圳から来た欧寧と出会い、曹斐は縁影会に参加するが、『三元里』の後、『大柵欄』（二〇〇五）や『珠江デルタ・アンチヒーローズ』（二〇〇五）と、中国の都市や人をテーマにした作品において欧寧とコラボレートしていく。

都市に対して関心を持つようになったのは、やっぱり欧寧の影響が強いかも。アートを通じて実社会に関わるということを、欧寧から教えてもらったとも言えます。私自身も「人間と社会問題」にとても関心がある。例えば、発展途上国が近代に向かうときに生じる強烈な変化とか。特に、いまの中国ではそれがあからさまに現れているでしょう。[*16]

ここから「内面」や「個人化」をキーワードとしたアート表現から出発した曹斐が、欧寧や縁影会との出会いをとおして、「社会」を含む表現へと向かっていったことが分かる。呂新雨は、『三元里』を、「伝統的なドキュメンタリーのスタイルとは異なり、前衛芸術家が新記録運動に参入した一つの結果である」と評価する（呂、二〇〇八：六四）が、むしろ、中国の「現実」と向かい合うことから、実験的な手法が選び取られているのであって、その点で、変化する中国の「現実」が、「記録」という行為を実験的芸術に近づけているのだといえよう。

Ⅳ　「雲の南」の映画運動

1　昆明電影学習小組と八〇年代詩人

シネクラブ運動は、北京や上海から遠く離れた雲南の地においても展開された。

昆明――。この映画学校もない街に、映画芸術を熱愛する若者たちが現れた。彼らの名は「昆明電影学習小組」、あるいは「昆明に生活する映画青年たち」。八〇年代初期の文学青年たちのように、彼らは昆明の街中でVCDやDVDを漁ることに熱中し、いつも誰かの家に集まっては映画を見て、語り合うが、その様は冷静だが情熱にあふれているのだ。（和、二〇〇一）

これは、二〇〇一年六月に、「昆明電影学習小組」が発行した『電影筆記』第二輯に掲載された文章である。この昆明に現れた映画青年たちの情熱を伝える文章を執筆したのは、昆明電影学習小組のメンバーの一人である和淵《ホーユエン》である。

和淵は、一九七五年雲南省麗江生まれ。ナシ族である。もともと雲南大学中国文学科の学生であった和淵

和淵。山形国際ドキュメンタリー映画祭（2012）より

は、文学だけでなく映画にも興味を持っていた。その当時は、ちょうど海賊版ＶＣＤの黄金時代であり、ヨーロッパの古典映画なども含めたくさんの映画を見た。一九九九年、雲南大学がドイツのフォルクスワーゲン財団からの助成を得て東アジア映像人類学研究所を開設し、ゲッティンゲンの科学映画研究所やキール大学と共同で映像人類学の修士コースを置くと、もともと中国文学科の大学院に残るつもりであった友人の易思成《イースーチョン》（後の「雲之南」のディレクター）とともに入学した。

　中国においてユニークな映画祭として知られていた「雲之南紀録影像展」は、この「昆明電影学習小組」を母体の一つとして生まれた。昆明電影学習小組は、雲南大学東アジア映像人類学研究所の学生たちが結成したシネクラブである。雲南大学東アジア映像人類学研究所では、ヨーロッパ各国から映画や映像制作に携わってきた経験豊富な講師が招聘され実践的な教育がおこなわれただけでなく、ドキュメンタリー映画の名作をはじめたくさんの映画資料を視聴できる恵まれた環境も持っていた。

　当時、昆明には、まだ映像関係の学科を持つ大学がなかったこともあり、和淵、易思成ら東アジア映像人類学研究所の第一期生の中で仲のよい学生数名で話をするうちに、資料室にある作品を多くの人びとに見せてはどうかと考えるようになった。その頃は、ちょうど中国各地でシネクラブがさかんに結成されていた時期にあたったが、昆明電影学習小組もその中の一つとして名をつらねたのであった。そして、昆明電影学習小組は、「映画芸術の推奨、地方の映画制作の促進」を掲げ、二〇〇〇年一一月から、雲南大学科学館五一七教室で毎週木曜日夜七時半に映画の上映・討論会をおこなうことを始めたのだった。そして、さらに、DVを用いた短編ドキュメンタリーの制作や『電影筆記』という小冊子を発行するなどの活動を展開した。

興味深いのは、和淵が、自分たちを八〇年代初期の文学青年になぞらえていることだ。八〇年代、中国各地の大学に、無数の学生詩人が現れ、呉文光も、もともとそうした学生詩人の一人であり、尚義街六号に位置する呉文光の自宅が、文学青年たちの、知性、情熱、友情をとり交わす場であったことはすでに述べた。八〇年代であれば、ペンを手にして詩を書いた文学青年は、九〇年代には、ペンではなくDVを持って、DV青年となったのだ。昆明電影学習小組にとって、「五一七教室」は、「尚義街六号」のような空間であったといえる。

実際、昆明電影学習小組には詩人于堅《ユージェン》もコミットしており、そもそも「昆明電影学習小組」という名称も于堅が命名したものだという。さらに、于堅と昆明電影学習小組のメンバーである和淵、楊昆《ヤンクン》は、ドキュメンタリー『翡翠駅［碧色車站］』（二〇〇三）を制作している。繰り返すが、八〇年代が、于堅たち文学青年にとって「読むこと」が表現に近づく時代であったとすれば、二〇〇〇年前後は、昆明電影学習小組のDV青年にとって、映画を「見ること」が表現への原動力となる時代であったのだ。このように、運動としての人的ネットワークは、「尚義街六号」から昆明電影学習小組に継承されたといえる。

2　郭浄と劉暁津

雲南という土地と映像は、もともとかかわりが古くて深い。一八九九年、オーギュスト・フランソワ

（Auguste François、一八五七－一九三五）の手によって、映像記録がおこなわれて以来、雲南の魅力的な自然や地理風土、そしてそこに住む多様な民族と文化は、多くの映像制作者を惹きつけてきた。人類学者の郭浄は、「瀘沽湖《ろここ》だけで、毎年一〇〇組の撮影チームに出くわす、と笑い話をする友人がいる（郭、二〇〇三：三）」といったエピソードを紹介する。自らもドキュメンタリー映画作家である郭浄は、DVと出会った、一九九六年のことを次のように記している。

その日の午後、たしか一九九六年八月のある日だったが、『光明日報』社の雲南記者室の友人徐冶《シューイエ》が、見せたいものがあるから家に来てくれと電話をよこした。行ってみると、ドキュメンタリーを撮っている譚楽水《タンローシュイ》が先に来ていた。彼は我々に早くテレビ画面をみるようにと呼び寄せた。不思議と、我々数人の姿が画面上に映っていて、どんな動作もすべて画面に映っていた。譚楽水は、みなの驚いた顔を見て、一本のケーブルでテレビとつながれた黒い小さな機械を見せ、それが日本の松下電器が開発したばかりの「デジタル」カメラ、略して「DV」であるといった。……その場へ行った友人たちはみな興奮し、とりわけ心を動かしたのは、DVはペンのようなもので、我々は誰もがそれを使って自分の随想を書くことができるという譚楽水の話だった。（郭、二〇一二：八－九）

ちょうどその頃、郭浄自身も、北京から雲南に戻って、雲南の地方劇を題材にドキュメンタリーの制作をおこなっていた劉暁津《リウシャオジン》の撮影チームに、人類学の学術顧問として参加していた。

当時、雲南テレビのドキュメンタリーディレクターの劉暁津から「関索戯」の撮影グループに人類学の顧問として参加することを招請されていたことが、私の映像への興味をかきたてていた。そしてそのときのちょっとした遊び心が、私の興味を行動したいという願いへと変えたのだった。（同前）

一九九五年一〇月、北京から雲南に戻った劉暁津は、翌年一九九六年に「関索戯」と呼ばれる地方劇を題材にドキュメンタリー『関索戯的故事』（二〇〇二）を制作する。『関索戯的故事』は、主に人類学の角度から一農村に残る地方劇の興隆と衰退、そして現在の状況を記録したものである。この作品は、人類学的な記録手法を用いながら、本来隠されるべきである「作家の視点」をむしろ完全に露呈させる。映像制作の舞台裏を、ディレクター、カメラマン、人類学者それぞれのナレーションで語らせる、証言記録風の映像となっており、祭りの変化をとおして村の変化も透けて見えてくるような作品である。

郭浄が劉暁津との合作から映像に関心を持ったのに対し、劉暁津のほうは、郭浄から人類学的な観察手法を学びとり、次第に自らの関心を少数民族の伝統文化の領域に振り向けるようになる。その結果生まれた作品が、『田豊和伝習館（伝習館春秋）』である。題材となっている「伝習館」とは、中央楽団の著名な作曲家であった田豊《ティエンフォン》が、一九九三年に、一〇万元の寄付によって昆明市から三〇キロ離れた安寧市に創設した「雲南民族文化伝習館」である。伝習館の教師と生徒は、雲南省各地の村から集まった農民であった。また、教師と生徒はそれぞれ同じ民族、村の出身者であり、雲南各地の民族音楽の伝承が目指された。伝習館の試みは社会から注目されたが、しかし二〇〇〇年六月に経済的な内紛がもとで解散を余儀なくされる。現在、雲南省内で暮らす少数民族の伝統舞踊や慣習をアレンジした豪華絢爛な民族舞踊ショーとして、日本でもよく知られている楊麗萍《ヤンリーピン》の「雲南映像」は、少数民族の若者をスカウトし、構成されていると謳っているが、その中の多くの若者は田豊の伝習館の出身者であった。劉暁津の『田豊和伝習館』は、田豊の伝習館の理想と現実、そしてその崩壊のプロセスを一〇年の歳月をかけて記録している。また、二〇〇五年には、劉暁津自身、伝習館の流れを汲む「雲南源生民族楽坊」を共同で創設し、民族音楽の保存・伝承に尽力している。これも、「私は、ドキュメンタリストというのは、我々がおこなっている仕事の性格から言えば、社会工作者であるべきだと思います。たとえ我々が心の中では自らが芸術家であることを期待していてもです[*17]」と語り、ドキュメンタリー映画作家を「社会文化工作者」と位置づける劉暁津の社会的意識の表れといえる。

さらに、劉暁津は、雲南大学中国文学科で呉文光の同級生でもあり、「尚義街六号」の近傍にあった人物であり、八〇年代の継承者の一人でもある。

一方、映像表現に魅せられた郭浄は、妻をくどき落とすと、上海で会社を起こした友人から三万元を借り、台湾の友人に頼んで日本から取り寄せたソニー製のDVを昆明まで持ってきてもらう。そして、一九九七年、初めて梅里雪山地区へフィールドワークに向かった郭浄のリュックサックの中には「デジタル・アイ［電子眼］」が入っていた。郭浄の「DV創作時代」が始まったのだ。

3 「雲之南」へ

雲南では八〇年代から、范志平《ファンジーピン》、郝躍駿《ホーユエジュン》らといったテレビ局や大学の映像制作者や研究者たちによって、自分たちの伝統文化を映像に記録する試みが始められていた。郭浄は、二〇〇〇年、劉暁津などの雲南テレビと昆明テレビのディレクターたちと、「複眼小組」を結成し、上映活動を始める。同じ頃、昆明電影学習小組は、すでに毎週一回の上映活動を二年間続けていた。

郭浄らと昆明電影学習小組の若者たちが出会うと、やがて昆明各地でそれぞれおこなわれていた映像活動が次第に合流し、まず、二〇〇二年に、雲南省博物館で半年間、映像表現を主要なテーマとした「博物館之友」講座が開かれ、その後、昆明電影学習小組、雲南省博物館、雲南民族学院、雲南芸術学院によって共同で四ヶ月間の「昆明影像論壇」が開催され、雲南におけるドキュメンタリー制作者の成果を示す一つのプラットフォームが形成された（郭、二〇〇三）。そして、そこで生まれた人的ネットワークは、二〇〇三年「雲之南人類学影像展」（第一回「雲之南」）という「映画祭」へと結実する。その後、二〇〇五年「雲之南紀録影像論壇」（第二回）、二〇〇七年「雲之南紀録影像展」（第三回、無期限延期）と名称を変えながら、二〇一一年まで続けられる。「雲之南」が生まれたことは、豊かな文化的多様性も持った雲南という土地と映像が触れ合い、それにより、人と人との出会いが引き起こされ、その人的ネットワークの広がりを基盤にして展開した新しい映画運動の成果であったといえる。[*18]

また、「雲之南」が、アンダーグラウンドではなく公式的な上映イベントとして開催されたことの意義は大きい。郭浄は「雲之南」の運営方法について次のように述べている。

この映画祭全体が民間、つまりNGOの形で担われるようにしました。雲南省のNGO組織は北京に次いで多く、また活動が最も盛んな地域であります。NGOの経験が蓄積された雲南省なので、この映画祭もアンダーグラウンドではなくて、正式な道筋があるはずだと考え、公式の映画祭として運営したのです。当然、政府関係部門との連携も必要でしたが、私たちは学術研究という形で各図書館や大学や研究所などと協力して運営しました。

中国では、正式な映画祭を組織するには政府の許可が必要である。映画カフェなどでのアングラの上映会は黙認されているが、アングラ上映会は、観客が限られることは否めない。「電影節（映画祭）」こそ名乗らなかったが、「雲之南」は厳然とした「映画祭」であり、北京のような政治的中心地ではなく、周縁に位置しているという利点はあったものの、上映イベントのかたちとして、「雲之南」はオルタナティヴを提示したといえる。

ところで、雲南と映像の結びつきについては言及したが、雲南はたえずカメラの視線に晒されてきたともいえる。これも雲南という地域が、中国全土五五の少数民族のうち五一の民族が住むなど、独自の文化と生態学的な多様性をそなえたところであることが大きな理由といえる。映像的関心と人類学的関心とが結びつき、雲南大学において映像人類学の大学院コースが設置されたのは、当然といえる出来事であった。

ただ、常に雲南に住む少数民族は「見られる側」、イメージを搾取される側にあったといえる。二〇世紀前半には、西洋からの宣教師らによって、写真撮影や短編の映像記録がおこなわれ、新中国成立後の一九五七年から一九七九年にかけては、国家事業として中国科学院哲学社会科学部（後の中国社会科学院）民族研究所などの学術機関と八一映画制作所、北京科学教育映画制作所などの機関が合同で二一本の「少数民族社会歴史科学紀録片」という民族誌映画を制作しているが、一六本は雲南が撮影場所となっている（王、二〇〇〇：四〇八）。そのうち、『ワ族』（一九五七）、『オロチョン族』（一九六三）、『永寧におけるナシ族の阿注婚姻制度』（一九六五）は、二〇〇三年の「雲之南」において、特別プログラムとして回顧上映された。自らもナシ族である和淵は、映画祭のカタログの中で、そうした民族誌映画との出会いを回想している。当時、西欧の古典的なドキュメンタリーを系統的に見ていた和淵ら現代のDV青年にとって、教条的なナレーションや演出の多いそれらの記録映像は、すでに時代遅れの遺物に感じられた。二〇〇二年、東アジア映像人類学研究所で『オロチョン族』が上映された際も、偏見をもっていた和淵は遅れて参加し、教室にもぐり込んだときにはすでに上映は始まっていた。

私は前のほうに席を見つけて座り、みなと一緒に視線をスクリーンに投じた。白黒が織り成す映像はとても落ち着き、標準的な普通話によるナレーションの背後のところどころに歌声が聞こえた。……私はすぐに『オロチョン族』が自分が見たその他のいくつかの作品と異なり、それがオロチョン族の人びとの社会、文化、生活を四季の移り変わりの中で叙述していることを感じとった。何か不思議な力が私をそのイメージそしてそれらの向こう側にある世界に自らを投じることを促した。(和、二〇〇三：一三)

バイ族出身の楊光海《ヤングアンハイ》が監督・撮影した『オロチョン族』に、自己表現を見出し敬意をもった和淵にとって、それは先人の記録映像の再発見であり、先人との再会であり、そして、雲南におけるドキュメンタリーの伝統と現代のドキュメンタリー運動とが結びついた瞬間であった。

二〇一一年一〇月、山形映画祭に、中国からの作品として唯一コンペティション部門で上映された、中国雲南省の少数民族ナシ族の父子を記録した『阿仆大（アプダ）』（二〇一一）は、和淵による作品である。息子の阿仆大（アプダ）の世話を受ける父親は偉大な民族音楽家であるのだが、作者である和淵はそうした背景知識について何ら説明を加えることはない。カメラは、ただじっと父と子を見つめ続ける。その静謐な映像からは、和淵の二人の「生」を記録＝承認する眼差しを感じる。

4　コミュニティ映像

二〇〇一年、和淵は東アジア映像人類学研究所を卒業すると、雲南省社会科学院に入り、郭浄の同僚となった。二〇〇〇年〜〇二年、郭浄、和淵らは、雲南省の少数民族居住地区において、「コミュニティ映像教育」

という参加型映像教育のプロジェクトを展開し、チベット族などの村人たちと、『冰川』『茨中聖誕夜』『茨中紅酒』『黒陶人家』といったドキュメンタリーを共同で制作した。このプロジェクトは、NGOや民間の諸団体の支援を受けながら現地の少数民族の人びとにビデオカメラを渡して身の回りの生活を撮影してもらい、それを作品にまとめて撮影者に与え、それぞれのコミュニティで上映することにより、住民が自分たちの社会やその変化を学ぶというものである。

「雲之南」の独自性の一つに、コンペティション部門のほかにコミュニティ部門が存在することがある。コミュニティ部門では、少数民族の人びとが撮影した映像作品などが上映されたが、これは「コミュニティ映像教育」と関係があり、そこで制作された映像が上映されたことは、「雲之南」の観衆に各コミュニティの「声」が届けられることを意味した。二〇〇五年、「雲之南」に日本から参加した六車由実は次のようにその印象を語っている。

少数民族出身の若い作家たちが、自らカメラを持ち、自分たちの暮らしを記録することで、少数民族の伝統文化をどのように守っていったらいいのかと真剣に格闘している姿である。彼らは、もはや、外国のメディアや研究者の被写体に留まってはいない。彼らにとって映像は、むしろ自分たちの伝統文化を次世代へ繋いでいくための、そして、少数民族としての新たな自己表現としての重要な手段になっていると言っていい。（六車、二〇〇六：四三）

ところで、二〇〇五年一〇月、山形映画祭開催中にサブイベントとして開かれた「雲南映像フォーラム」では、郭浄、和淵、そして雲南民族大学教授でドキュメンタリー映画作家でもある曽慶新《ツォンチンシン》を囲んで、「雲之南」

をめぐって、芸術性か社会性かといった議論が展開された。

議論の中で、郭浄は、ドキュメンタリーは「一方で個人的な芸術でありながら、一方では非常に社会と結び付いた存在」であるとしたうえで、二〇〇五年の「雲之南」の後、今後「芸術」と「社会」のどちらに重点をおいてどのように運営すべきか論争があったことに言及して、二〇〇五年にとった一つの解決策が、社会性をより強調するタイプの作品はコミュニティ部門で上映し、芸術性を強調した作品はコンペティション部門で上映することであったと述べた。和淵は、社会性と芸術性と分けずに作品本位で判断するべきと前置きしながら、次のように発言している。

> YUNFEST〔「雲之南」〕の開催にあたって非常に頭を悩ませたのは、もし作品本意《ママ》の基準で選ぶとすれば、そういった作品は往々にして選から漏れてしまうということです。しかし、これらの作品、あるいは作品の背景となる活動の社会的意義は大きく、無視できない。ですから何とか人の目に届けたい思いがあり、あえて参加型映像教育部門〔コミュニティ部門〕を単独で設けました。（「郭他、二〇〇六：六九）

ここでは映画を、「作品（フィルム）」に重きをおいてみるのか、それとも「経験（シネマ）」に重きをおいてみるのか、という問題として読みかえてみると、一般に映画祭は、映画を、それが何のために、またどうして作られたかといった作品の「外部」については考慮せず、それを一つの「作品」として評価する（「作品本位」）。ただ、一方で、映画には、その映画を生み出した豊かな関係性のようなものも存在し、そうした映画にかかわる「経験」、和淵がいうところの「社会的意義」が認められるものもある。難しいのは、映画の当事者にとって、「作品」よりも「プロセス＝経験」がより重要な場合もありえるが、そうした重要性は、当事者以外の人びとには伝わりにくいことがある。もちろん、両方の良さを兼ね備えた作品も多いが。

ところで、「雲之南」のコミュニティ部門に参加した六車由実は、日本より雲南のほうがドキュメンタリーが身近にあるように感じたとして次のように述べている。

映像がプロによって独占されていないという感じがしました。……そこでは技術性は別にして、どんな視点でその作品を撮ったのか、どんな意味があるのかが突き詰めてディスカッションされるわけですね。一般の人たちの社会的な活動や日常生活を見つめ直そうという試みの中で、映像がとても大きな位置を占めているように思われます。（同前）

六車由実は、雲南では、映像と生活の結びつきが、より強いことを指摘するが、さらに、以下のように続ける。

その状況は、もしかしたら日本のかつてのドキュメンタリー界、例えば小川紳介さんの時代にはあったのかもしれません。しかし少なくとも今の日本に比べると、雲南のほうがより一層、生活の中にドキュメンタリーが浸透している。だからこそ、活発な状況が生まれるのかなと思いました。（同前）

六〇年代の日本と現在の中国を比較して共通するのは、大きな社会変化の時代という点だろう。そうした変化の中にある生活のほうが、よりドキュメンタリーと親和しやすいということがいえる。加えて、雲南という土地と映像とのかかわりが深いことも要因としてあるだろう。二〇〇五年の第二回「雲之南」に参加し、雲南における映画運動の姿をつぶさに目にし、雲南を「映画の夜明けのくに」と名づけた[*19]土本典昭は、そのときの印象を次のように語っている。

〔雲南は〕平平凡凡たる省ではなく、華やかで異色のある民族性の多様な非常にあやのあるところなのです。そういうところだからこそ、撮られる一方じゃなくて、自分たち自身が撮るんだというそういう若い映画・テレビ志向の人たちがたくさんいるように思えた……。（土本、二〇〇八：一八）

さらに、土本典昭は、「雲之南」開催期間中に昆明でアングラ上映会に参加した経験について次のように語っている。

そこではわんわんと若い人たちが見ようと群れ集って自主上映が行なわれているんです。そして、若い女性の監督が自分の作品を見てもらおうなんてものではなく、何とかして分かってもらおうと熱心な態度で参加していて、本当に映画を見るのにこんな楽しい雰囲気があろうかという開放された雰囲気の場でした。若い人たちが、早く作品を理解したいと真剣に質問しようと身構え、文字通り監督を質問攻めにしていました。そういう姿を見て、ここに〝映画〟があると思いましたね。（同前）

上映の場に、映画の「原点」に立ち返る契機を見出そうとする土本典昭は、『ドキュメンタリーとは何か――土本典昭・記録映画作家の仕事』の「あとがきにかえて」において次のように述べる。

土本典昭。郭浄（2005）より

最近、映画作りは一九世紀のロシアなどの吟遊詩人、革命を唱《うた》った詩人たちに似てきたようです。自作の詩の朗読が親和性に満ちた酒場で朗唱され、その場の人々の反応がただちに詩人に返されたような雰囲気を思います。思想の渦が生まれそれぞれが噂をさらに拡げていく。（土本、二〇〇五a：二一一）

これは、デジタル技術が普及した時代に、どうすれば共感の喚起と相互批評を交歓することができるかを問うたものだが、土本典昭は、ビデオを映画の第二の革命と捉え、映画が作られたリュミエールの時代における映画の原点を、撮った人が直接、観客に見せ、感想を求め、観客も撮った人を支える、そうした上映の場に求めている。[*20] そして、そうしたリュミエールの時代の原点に返るような「映画が生きる場所」を、土本は雲南に見出したのかもしれない。

日本において、小川紳介、土本典昭によるドキュメンタリー運動が、「自主製作―自主上映」という運動として展開していたことからも、「つくる」ことだけでなく「見せる」ことも積極的な意味を持つ時代はある。そこでは、見る側、映画を受け取る側は、映画を単なる「作品」としてではなく、もっと「現実」と近い何かとして見るという社会的な文脈が存在したのである。

一方、やはり大きく変化を遂げる中国においても、ある記録映像が、「作品」としてだけに収まらない、生活と密着するような社会的文脈が存在していると考えられる。二〇〇五年の山形でのフォーラムでは、曽慶新が、ドキュメンタリー映画を、コミュニケーションのための一つの道具と捉え次のように述べている。

作品を通じて監督と観客が、あるいは監督同士、観客同士が出会い、コミュニケーションを取るきっかけとなる。……そんな意味でも、若い人たちにはより多くの種類の映画と出会ってほしい。そしてあらゆる議論に立ち会ってほしい。固定的に捉えるのではなく、多様なものの中に身を置いてほしいと願っています。（郭他、二〇〇六：七〇）

この発言を受けて、藤岡朝子は、「映画をつくる人は放っておいても世界中で生まれている」が、「その作品が見られる場は誰かが作る必要がある」といい、その場とは曽慶新がいったような「触発の場」であり、「つくり続けるエネルギー源になる出会いの場である」と述べた（同前）。ここでは、上映の場の重要性が指摘されているが、作家と観衆が映画作品をつうじて出会うところが、上映の場であり、そこでは映画は出会いのためのツールといってもよい。上映の場とは、さまざまな個が行き交い新しい可能性が生まれる場なのである。
雲南における「見る」運動は、「映画祭」というかたちに発展したが、それは豊かな文化的多様性も持った雲南と映画が触れ合い、人と人との出会いが引き起こされ、その人的ネットワークの広がりを基盤にして展開した映画運動であったといえる。

＊1 周健蔚「我們来自101」http://www.why.com.cn/epublish/gb/paper8/864/class000800002/hwz96215.htm
＊2 呉丹「独立電影沙龍、生如夏花」（『第一財経日報』二〇〇八年八月一六日）http://finance.sina.com.cn/roll/20080816/01002378061.shtml
＊3 徐鳶「看電影的権利」http://www.why.com.cn/epublish/gb/paper8/864/class000800002/hwz96214.htm
＊4 王小魯「実践社往事」『青年電影手冊』第四輯、新星出版社、二〇一一年、一八四頁。王小魯は、実践社と関係のあった楊子（羊子）、杜慶春、張亜璇、王笠人、朱伝明の五人にインタビューをおこなって「実践社往事」を執筆しているが、実践社の活動を知るうえでたいへん参考になった。
＊5 「采訪実践社組織人羊子」http://www.filmsea.com.cn/focus/article/200112290038.htm
＊6 「二一世紀中国的民間影像革命」http://fanhall.com/news/entry/10615.html
＊7 二〇〇七年山形国際ドキュメンタリー映画祭のトークイベント「中国ドキュメンタリーを話そう！」での張亜璇の発言。http://www.cinematrix.jp/dds2008/docima01.html
＊8 「現象工作室芸術總監朱日坤訪談」http://fanhall.com/news/entry/16996.html（初出『当代芸術与投資』）。
＊9 『第二届北京独立電影論壇』
＊10 「現象網専訪栗憲庭電影基金芸術總監朱日坤」http://fanhall.com/news/entry/16966.html（初出『当代芸術与投資』）。
＊11 二〇〇九年四月三日、北京・宋荘におけるインタビューでの朱日坤の発言。

＊12　二〇〇八年三月二六日、昆明におけるインタビューでの衛西諦の発言。
＊13　蘇七七「欧寧：我要譲所有窗子都打開」http://hi.baidu.com/avic/blog/item/37b8d2b40761ed778ad4b237.html
＊14　王小魯「実践社十年：独立電影成長之痛」http://finance.ifeng.com/leadership/gdsp/20100626/2347008.shtml
＊15　「大柵欄計画：穿越城市腹地」http://www.dazhalan-project.org/press-cn/press010.htm
＊16　http://www.art-it.jp/interview04.php（初出：『ART iT 第一五号』二〇〇七年四月）
＊17　「従紀録延伸到音楽：劉暁津訪談」前掲二〇〇頁注4参照。
＊18　雲南における映画運動の状況については、藤岡朝子「雲の南のドキュメンタリー事情」『Documentary Box』＃23、二〇〇四年に教えられた。
＊19　土本典昭「雲南省昆明市、映画の夜明けのくに」neoneo（メールマガジン）、二〇〇五年。
＊20　同前。

第5章　中国独立ドキュメンタリーの現在

Ⅰ　三峡を記録する

二〇〇九年、三峡ダムが完成した。貯水量三九三億立方メートル、発電能力一七六八万キロワットの世界最大級の水力発電ダムである。三峡ダム建設の構想は、孫文の中華民国の時代に打ち出されたもので、その後、抗日戦争、国共内戦、文化大革命といった中で、紆余曲折を経ながらも、改革開放後の一九九二年に建設が正式に決定、一九九三年から準備工事が開始され、翌年に着工された。

また、その巨大プロジェクトは、鄧小平の指導体制の下で改革開放政策が始まって以来、物質的な豊かさを増す一方、経済格差の拡大、インフレ、失業問題など大きな社会矛盾を生み出しながらも、近代化を推し進め、驚異的な経済成長を維持し続けてきた中国の国力の増大をかたちとして表現するものでもあり、二〇〇〇年代に実施された、北京五輪、上海万博などの国家的な事業につらなるものであった。

そして、歴史的大事業がみなそうであったように、三峡ダム建設は周辺の人びとの暮らしに不可避の影響をもたらした。自然環境への影響はもちろん、周囲の街や村は水没することとなり、一〇〇万人以上の住民が強制的な移住を迫られた。一方で、悠久の歴史をもつ一つの街がほんの数年で取り壊され、街から人びとが消え、廃墟と化し、水の中に沈んだ。そうした超現実的ともいえるような世界が、表現者の創作欲を刺激するだろうことは想像に難くない。

1　『巫山雲雨』と『長江哀歌』

「第六世代」の監督である章明《チャンミン》は、劇映画『沈む街〔巫山雲雨〕』（一九九六）によって、三峡ダムの底に沈む街の日常を舞台に、古代に楚の王が巫山の女神と夢で契ったという伝説を下敷きにした、ある「強姦」事件をめぐる男女の世界を描き出した。ところどころに、街がダムの底に沈むことを予感される日常の風景が挿入されるが、街が沈むという現代の伝説は、物語を大幅に省いた映画の世界に不思議な感覚を与えている。

二〇〇六年に、ヴェネツィア国際映画祭でサプライズ上映され、グランプリを受賞したジャ・ジャンクー（賈樟柯）の『長江哀歌〔三峡好人〕』（二〇〇六）も三峡ダムに沈む街を舞台にした劇映画であるが、タイトルをブレヒトの『四川好人〔セチュアンの善人〕』からとったこの作品は、ジャと三峡ダム地区の「現実」との出会いから生まれたといえる。

画家劉小東《リウシャオドン》の創作現場を記録したドキュメンタリー『東』の撮影のために、ジャは、劉小東が制作に取り組む三峡地区の街を訪れた。廃墟となり消え去ろうとする街とそこに暮らす人びとの様《さま》に、自らが失っていた人の生理感覚から来る感動を取り戻した。そして、一〇日ほど撮影を続けたあるとき、ある決定的な視線と出会うのであった。ジャは著書（ジャ、二〇〇九）の中で次のように述べている。

> ある日、ある年老いた男を撮っていた時でした。映画の中で三明《サンミン》に十元を渡すあの夔門の役者です。かれを撮っていた時の、カメラ写りが非常に自然でした。かれがカメラから離れて煙草を吸おうとした時、ずる賢い笑みを浮かべました。わたしは、その刹那のかれの微笑みを逃しませんでした。かれの微笑み

の中には、自らの尊厳とそして映画への抵抗がありました。おそらく、――あなた方「お客」はここをさっと通り過ぎる人間に過ぎないだろう、どれだけ生活を知っているのか？ と言いたげです。その晩、旅館でわたしは一人だけ、眠れませんでした。そして、これがドキュメンタリーの限界なのだろう、誰もが自分の自然な心理状態を保護したいのだろう、と感じました。（同前、一七七）

そして、ジャに沸々と劇映画の構想が湧き始め、『長江哀歌』のシナリオを一気に書き上げることになったのである。

『東』は二部構成となっており、第一部は、三峡地区で働く取り壊しの労働者二〇名をモチーフにした絵画『温床』の制作場面と、劉小東が、労働者の故郷を訪ねる場面で構成されている。第二部は、舞台をタイのバンコクに移し、現地で性産業に従事していると思われる女性一二名をモチーフにした同じく絵画『温床』を制作する過程と、そこからクローズアップされた一人の少女の帰郷までの物語から構成される。第二部のとくに後半は、少女が偶然テレビのニュースで故郷の水害を知り、帰郷するために駅まで行く過程をカメラが追っているが（結局少女は帰郷しない）、ドキュメンタリーとは思えないような不思議なドラマ性を感じとることができる。第一部をみると、『長江哀歌』で使われたシーンがところどころに挿入されているので、第二部にも当然何らかの演出がほどこされているものと想像できるが、それは「仕込み」といえるものである。ただ、ジャはいう。

撮影現場で、わたしはすぐに最も適したロケーションをさがし出し、特に適切な距離を持って人物を観察します。その最も適した距離感によって、我々はお互いに自在で快適でいられ、そして時間が進む中、空間と人のリアルな息遣いが捉えられます。そしてさらに、撮られる人物との間で暗黙の相互作用が形成され、カメラの運動と人物の調和が完成するのです。そうすると見たところ、仕込みが入った劇映画と同じような感じになるかもしれない。実際、わたしはまたドキュメンタリーの中での仕込みも排除していないのです。もし我々が一つのリアルを感じ取ったとしても、カメラの前でそれが起こらなかったとして、どうして仕込みもせずリアルを露呈させない手があり得ましょう。わたしにとって、ドキュメンタリーにおいても主観的判断はとても重要なことです。なぜなら、カメラが近付けば近付くほど嘘になることもあるわけで、我々は積極的に判断し感じ取ることが必要なのです。（同前、二二八）

ジャがいう「距離感」は、前作のドキュメンタリー『イン・パブリック〔公共場所〕』でも十分に感じとれるものであったが、『東』では、より「リアルさ」が問われるといえる。ジャが撮影の対象に選んだ劉小東が制作した『温床』は、「活人画」とでもよべるような、人物の「生」を描き出した不思議なリアリティを感じる絵画であり、ジャの『東』も、生活の質感としてのリアリティを表現したドキュメンタリーであるといえる。

ところで、ジャは、『長江哀歌』という「物語」を媒介に「真実」に迫ろうとしたともいえる。劇映画とドキュメンタリーの関係についてジャは次のように述べている。

映画における真実とは、一種の美学的な位相にあるもので、法律の位相にある真実として了解できるものではありません。すべてが美学的な真実のために提供されるものなので、撮っている時はとても自由です。しかし面白いのは、一般的に長い時間観察し、熟慮したものについては、わたしは常々劇映画の方式で撮り、脚本を書いて物語を用意し、役者を用意します。一方、感じ取り、把握したものでも、まだ観察したり介入したりしていない生活や事件については、わたしはドキュメンタリーの方法で撮ります。このプロセスはまた、わたしがその人、その事物に接近し理解するためのものです。(同前、二三八－九)

ここから、ドキュメンタリー『東』が、ジャにとって、三峡に接近するための方法であったことは理解できるが、前述の考えに従えば、熟知していない三峡をジャが、劇映画で撮るということは例外的といえる。ただ、ジャは、三峡との「距離」の問題を「旅」というかたちで表現することで捉え直している。『長江哀歌』は「旅人」の視線から描かれた物語であるといえる。ジャは、次のように述べている。

我々はよそ者なのであり、当地であのような巨大な変動を本当に経験している人間の理解に達することはできない、むしろよそ者の視角でこの地域を描こうじゃないか、と。この地域は、いわば「渡世の場」だ。この長江の流れも数千年に渡る、こんなにも多くの人びとの往来には、強い渡世の感覚があるに違いない、と。(同前、一七八)

『長江哀歌』においてジャは旅人の視点を導入することにより、自らにとってなじみのない地域の表層を横からなでるように捉えている。そして、そのことで、多くの人びとが大規模な移動を経験している現代の中国社会の流動性を渡世感を持つものとして描き出そうとしているのだ。『長江哀歌』には冒頭、旅人たちを乗せた船をパンで撮ったシーンがあるが、そこには渡世感がにじみ出ている。

2　『水没の前に』

ジャ・ジャンクーが『長江哀歌』を撮影したとき、現場で監督補佐をつとめたのが、ドキュメンタリー『水没の前に［淹没］』（二〇〇五）の監督、李一凡《リーイーファン》と鄢雨《イエンユー》である。ジャが「旅人」であったとすれば、李一凡と鄢雨は「現地人」であった。

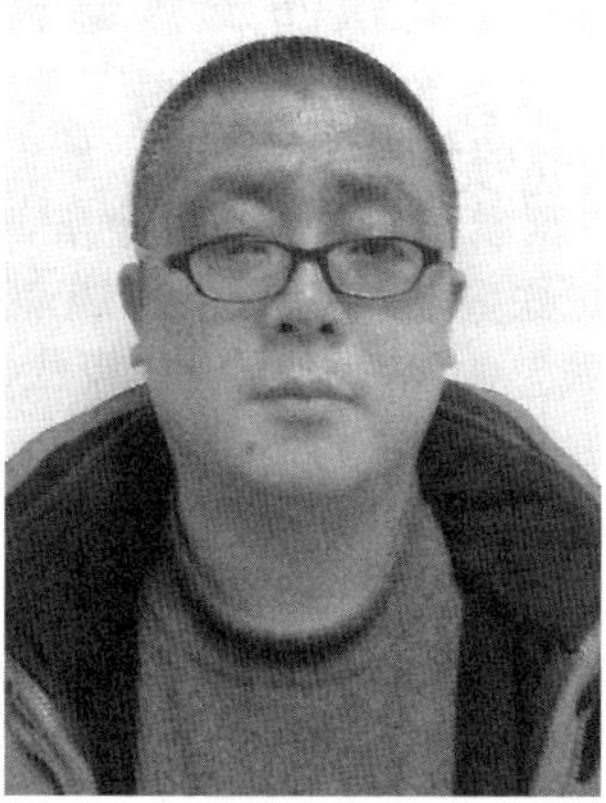
李一凡。郭浄（2005）より

鄢雨。郭浄（2005）より

二〇〇三年から三峡ダムの貯水が始まり、二〇〇九年の貯水完了までに、周辺の多くの都市、村、文化財、自然の景観が「水没」した。『水没の前に』は、二〇〇二年、ダムの水位が上昇する以前に奉節の旧市街が移転する全過程を記録する。そこには、朝鮮戦争の元志願兵で立ち退きを迫られ途方にくれる簡易旅館の老主人、教会の裏帳簿と建材の転売取引、移転にともなう補償をめぐる住民と行政の衝突など、三峡ダムの完成と街の移転による、人びとの矛盾と葛藤、苦難が映し出されている。

李一凡と鄢雨は二人とも重慶の出身で、子どもの頃から顔見知りであった。『水没の前に』の撮影以前、二人はそれぞれ別の道を歩んでいた。

李一凡は、一九六六年生まれ。一九八六年から一九九一年に中央戯劇学院戯曲学科で学ぶ。卒業後、広東省群衆芸術館に勤め、その後しばらく広東三九文化伝播公司で広告撮影の仕事をおこない、また、二〇〇〇年から二〇〇一年にかけて友人と『渝州服務導報』を創刊・発行していた。

鄢雨は、一九七八年生まれ。大学には進学せず、軍隊に入り「文芸兵」となる。除隊後、一九九四年から一九九八年まで重慶テレビのニュース部でカメラ記者をつとめ、一九九八年から二〇〇一年までは、北京でドキュメンタリー番組のカメラマンや広告撮影の仕事をおこない、また二〇〇一年からは自らドキュメンタリーの制作も始めていた。

二〇〇〇年、二人は再会すると、何かしたいものだと話し合った。その後、二〇〇一年の末、鄢雨は、中央テレビの仕事で奉節を訪れる。そこで彼がカメラでとらえたものは、次々に爆破解体される家屋であった。鄢雨は、震撼し、また、そこに住む人びと、社会的関係が、この大きな社会的事件によって大きく揺さぶられていると感じた。鄢雨は何かを予感し、そのとき脳裏に、「水没［淹没］」ということばが浮かんだという。鄢雨が李一凡に電話すると、李一凡は新聞の仕事を辞めて戻り、二人は、「凡雨影視工作室」を立ち上げ、『水没の前に』を制作するのであった。最初の構想をインタビュー（李一凡、二〇〇六）の中で李一凡は次のように語る。

最初に思ったのは、パノラマ的なものを撮ろうということで、こんな光景を放棄してしまうのはあまりに惜しい、ダイレクト・シネマの手法で撮らなければ、と。（同前、五四）

一方、鄢雨にも明確な撮影手法が念頭にあり、インタビュー（鄢、二〇〇六）で次のように語っている。

我々は撮影のとき確かな考え方を持っていましたが、一つはナレーションを用いないこと。これは客観性を保持するためです。もう一つは語りの上で映画的な方法を堅持して完成させるということで、これは私の得意分野であり、この作品のスタイルにもなっています。（同前、五六）

二人は、三峡ダム建設と街の移転と廃墟化という「大事件」を前に、中国の独立ドキュメンタリーで多用されるダイレクト・シネマ的手法により「観察」することにしたのだった。

二人は奉節の安い宿泊所に住み込み、二〇〇二年の春節からその年の暮れまで撮影をおこなった。実際、二人は、具体的な撮影対象を決定する以前から、すでに長期間にわたる準備プロセスを経ていたといえる。その準備とは技術的な面だけではなく、社会現実に対する観察、検討であったといえる。より具体的には、多くの時間を人びととの「交流」に割いた。滞在して三ヶ月もすると、街の住民の名前を覚えてしまい、隣人のように挨拶を交わす仲になっていた。やがて、取り壊し作業に当たる出稼ぎ労働者が、何かあると声をかけてくれ、撮影に向かったり、撮影しなくても見に行くようになったという。

もちろん、奉節の移転の全過程を記録するには、ときにカメラが一台しかないことは問題であった。街では毎日多くのことが連続的に起き、日々刻々と変化していたため、結局一部のプロットは十分に撮影することができず作品に反映させることができなかった。それでも、よく撮れているのは、二人が現地の人間で、準備段階に時間をかけたからだといえる。

ところで、目前の社会に入り込み、大きく変化する中国の姿を記録しようとしていた二人は、ある日、同じく「社会」をテーマとする王兵の『鉄西区』の存在を知った。李一凡は次のように語る。

我々の作品が大部分撮りおわったとき、私は『芸術世界』上で『鉄西区』のことを知って少し残念でした。ハハハ、当時は中国でドキュメンタリーを制作している者の中で自分だけがそのような考えをしているると思っていたのです。ただ、すぐに我々の作品と『鉄西区』とには根本的な違いがあると分かりました。（同前、五四）

李一凡は、『鉄西区』との違いについて次のように語る。

第一に我々の作品は事件体的です。第二に我々の作品は実際、例えばドラマ的な内容を捉えていることなど、多くの演出的な要素が入り込んでいます。我々は人物についても非常にはっきりと理解しており、かなり多くの場合我々は何が起こるか予見することができ、多くの場合我々は事件が起こるのを待っていました。（同前、五四）

まず「事件体」とは、「事件」を中心に構成されていると理解できるが、「事件」は必要ないといっている王兵と対照的である。また、「演出的な要素」が入り込んでいるといっているが、これは、王兵が事件を「待たない」のに対し、李一凡と鄢雨の二人は、事件が起こることを「待って」いたということと関係があるだろう。二人があらかじめ何が起こるか予想し、自分たちが必要としていた画を撮ることができたことから、演出的要素を入れることができたのである。確かに、『鉄西区』に比べると、『水没の前に』は、プロットがはっきりしているようにも感じられる。

また、「待って」撮ることが可能であったのも、例えば、庶民の暮らしは毎日が同じことの繰り返しであり、どう取捨するのかは、まず観察した後に決めることができたからであった。鄢雨は、それが可能かどうかには、二つの問題があったとして次のように述べている。

一つはいかにその空間をコントロールするかで、これは技術的な問題ですが、もう一つは深く入るという問題で、いかに内心からその空間を理解するかです。残るのは待つことで、なぜなら発生することがわかっていれば、時間が必要なだけです。(同前、五七)

二人は、資金が不足すると、一人が働きもう一人が撮影を続けるといったような生活を続け、一四七時間にのぼる素材を蓄積する。ポストプロダクションは、半年後に始まり、一年半の時間を費やして二〇〇五年初めに『水没の前に』を完成させる。

第一版が完成したとき、主観的になり過ぎており、映像素材を取捨選択する必要に迫られ、林旭東《リンシュードン》に協力を求めたという。鄢雨は一人で映画を作ることの難しさを次のように述べる。

このように長い映画を撮影するとなると、個人の撮影対象に対するいろいろな感情、空間に対する名残惜しさに陥ることを免れず、そこからぬけ出して傍観者として判断を助けてくれる人物がいなければならず、それはとても重要だと思います。(同前、五六)

こうした難しさは、DVが出現して以降、一人での映画制作が可能になり、フィルムとちがいカメラを回し続けることが可能になった今日特有の問題であるともいえる。そして二時間半の現在のかたちとして『水没の前に』は完成したのだった。

『水没の前に』の映像は、街の内部に深く入り込んだ、生々しい映像である一方、撮る者と現実の間にある「距離」が存在しているように感じる。むしろ、ダイレクト・シネマ的には、そうした距離感は重要なのだろうが、街の一大「騒動」を捉えた『水没の前に』では、その「距離」がスラップスティックな雰囲気さえ醸し出している。

また、「距離」は、隠れていた政治性を浮かび上がらせる。李一凡は、作品が政治性をおびているのかどうかといった質問に、それは観客が見て決めることだとし、次のように語る。

もし政治性があるなら、それは中国の出来事自体がとても政治性をもっているからだと思います。シネマ・デュ・レエルで外国人とおしゃべりしたとき、彼らからなぜこれほどリアリズムの手法を用いて映画を撮ったのかたずねられたので、中国の現実はすでに超現実となっていると思いませんか？　と言ったんです。（同前、五六）

『水没の前に』は、大きく変化する中国の社会「現実」を「距離」をおいて眺めるときに現れる「超現実」感を作品化した映画とでもいえるだろうか。これも「中国」という社会がもつ磁場が引き起こす化学変化のようなものだ。その意味で、『水没の前に』は、ＤＶを使用したダイレクト・シネマの中国における一大実験であったともいえる。

だが、むしろ、二人にとっては、そうした「歴史」の中に自分たちがカメラを持ったことで分け入っていることが「生の経験」であったといえる。鄢雨は次のように述べる。

実際、『水没の前に』は私にとって重要な人生経験であり、私はそれまでそうした場面を眼にしたことがありませんでしたし、そうした歴史的事件がすべて私のショットの前で起こっていたのです。（同前、五六）

『水没の前に』という作品自体が、ある意味においてDVと中国の社会変化が出会ったことで生まれ得た作品であり、その出会いの「記録」であったといえる。

３　馮艶『長江にいきる』

『長江哀歌』や『水没の前に』が提起する「距離」を、撮影対象との関係性を徹底的に追求することによって、突きつめていった作品が馮艶《フォンイエン》の『長江にいきる［秉愛］』といえるだろう。

二〇〇二年、馮艶のもとに一通の手紙が届く。送り主は、以前、撮影したことのある張秉愛《ジャンビンアイ》という女性の息子であった。小川紳介の影響を受けて、一九九四年から三峡地区で撮影を続けていた馮艶は、一九九八年に子どもを出産したこともあり、しばらく三峡へは行っていなかった。秉愛は、馮艶が取材した村の中で唯一移転に反対した女性であり、てっきり秉愛一家が現地に残れるという許可が下りたものと思い込んだが、「僕は今年大学受験をするけど、お母さんはここに留まりたくて移住を拒んでいる」という内容だった。秉愛の息子は、とてもシャイな少年であることもあって、よほど切羽詰まっているのかと馮艶は思った。これが三峡再訪のきっかけだった。

馮艶が秉愛と出会ったのは一九九五年のことであった。もともとは秉愛の隣人を撮っていたが、ある日秉愛の夫が馮艶に写真を撮ってほしいと依頼したことがきっかけで知り合った。秉愛は、二〇年前、山から裕福な川辺へと両親に決められた結婚によってその村に嫁いできた女性で、夫が病気をもっていたため、一家の大黒柱として働いていた。そんな秉愛の希望は、息子が村で唯一人県の重点高校に進学したことであった。

馮艶にとって、秉愛が少し特別だったのは、馮艶がカメラを持って村を歩いていると、村人たちは「馮記者だ、馮記者だ」と呼んだが、秉愛だけは「馮艶」と名前で呼んでくれたからだ。知り合った頃は、秉愛を撮るより、彼女と話をすることのほうが多かった。山の上の出身の秉愛は、豊かになるため現地に嫁いできた経緯もあり、それを人から言われたくないため、親友以外と話す場にはあまり参加しない人間であった。馮艶は、彼女にとって、村の人間でないことから、気軽に話せる相手だったのだ。

手紙をもらって現地へ行ってみると、周りは全部移転していて、秉愛の家だけが立ち退かずに残っていた。実は、息子自身は移転すると奨励金が出て、自分の学費が確保できるため、内心移転に賛成だったが、母の秉愛が、何気なく言った「もし外に移っていけば、本来一〇年ある寿命が五年縮まる」という一言が気にかかり、母の寿命を縮めてはいけないと悩み、成績も落ちてしまったのだった。そうしたことがきっかけになって、馮艶は撮影を再開した。

馮艶のカメラは、秉愛の家の中や畑で働く姿、立ち退きをめぐる村の幹部との奮闘、流産や中絶の経験の話、そして箴言とも聞こえることばの数々を記録していく。印象的なのは、長江を背景に秉愛が、恋愛について、結婚、生い立ちなど女性ならではの話題を話すシーンであるが、馮艶は次のように語っている。「人は受け入れがたいほどの圧力を感じている時、本能的にそのはけ口を求めるのでしょう。秉愛がまさにそうでした。彼女の村では一九九六年から移民が始まりましたが、その時はまだ川の水位は上がっていませんでした。現在はそうではなく、移転しないことは、家が水没することを意味します。秉愛が、忙しい農作業の合間や村の幹部との交渉の合間に、たえずカメラに向かって「打ち明けて」いる時、彼女のあらゆる決定、行動が、みな彼女個人の人生経験にその根拠をおいていることを、私は深く悟ったのです」。秉愛のことばは、出来合いの、また借り物のことばでもない、大地に生きる秉愛の「生」から自然に生まれたものであるのだ。

そうした秉愛の姿を記録してゆくことは、馮艶にとって、秉愛という「個人」に深く分け入っていくプロセスでもあった。前述したように、一九九四年、はじめて三峡を訪れたとき、馮艶の頭には、小川紳介の「三里塚闘争シリーズ」に登場する農民のように、自分の理想や理念のために権力と闘う農民の姿がイメージされていた。ところが、三峡に来てみると、ほとんどの農民は補償金をもらって今の貧しさから逃れられると、移住に賛成し、そもそも、農民たちの口からダム問題について反対や疑問のことばは出てこなかった。この段階では、馮艶は、三峡ダムの「問題」を撮ろうとしていたといえる。

『長江にいきる』山形国際ドキュメンタリー映画祭（2007）より

実際、秉愛は移住に反対し抵抗する農民の一人であった。だが、それは土地に対する愛着からであって、国家に対しての怒りや疑問ではなかった。現地に暮らす人びとにとっては、メディア、とくに日本も含めた西側メディアによる三峡をめぐる「問題」の報道は、単なる「ことば」にすぎず、生活感覚とは距離のあるものであった。また、馮艶自身も、当初は都市からきた「お客」にすぎなかった。馮艶は、秉愛が、ただ目の前にある現実を生きている、ということに気づかされ、「問題」に収斂させない秉愛自身を掘り下げるような方向へ向かうのであった。それは、馮艶の再出発の原点であり、ことばからの解放であった。

とくに印象的なシーンは、畑から家への山道を歩く秉愛を後ろから撮るシーンである。秉愛が「撮らないで」というが、それは自分の恰好をカメラに撮られることを嫌がっているのではなく、収穫量が少ないことを恥ずかしがっているのであった。撮られる側の秉愛は自分が「農民」であることに自尊心を持っているからこそ、撮る側としての馮艶と個人として対等な関係を結ぶことができるのだ。もちろん、それによってカメラの暴力性が消えるわけではないのだが。また、秉愛が、移住に反対し村の幹部と交渉するシーンも、それは「闘い」とよべるものかもしれないが、彼女の生き方の中から自然と生まれた表現のようにみえてくる。

村の幹部と交渉するシーンでは、カメラに吹きすさぶ風の轟音が際立っている。編集の段階で、ふつうは「雑音」として処理されるべきものかもしれないが、むしろそれが残されたことによって、強く「現場」を感じることができる。また、秉愛が自分のことを話すシーンでは、ところどころ、馮艶が頷いていると思われるような音が聞こえる。その音から、秉愛の話に耳を傾ける馮艶の自然な姿が思い浮かぶ。馮艶は編集については次のように述べている。「『長江にいきる』を完成させたとき、私は、それらの語りや現実生活の中で起こった事件のエピソードと、撮影した順序が完全に一致したことに気がついたのです。これはただの偶然の一致かもしれませんが、生活の豊かさに感嘆させられました。それは私の想像をこえるもので、「構造」の映画という努力が余計なことだと感じさせました」。

沙青の「三度の出会い」について第三章で前述したが、『長江にいきる』の構成は、何か技法的なものから生まれたのではなく、馮艶が素材の中にあらわれる秉愛と出会いなおし、それまでの二人の関係が何であったのか、その「出会い」の意味を考え抜いたところに生まれたものといえるのだ。

また、一通の手紙によって、結ばれた二人であったが、馮艶は、「記録者として撮りに行ったというより、彼女に選ばれた」（馮、二〇〇八：四〇）と語る。むしろ二人は互いに選び合ったといえる。その意味で、この作品は、撮る側と撮られる側が共同で作った映画といえる。そうした相互関係から、馮艶の眼差しは、秉愛だけにではなく自らにも向けられているのであり、その意味で、馮艶の「結局、これは私自身の発見の旅の記録です（藤岡、一九九九）」ということばも、馮艶の「生の経験」としてよく理解できる。

一人の人間の物語を描き出した『長江にいきる』は、実は、一つの事件の始まりから終わりまでを記録した『水没の前に』がもつパノラマ的な世界よりも、より広い世界を獲得していると思える。いずれにせよ、「三峡」という中国の歴史、文化、社会変化を象徴するような地において、ワイズマンと小川紳介の影響をそれぞれに受けた『水没の前に』と『長江にいきる』という作品が生まれたことは、どこか中国ドキュメンタリーの歴史を象徴しているように思える。

Ⅱ　記録と歴史

中国にとって二〇世紀は激動の時代であり、「革命」をめぐって複雑に展開した歴史であったといえる。抗日戦争以後に限っても、新中国の成立、土地改革、反右派闘争、大躍進とその失敗による飢饉、そして文化大革命と紆余曲折を経てきた。

独立ドキュメンタリーは、約二〇年、変化する中国の〈いまここ〉に敏感に反応してきたといえるが、「革命」や抗日戦争など近現代中国の歴史や経験と向き合うようなドキュメンタリー映画も制作されている。だが、すでに過ぎ去った「歴史」を、いかに「記録」するのか、「歴史の記録」はドキュメンタリーにとって大きな問題であり、それは「記憶」の問題にもつながる。

1　胡傑

中国の「歴史」を題材としてドキュメンタリーを制作している代表的な映画作家に胡傑《フージエ》がいる。胡傑の『林昭の魂を探して［尋找林昭的霊魂］』（二〇〇五）は、反右派闘争の中で共産党への批判を撤回することを拒絶し、迫害を受けた林昭《リンジャオ》という女性についてのドキュメンタリーである。

胡傑は一九五八年山東省済南生まれ。一九八四年～九三年まで人民解放軍で軍務に就き、その間、一九八九年〜九一年、解放軍芸術学院で油絵を学んだ。除隊後、一九九四年に円明園画家村に住み油絵の創作に従事した。やがて胡傑は絵の創作に物足りなさをおぼえた。

だんだんと一つの問題にぶつかりました。絵では力が足りないと感じたのです。私がいっている力とは、絵画の技巧的なことだけでなく、感じとることです。私は社会を感じとることを絵画では表現し切れませんでした。（朱・万、二〇〇五：二八）

そんなとき、友人のドキュメンタリー映画作家季丹《ジダン》からドキュメンタリー制作を勧められたのだった。そして、強制退去が近づいていた画家村の芸術家たちを撮影し『円明園的画家生活』（一九九五）を制作した。同じ年、さらに農村の女仲人を被写体とした『媒婆』（一九九五）、さらに中国青海省の祁連山脈にある小さな私営炭鉱の鉱山労働者を被写体とした『遠山』（一九九六）を制作した。

炭鉱労働者たちの過酷な労働を記録した『遠山』では、無許可の撮影であったため、炭鉱主から銃の威嚇発砲までされている。炭鉱労働者といった社会の周縁部にある人びとを被写体とすることは独立ドキュメンタリーでは少なくない。ただ、胡傑は、炭鉱労働者を被写体とした理由として、「労働の真実の記録」としたかったと明確に述べており（梅・朱、二〇〇四：二七二）、社会意識の強い映画作家であるといえる。

そして、胡傑は、獄中自らの血で書いた大量の血書を残し、最後は秘密裏に銃殺された林昭という北京大学の女子学生がいたことを知り、「歴史」の記録に向かうのであった。

林昭は一九三二年に生まれ、一九五七年反右派闘争中、北京大学の張元勛《ジャンユエンシュン》という学生の大字報を公開支持したことで右派とされ、のちに人民民主独裁の転覆を企てた罪により、一九六〇年から長期にわたり上海の提籃橋監獄に拘禁されるが、獄中自らの信仰を堅持し、二万字の血書と日記を残し、一九六八年秘密裏に銃殺刑に処せられた。胡傑は、当時の関係者の証言を集め「林昭の魂を探して」いく。

胡傑は、『林昭の魂を探して』を撮ったことで、歴史をテーマにしていく制作の道が開けたと次のように語る。

胡傑。曹愷（2005）より

林昭を撮ったあと、突然私のドキュメンタリーの視野が開けました。私はもともと題材をさがすために努力し困惑もしていました。私はいつもどんな題材をさがして、どのように撮ればよいかと考えていました。しかし林昭を撮ってから、私は突然私の身の回りのもの全てが素材であると気づきました……私は突然大きな扉を開けたと思いました。歴史という扉であり、それは私のドキュメンタリーが記録すべきものでした。（朱・万、二〇〇五：三〇）

また、『林昭の魂を探して』が完成した二〇〇四年には、DVを手に多くの若者がドキュメンタリー制作を開始していたが、胡傑には、そうした若い映画作家は歴史をテーマとしないように思えた。

私は歴史をテーマとしドキュメンタリーを制作し続けていくべきだと思いました。私は他の人と比べ歳が大きいので、文革のような歴史について記憶があります。幼い頃自分の眼で、武装闘争、人を殴るところ、批判をおこない死なせすらしてしまうことなどをたくさん目撃しました。ですので、私は自分がすべきことがもっと多いと思い、文革中に最初に殴り殺された北京の有名な女子高校の副校長である卞仲耘《ビエンジョンユン》の話を撮りました。[*1]

この文革の初期に学生によって集団暴行で殺された卞仲耘についての作品が『我雖死去』（二〇〇六）である。なお、二〇〇七年の「雲之南」が、開幕の一週間前に突然、上級機関である主管部門から開催の「無期延期」を通達された理由は、コンペティション部門に、『我雖死去』が選ばれたからであったといわれている。

2　班忠義と蔣樾、段錦川

班忠義《バンジョンイー》の『ガイサンシーとその姉妹たち［蓋山西和她的姐妹們］』（二〇〇四）は、「不在」の記録といえる。「ガイサンシー（蓋山西）」とは、山西一の美人を意味するが、抗日戦争中、ガイサンシーとよばれた侯冬娥《ホウドンオー》は、その美貌から日本軍に拉致され、慰安婦を強要される。班忠義が山西省の農村を撮影のため訪れたとき、彼女はすでに自ら命を絶っていてこの世にはいなかった。班忠義は、侯冬娥と同じ境遇を持ち、彼女を慕う十数人の「ガイサンシーの姉妹たち」を記録していく。

班忠義は、一九五八年遼寧省撫順生まれ。中学生として文革期を過ごし、中国残留日本人婦人と出会い、日本語を学ぶ。一九八七年に留学生として来日し、上智大学大学院を修了した。残留日本婦人をテーマとした『曽おばさんの海』（朝日新聞社、一九九二）を出版し、第七回ノンフィクション朝日ジャーナル大賞を受賞している。

侯冬娥と同じく慰安婦として性暴力被害に遭った女性たちは、家族にも話したことがない体験を語り始め、侯冬娥と彼女たちの日本軍による蹂躙との奮闘をめぐる物語が綴られる。さらに元慰安婦の女性たちの証言に加えて、元日本兵の証言の記録もあり、ガイサンシーをめぐるさまざまな人たちの体験と思いが語られ、困難に満ちた当時の歴史に分け入り、その厳しさと複雑さに触れる機会を私たちに与えてくれる。また、一〇年におよぶ撮影期間から、映画の中に九〇年代の中国農村の姿がリアリティをもって映し出される点が興味深く、撮影時期によって違うと思われる画質のブレやナレーションを班忠義自身がつとめている点が、むしろ、フリーの立場からさまざまな困難を乗り越え記録を続けてきた班忠義の道のりを伝えてくれる。

『暴風驟雨』（二〇〇五）は、九〇年代に独立ドキュメンタリーを牽引した蔣樾《ジアンユエ》と段錦川《ドワンジンチュワン》が、中国における「土地改革」の歴史をテーマに撮ったドキュメンタリーである。

蔣樾と段錦川は、オーラル・ヒストリー、歴史・映像資料の活用といった方法によって、一九四五年から一九五二年までの新中国における土地改革の歴史を浮かび上がらせようとする。『暴風驟雨』というタイトルは、現代中国の作家・周立波《ジョウリーボー》が一九四七年に創作した土地改革に関する小説のタイトルを用いたもので、一九四六年秋、周立波自身、土地改革工作隊の隊員として土地改革に参加している。蔣樾と段錦川は、黒龍江省尚志市元宝鎮元宝屯で撮影をおこない、多様な言説から歴史の再構築を試みている。

『ガイサンシーとその姉妹たち』と『暴風驟雨』は、どちらも、オーラル・ヒストリー、あるいはインタビューによって歴史の「真実」を表現しようとしている。「歴史」記録において、インタビュー＝証言は、「真実らしさ」を保証する方法としてよく見られる。とくに当事者本人が語ると、その信憑性が一段と増すといえる。前に述べた、呉文光の『私の紅衛兵時代』（一九九三）は、文革の時代を表現するために、かつて紅衛兵であった五人へインタビューをおこない、それが映画の骨格となっていた。一九九二年、一九九三年当時のドキュメンタリーに、インタビューが用いられるのが一般的であったことについて、段錦川は、前述したように、それが従来の宣伝的な方法に対抗するがあまり、かえってその影響から逃れられなくなったとし（呂、二〇〇三：八八）、そのことが自信のなさのあらわれであったと次のように語る。

> その頃は真実についての理解が偏っており、また自分に対して自信が持てずに、完全に他人の直接的な表現を借りることが必要だったのです。（同前）

班忠義。郭浄（2005）より

九〇年代初め、宣伝的な「特集番組」の対立面に成立した「新ドキュメンタリー」は、主流イデオロギーを語るナレーション＝ことばに対して、映像による「真実」を強く打ち出した。ただ、その「真実」を表現するために、本人が語ること（＝証言）が最も「真実らしさ」を保証するものであると考えられ、インタビューが多用されたのであった。その結果、イデオロギーということばに反対するために証言ということばに頼ることになり、結果として映像がことばに従属してしまうという問題を孕むことになったのである。つまり、インタビュー＝証言という方法は危うさも含んでいるのである。

その意味において、反右派闘争時に右派として打倒された和鳳《ホーフォン》鳴の半生を、インタビューによって記録する王兵(ワンビン)の『鳳鳴——中国の記憶 [和鳳鳴]』(二〇〇七)は、きわめて興味深い作品である。

3 王兵『鳳鳴』

『鉄西区』と同じく、『鳳鳴』の冒頭も印象的である。黄昏時、中国ではどこにでも見られるアパート群の間を一人の老女が歩いている。カメラは一定の距離を置きながらその老女の後姿を追う。老女は、ところどころ雪が固まった氷の残る道を、ゆっくりと歩みを進める。そして、アパートの建物内に入る際、一旦闇に包まれるが、次に視界が開けたときは、静寂な空気が流れる彼女の部屋とおぼしき屋内が映し出される。しばらくすると、画面の奥に少し見える部屋へ老女が向かい、椅子に腰を掛け、自分の経験を語り始める。すると、そこからカメラは固定され、約三時間、老女の語りをひたすら記録し続ける。

王兵は、インタビューの中で『鉄西区』を撮ったあと、二作目をどのように撮ったらよいか分からず、ずっとためらいがあったという。[*2] そんなとき、王兵が被写体に選んだのが、すでに退職後の生活を送っている元大学教員の和鳳鳴という反右派闘争で迫害を受けた女性であった。和鳳鳴のような七〇~八〇歳の老人と交流する機会が多かった王兵は、ずっと彼らが自らの数十年の生活をいったいどう考えているのか知りたかった。

和鳳鳴は、一九三二年生まれ。新中国が成立すると、大学進学を放棄し、革命に身を投じた。だが、一九五七年、反右派闘争の中で、『甘粛日報』編集者であった夫の王景超《ワンジンチャオ》とともに右派として打倒されてしまう。王景超とは別の労働改造所に送られた和鳳鳴は、二年間肉体労働や飢えを体験した。一九六〇年に父からの手紙で王景超の命が危ういことを知り、大雪の中、甘粛省酒泉にある夾辺溝労働改造所へ行くが、王景超はすでに餓死していたのだった。それから二〇年、右派のレッテルを貼られたまま二人の子どもを育てながら生き抜き、一九七九年にようやく名誉回復を果たした。一九九一年、和鳳鳴は夾辺溝労働改造所を訪れ、王景超の墓をさがすが見つけることができなかった。

『鉄西区』で、王兵のカメラが工場地区を縦横無尽に「運動」していたのに比べ、『鳳鳴』ではほとんどカメラは動かないが、そこには時間の「運動」とでもいえる緊張感を感じることができる。和鳳鳴が語ってゆくと、やがて日没にともない、室内は徐々に闇に包まれていく。それでもなお全く崩れないテンポで和鳳鳴は語りつづけるため、彼女の姿がほとんど見えなくなるかどうかというギリギリのところまで、緊張感をともないながら続く。それは、あたかも中国の歴史の深淵から歴史の「亡霊」の声が沸きあがって出てくるかのような迫力を持つ。そして、王兵が「すみません、灯りを」と告げ、語りが突然中断され、和鳳鳴が蛍光灯のスイッチを入れると、室内がまったく別世界のように光に満たされる。藤井仁子は、「かくも息の長いサスペンスを映画とともに生きるなどということは、光量のうえでの制約もさることながら、一巻ごとの撮影可能時間という明確な物理的制約を持つフィルムでは、到底望むべくもなかったことだろう」と、それがDVの特性を活かした表現であることを指摘する。[*3] これも王兵の映像的効果をねらった「演出」によるものであった。王兵は次のように語っている。

午後四、五時になるのを待って彼女の家へ行きました。光を定めた後、語る時間が進むにつれ、内容や感情がどんどん激しくなるが、光はどんどん暗くなってゆく……光線が語りの中に消え去ってゆき……空が真っ暗になるのを待って……我々はすべての電灯を点けました。あたかも我々は長い悪夢から光のある現実に戻ったかのようでした。[*4]

スイッチをつけると和鳳鳴は、また以前とまったく同じテンポで語り出す。室内が別世界に変化したのと語りが変化しないことのギャップが、また独特の奇妙な感覚をおぼえさせる。

そのような独特な雰囲気が生まれるのも、この映画が「証言＝語り」に基づいているからだといえる。まず、テンポの崩れない語りが可能であるのは、新聞記者でもあった和鳳鳴が自身の経験について、すでに『経歴——我的一九五七』として書籍を出版していたからだと考えられる。

藤井仁子は、「語ること」と「書くこと」について、興味深い考察をおこなっている。まず、藤井は、夫の記事がもとで、右派分子の濡れ衣を着せられたことから、和鳳鳴は〈書くこと〉によって〈書くこと〉を奪われたのだと指摘する。そして、映画の終盤、あきらかに別の日と思われる昼の光のなか、九〇年代以降の物語を新たに語り始めるシーンを取り上げ、夫の墓を特定することができなかった経験を経たあるとき、和鳳鳴が自分の経験を本に書くことを思い立ち、周囲の反対を押し切って書き上げたことに言及して次のように述べる。

愛する死者の名を記した文字が永遠にこの世界から消え去ってしまったという痛ましい経験を経て、かつて記者だった彼女が再びペンを執ることになったというこの告白は、どこまでも重要なものだと思う。ここに至り、『鳳鳴——中国の記憶』は、〈書くこと〉を理不尽にも奪われたひとりの女性が、すべての忘却に抗い、もう一度〈書くこと〉の意義を見出すまでの映画だという事実が判明することになるからだ。長い長い語りを終えようとしている彼女の口から、「こうして私は書きはじめた」ということばが洩れる瞬間は、だから比類ない感動で見る者の胸を打つ。[*5]

『鳳鳴』は、和鳳鳴が「書くこと」を取り戻すまでを「語っ」た映画であるといえる。藤井は、和鳳鳴が「書くこと」を取り戻そうとした動機を「愛する死者の名を記した文字が永遠にこの世界から消え去ってしまったという痛ましい経験」であると考える。であれば、和鳳鳴の「語り」も「痛ましい経験」に基づくものであると考えられるが、私は、藤井の炯眼に啓発されつつ、一方で、さらに別の内的な要因があるのではないかと考える。

丸川哲史は、和鳳鳴の語りが、「名誉回復がなされるまでの彼女の苦難と苦闘の物語」でありながら、文革の終了後に流行した「傷痕文学」に見られるような被害者の立場に特化して告発するようなパターンとは異なる点について問いを立てる。それが、和鳳鳴の生来の資質によるものなのか、革命への思い入れなのか、「思想改造」を耐え抜いた経験によるものなのか、丸川は明言しないが、文革を青年期以上の年齢で通過した人間にとって最も問題になることは、個人的な資質よりは、革命運動にかかわる錯綜を極めた経験であると指摘する（丸川、二〇〇八：五五）。

和鳳鳴の「語り」を見ていると、その語りを駆動しているものが「革命」であり、彼女の身体に「革命」が存在するのではないかと感じる。もちろん、安易な解釈は慎むべきであるが、藤井があげる「痛ましい経験」も、革命運動の歴史がもたらした経験といえ、そこにあるのは和鳳鳴という「個人」と革命の「歴史」をめぐるダイナミックな関係性というべきものであるだろう。

重要なのは、政治的暴力を告発するようなパターンにも、トラウマを語るパターンにも堕していないことを実現している王兵の映像表現の秀逸さである。中国の記録映像の歴史的な文脈で考えれば、おそらく八〇年代に代表される「特集番組」的な映像表現であれば、和鳳鳴の経験は、「傷痕文学」的に表現されただろ

『鳳鳴』。山形国際ドキュメンタリー映画祭（2007）より

う と想像できる。それに対して、九〇年代以降の独立ドキュメンタリーであれば、より「真実」を求めて、安易な「物語」に回収されないような表現を目指すだろうが、さらに優れた表現をおこなっているのが王兵であるといえる。そのことは、「証言」を中心とする映画でありながら、『私の紅衛兵時代』とまったく異なる「質」をもっていることによく表れている。『鳳鳴』は、最初と最後のわずかな時間を除いて、ほとんど和鳳鳴の「語り」＝「証言」だけで構成されている。この点について王兵は次のように語っている。

映画を複雑に撮ってしまうと、そうする事で映画が鳳鳴という人間からどんどん離れて、違うものに関する映画になってしまうからです。彼女の映画ではない、〝事件〟に関する映画、もしくは〝物語〟に関する映画になってしまう。（王、二〇〇七b）

前述したように、王兵は「事件」を必要としないが、ここで「事件」や「物語」が回避されているのは、中国における知識人迫害の「物語」として安易に見られないようにするためである。王兵は、観衆が、映画の外部の何かできあいの物語に頼りながら映画を見ることを否定する。このことは『私の紅衛兵時代』などで使われている資料的映像がまったく使われていないことも関係する。資料を使わなかったことについて、王兵は次のように語る。

一般的には、多くの資料、多くの人やケースにあたり、それをきちんと再構成するのが常道でしょう。しかし、私はそのような手法を採ることに躊躇し、また疑いを持ちました。当時を生きていた人がはき出す語気や感情表現の中に曰く言い難い真実があって、それは改めて別の材料による証明を必要としないものです。（王、二〇〇七ａ：五四）

一般に事実の信憑性を保証するかにみえる資料も、王兵にとっては結局、映画の外部の依拠物でしかないのだ。『私の紅衛兵時代』が、「証言」に信憑性を持たせるために、資料映像などの映画の外部に依拠しているのに対し、『鳳鳴』は「証言」に徹することによって、むしろ、慣性的思考から生まれる「物語」に回収されない、和鳳鳴の個人の「真実」を浮かび上がらせているのだ。「歴史」を表現する際でも、インタビューや資料映像に依拠するかぎり、それは「物語」に回収される危うさを持つ。王兵の場合は、インタビューという形式をとりつつも、外部に依拠物を求めないため、作品独自の時間と空間が現れ、和鳳鳴のことば以上に、その「状態」が際だち、そこに「歴史」が立ち上がる可能性が生まれるのである。

そのことは、王兵においては、「画面」というコンセプトがないこととも関係しているように思う。歴史的なドキュメンタリーの場合、作者の個人的な歴史観は、ナレーションによって主張あるいは補足されるほか、歴史をどのように枠づけるかというフレームの問題としても表れるが、「画面」の概念がない王兵の映像からは、王兵の歴史観は見えてこない。映画を見て、和鳳鳴が語る歴史観に批判的な意見も当然ありうるだろうが、良くも悪くもこの映画においては、歴史観は問題になっておらず、王兵にとって重要であるのは、外部的なものに依拠しない独立的な表現によって、和鳳鳴と観衆を直接的に向かい合わせることなのである。

もう一点、「王兵の距離」と呼ばれる被写体との距離感については、この映画ではあまり問題になっていないように感じられるが、画面に和鳳鳴だけでなく、室内のさまざまな物が映っていることが目を引く。個人の「物語」を強調するのであれば、カメラは和鳳鳴により近づくはずであるが、和鳳鳴を取り巻くさまざまな物を映すことによって、画面を単純化せず、多様なものを多様なものとして捉える被写体との「距離」をめぐる王兵の方法が、そこには見られるのである。

王兵は、制作の動機として、和鳳鳴のような世代を被写体とする際、「私はやはり彼らの内面の問題により注目します。真実の感情は大きな歴史よりももっと重要」であったと語っている。[*6] 王兵は、「歴史」ではなく、「個人」を表現しようとしたといえるが、映画を見て思うのは、和鳳鳴の身体に「革命」が存在すると感じるように、歴史の中に個人は存在するのであり、同時に個人がいれば必ず歴史は存在するのだということである。動機からいえば、『鳳鳴』は、歴史を記録した映画とはいえないかもしれないが、王兵は和鳳鳴という個人を撮ったことで、やはり中国の歴史を記録したのだ。

一九九〇年前後に始まる中国独立ドキュメンタリーの「独立」とは、既存の「体制」からの独立であるとともに、表現の位相において「ことば」からの独立を指すものであった。その際、制作者の意図やメッセージを反映しやすいナレーション＝ことばを排し、観察者に徹するダイレクト・シネマ的手法は有効であった。王兵は、ダイレクト・シネマ的手法を使いながら、「歴史」を現在においていかに「記録」として表現するのかという課題に、多くのドキュメンタリーが、そうであるように、資料的映像を挿入することによって、リアリティを保証するような方法はとらない。王兵にとっては、ナレーションであれ、資料映像であれ、映画の外部に依拠することからは、表現の独立という契機は生まれないのだ。その上で、王兵は『鳳鳴』において、和鳳鳴の語り＝証言ということばだけを使って、逆説的にことばに還元され尽くせない、複雑な歴史記憶をめぐる独創的な時間と空間を立ち上がらせているのである。このように「ことば」からの独立を表現の位相で実現させた『鳳鳴』は、中国独立ドキュメンタリーの一つの到達点であったといえる。

Ⅲ　映画を土地に返す

1　郭浄の「デジタル・アイ」

二〇〇〇年一〇月一一日早朝、日本人の男女六人が雲南省徳欽県明永村から朝日に燃える聖山・梅里雪山（カワカブ、カワガルボなどとも呼称）に向かい合っていた。一人は、京都大学山岳部ＯＢでカメラマンの小林尚礼。四人は、一九九一年に梅里雪山で起こった雪崩による遭難事故で消息を絶った隊員の遺族であった。そして、その傍らでＤＶをのぞきこみ、「映画眼（キノグラース）」（ジガ・ヴェルトフ）ならぬ、「デジタル・アイ［電子眼］」となって彼らを見つめていたのが郭浄《グオジン》であった。

梅里雪山は、雲南省とチベット自治区の境界に位置する標高六七四〇メートルの未踏峰であり、周囲は、チベット高原を源とする金沙江（長江の上流部）、瀾滄江（メコン川の上流部）、怒江（サルウィン川の上流部）の三つの大河が並行して流れる「三江併流」と呼ばれる地域で、世界自然遺産に登録されている。また、チベット仏教徒たちからは聖山とされ、巡礼がおこなわれている。

一九九一年一月三日、この梅里雪山において、日中合同登山隊一七名が雪崩で遭難死するという惨事が起こった。一九九八年から遭難者の遺体捜索を続ける小林尚礼は、捜索活動をとおして、梅里雪山を聖山として信仰する現地のチベット族の人びとと交流を深めてゆく。そして、自らも梅里雪山を一周する「巡礼の道」を歩き、二〇〇六年、捜索活動や現地で撮影した写真をまとめた『梅里雪山――十七人の友を探して』（山と溪谷社）を出版している。梅里雪山とそこに住む人びとを理解しようと、現地への訪問を繰り返した小林は次のように述べている。

二年前この村に初めて滞在してから今回までに六回の訪問を繰りかえしたのは、この土地のすべての季節を見たいと思ったからだ。これまでに山麓で過ごした時間は一二カ月となり、旅の計画は終わることになる。この間、登山の対象に過ぎなかった「梅里雪山」が、聖山「カワカブ」へと僕のなかで変わっていった。（小林、二〇〇六：二四三）

自らも登山者として梅里雪山に挑戦を試みたこともある小林にとって、現地で過ごしたプロセスとは「聖山に出会う旅」であった。

目の前の一七人の骨を拾いながら、聖山とはなにかを知るためのかけらを集めてきた。そのかけらとは、朝焼けや月夜のカワカブの姿であり、四つの聖地から見上げた四様の山容であり、山麓の人びととの友情や子供たちの笑顔である。（同前、二七九）

劉暁津との合作によってドキュメンタリー制作に触れ、自らもＤＶを手にし、「Azara映像ステーション」を組織した郭浄は、フィールドワークに従事する過程の中で、雲南省中甸県（現在の香格里拉県）湯堆村の陶芸家の生活や徳欽県梅里雪山地区のチベット族の神山信仰を記録し始めていた。その過程の中で小林尚礼と出会ったのであった。郭浄自身も梅里雪山の地に魅了された人間であり、一九九七年以来、山に暮らす人びとの日常、巡礼者の姿や自然の風景を、DVで撮影していた。

郭浄は、一九五五年生まれ。雲南省社会科学院の研究員で雲南、チベットをフィールドに人類学研究をおこなっていた。二〇〇〇年初め、雲南省社会科学院に白瑪山地研究センターができると、「コミュニティ映像教育」を主要なプロジェクトの一つと位置づけ、二〇〇〇年〜〇二年、雲南省チベット族地区において、チベット族の村民たちと、『冰川』、『茨中聖誕夜』、『茨中紅酒』、『黒陶人家』といったドキュメンタリーを制作した。少数民族の村民にとって、映像が自らの声となるべきであると、郭浄は、雲南の農村部のコミュニティ建設に関心を持つ研究者たちと、参加型映像教育を進め、現地の村民が、映像をとおして自らの考えや意見を表現することを支援し、彼らが制作した映像作品を利用して、本土文化の教育と伝承をおこなう活動を続けてきた。やがて、その活動は、「郷村之眼」、「カワガルボ文化社」、「香港社区伙伴」など、さまざまな組織の活動と結びつき、雲南だけでなく、四川、青海、山西、貴州、河北、広西、上海においても映像制作がおこなわれるようになり、人材も育った。

2　呉文光「村民映像計画」

二〇〇五年四月、呉文光とパートナーで舞踏家の文慧《ウェンフイ》は、北京郊外に活動拠点として「草場地ワークステーション［草場地工作站］」を開設した。ワークステーションは、「舞台芸術スペース」、「映像スペース」、「アーカイヴ」、「生活舞踏工作室」、「『現場』編輯部」の五つに分かれており、呉文光個人のスタジオであるだけでなく、交流会や展示会などの活動をおこなうことのできる開放的なアート・スペースとなっている。北京や天津の美術学院の学生などが出入りし、講座の開講や新しい映像作品の上映会や討論会などが開かれているほか、若いドキュメンタリー映画作家の制作を積極的に支援するため、「紀録片工作坊〔ドキュメンタリーワークショップ〕」では、編集やポストプロダクションをおこなうことが可能である。また、アーカイヴには国内外のドキュメンタリー作品が収蔵されており、映画作家や研究者に開放している。この草場地ワークステーションを拠点にして、呉文光が取り組んだのが「村民映像計画」（呉、二〇〇九）であった。

「村民映像計画」は「中国――EU村務管理培訓プロジェクト」から委託されたもので、村民に自ら撮影にコミットしてもらう映像計画であり、一般の村民が、映像制作の養成訓練を受けた後、DVを使って自らが生まれ育った農村を記録するというものであった。「中国――EU村務管理培訓プロジェクト」とは、中国民政部とEU駐中代表団が共同で中国の基層農村において展開した村民自治養成プロジェクトであった。

募集に応じた四八名から一〇名が選ばれ、草場地において三日間撮影の訓練を受けたあと、自分の村に帰り、応募時に提出した撮影計画に従って撮影をおこない、二〇日後、映像素材を持って再度草場地に集まり、呉文光とスタッフの援助の下で編集し、映像作品を完成させた。内容は、村の行政事務の公開、農民の権利保護、村民自治などの問題にわたった。プロジェクトのあとも一部の村民とは交流が続き、『我的村二〇〇六〔私の村二〇〇六〕』、『我的村二〇〇七〔私の村二〇〇七〕』、『我的村二〇〇八〔私の村二〇〇八〕』と作品が作られ続けたが、その中には次のような作品がある。

邵玉珍《シャオユージェン》は、一九五〇年生まれ、北京郊外の農村に暮らす女性であるが、彼女の『我拍我的村子〔私が撮った私の村〕』は、土地の問題を議論する夫たちや隣家の夫婦喧嘩、野菜の売れ行きなど、彼女の身の回りの日常が記録されている。

賈之坦《ジアジータン》は、一九五一年生まれ、湖南省の農村に暮らす男性で、彼の『採石場』は、所有権問題から停止してしまっている村が責任を持つ山にある採石場の問題について、村民が自分たちの権利のために行動し、地方政府と交渉して問題を解決するまでが記録されている。

王偉《ワンウェイ》は、山東省の農村に暮らす若者で、彼の『分地』は、王偉自身が画面にも登場し、「ここが村の村民委員会。この掲示板の内容は数年前のもので、長い間誰も書いたことがない」など、自ら解説しながら村を紹介していくところが特徴的である。

ところで、参与型映像教育は、雲南や北京の草場地だけでなく、他にも見られ、二〇〇五年、胡傑はプロジェクトの責任者として、NGO「社会性別与発展在中国網絡（GAD網絡）」が立ち上げた「北京＋10：中国行動記録」の養成プロジェクトをリードし、欧寧《オウニン》、周浩《ジョウハオ》らの映画作家と、広州において、GAD網絡の一一人の民間の志願者にドキュメンタリーの制作訓練をおこなった。訓練期間、彼らはカメラの基本的な技術から、ドキュメンタリー映像と民間組織の活動との関係、ジェンダー的視点とドキュメンタリー撮影などの問題について詳しく検討した。さらに、胡傑は、二〇〇六年七月には、研究者の艾暁明《アイシャオミン》らと、「北京愛知行健康教育研究所」において、河南、吉林、新疆などの地域から来た反エイズ活動家と感染者支援組織に対して三日間のビデオ技術訓練をおこなっている。

このような環境保護や人権保護などの民間における社会的活動と結びついた映像制作においては、映像によって声をあげていくという社会的な目的のほか、制作後の上映活動が重要になっている。そうした動きについて、韓鴻《ハンホン》・陶安萍《タオアンピン》は、DVの出現後の中国ドキュメンタリーの「転形」を見ており、「傍観」から「参与」へ、「独立」から「介入」へと、ドキュメンタリー映画作家の役割とドキュメンタリーの機能に変化が起こったと指摘している（韓・陶、二〇〇七）。欧寧の「大柵欄計画」なども含めて、ドキュメンタリー映画の作り手が、より「社会」に「参与」していることは確かであるが、それはドキュメンタリーの機能が、多様化しているからであり、あとに見る、郭浄の例などから、必ずしも「独立」と「介入」とが対立する概念であるとは思えない。

3　作家ドキュメンタリーと村民ドキュメンタリー

二〇〇九年「雲之南」では、雲南のコミュニティ映像作品だけでなく、「村民映像計画」の作品も上映され、さらに「記録映像と郷村社会」というワークショップが開かれ、農村を題材としたドキュメンタリーについての討論がおこなわれた。評論家の張亜璇《ジャンヤーシュエン》が司会をつとめ、農村を舞台とした『馬先生の診療所［馬大夫的診所］』の作者叢峰《ツォンフォン》ら映画作家、呉文光、「村民映像計画」に参加した邵玉珍、賈之坦、張煥財《ジャンホワンツァイ》、王偉ら、そして北京電影学院の張献民《ジャンシエンミン》ら、多くの関係者が参加し、開催中最も注目された企画となった。北京、雲南における経験を共有しようとして企画されたものであったが、「作家ドキュメンタリー」と「村民ドキュメンタリー」とをめぐって議論が紛糾した。

まず「村民映像計画」の参与者である邵玉珍は、冠婚葬祭や飲食など日常を撮っているが、単調であった毎日の生活が、撮影を始めてから豊かになったと語った。一方、賈之坦は、ＤＶで自身の村における汚染の現状を記録し、それを陳情の材料として、最終的に国務院からの改善の指示を勝ち取ったことを紹介した。

賈之坦は、ＤＶの力を知り、多くの村民がＤＶを手にして農村の問題を解決していくことを期待すると話した。ただ、そのような政治的道具としてドキュメンタリーを使うことについて、村民にそのような大きな責任を課すべきでないという意見と、ドキュメンタリーは本来責任と義務を有するべきで、カメラの道具性は十分に利用されるべきだという意見が対立した。そうした中、やはり「村民映像計画」の参与者である王偉が、「私がやっていることは完全に自分のためにやっていることで、あなたたちの期待とは関係ない」といい、さらにドキュメンタリーは積極的に現実を変えていくべきかといった問題に対しては、「もし私が現実を変えることができるなら、とっくにカメラで遊んでいない」と発言した。王偉は、さらにDVを手にしてから「ますます絶望した」ともいい、自らの絶望と撮影とが直接関係ないことを強調したが、さらに、農村や農民問題についてより考えるようになり、その絶望は思考すること自体から生まれていると述べた。

さらに、王偉は、「作家ドキュメンタリー」の映画作家たちに対して、どうして自分たちは常に「あなたの映画を村人に見せましたか」とたずねられるのに、あなたたちはそうでないのか、と、問い返した。それに対し観衆の中から次のような意見が出た。観衆が、潜在意識として作家ドキュメンタリーは思想的な深さを持つと思っているために、問題自体に注目することがあっても撮影場所の村民と上映交流をおこなったかについて無視してしまうのに対して、村民たちが撮ったものは多くが日常生活であるため、物珍しさが湧くだけで、観衆がどれだけいるか、どんな反応があったのかしか知りたがらないのだ、と。

結局、「村民ドキュメンタリー」と「作家ドキュメンタリー」をめぐっては、結論めいたものは出ず、それぞれに省察を迫るものであったが、王偉が問いを発したあとは、結局「知識人」間で積極的な議論が交わされただけで、「村民」はあまり意見を述べる場面がなかった観があった。そんな中で、呉文光は、「村民映像計画」での経験として、村民たちの「作家ドキュメンタリー」に対する知識は、映画作家たちの「村民ドキュメンタリー」に対する知識をはるかに上回っていることを紹介した。呉文光は、「村民影像計画工作手記」（呉、二〇〇七）の中で、草場地のワークショップで『水没の前に』を観たあとの村民たちの討論の場でのことを次のように書きとめている。

私はその中で耳を傾けながら、感慨多く思った。以前であればおそらく私の被写体であった、現在は共にカメラを持つ人たちと一緒にいる。本当に学ぶことが多かった。

さらに次のようにも述べている。

彼の話を聞きながら、私は大胆にこう思った。徹底的に土地から生まれた映像記録がおそらくここに始まったのだと。そしてまた考えてみた。この一〇名の村民作家が、もし今後もまだ撮影を続けようとするなら、例えば村の生活や出来事、冠婚葬祭、子育てや年越しの行事、農作業、子供の教育、帰郷など、完全に自分の撮りたいものを撮るだろう。どれも彼らの生活であるが、私たちはさらに彼らをどのように支え続けていけるだろうか。例えば、技術的面での手伝いやテープの提供、上映交流がある。プロジェクトが終わったが、交流はおそらく続くはずだ。

「村民ドキュメンタリー」と「作家ドキュメンタリー」をめぐっては、両者を二項対立的に語ることに問題があると思えるが、この問題をめぐっては、郭浄の活動と映像作品が新たな可能性を示していると考える。

4　郭浄『カワガルボ伝奇』

二〇〇七年一〇月、山形映画祭のポストイベントとして、明治大学において、郭浄や土本典昭らを交えたワークショップ「雲之東」が開催された。「巡海映画の旅を通じて自身の映画を発見」[*7]（鈴木一誌）した映画作家らしく土本典昭は、自らの自主上映運動の経験を熱っぽく語ったが、これは前段に話をした郭浄の「映画をその土地に返す」ということばに触発されたものであった。郭浄の映画を土地に返す運動とは、雲南の山間の村々における「コミュニティ映画祭」によって媒介されるものとして構想されている。

二〇〇九年の「雲之南」のワークショップ「記録映像と郷村社会」では、村民映像計画の作品のほかに、コミュニティ映像教育の中で制作された『我們該怎麼辦〔私たちはどうするべきか〕』という作品も紹介された。作者の爾青《アルチン》はモソ族の青年である。瀘沽湖とその湖畔に位置するモソ族の集落は、有名な観光スポットとなっており、頻繁に撮影がおこなわれている。だが、そうした映像は、モソの村民たちにとっては、よそよそしいものでしかなく、外来者のモソ文化に対する理解が浅いと感じられていた。それに対して爾青がDVで撮影した素材は、現地人の視点から出発し、以前の伝統と伝統を保護することの重要性を理解しているものであった。そこに映し出されていたのは、四川省のモソ族の古い儀式についてであり、それは自分たちがすでに失ってしまっていたものであった。爾青は、二〇〇五年に自前のモソ民俗博物館で「モソ映画祭」を開催し、村人たちに彼が国内外から集めたモソ族の民俗を映し出すDV作品を上映したのだった。そうした活動の中で、爾青は「雲之南」の郭浄と出会う。そして、爾青は郭浄たちが進めるコミュニティ映像教育プロジェクトに参加し、二〇〇八年一月、このプロジェクトで村に戻ると、さらにシーサンパンナの各村や、徳欽のチベット族地区の村などで巡回上映活動をおこなった。

興味深いのは、中国の都市部で映像や芸術の関係者が、DVを手にし始めた一九九八年の段階で、モソ族の青年と同じようにビデオカメラを手にする村民がいたことである。郭浄は、当時、山間の村々の中に偶然出会った機材を手にして撮影行為を開始していた村民がいたことを、プロジェクトをとおして知ったが、都市部の映画作家にとってそれがドキュメンタリーという芸術であったとすれば、雲南の村民には、「芸術」という考えはなく、村の活動を撮っているにすぎなかった。そもそも映像が芸術的であるかどうかは、あとからついてくるものであり、郭浄は、そうした日常の活動を撮影したものは、「ホームビデオ」に似たようなものであったとし、その価値について「変化」ということばを使って次のように述べる（郭、二〇〇七ａ）。

チベット族の人びとはみな「変化」について言及している。彼らは輪廻を信仰する民族であるため、生命の変化交代を深く心に刻み込むのである。……フランスのロラン・バルトは写真を「それはかつてあった」と定義づけているが、この瞬間にかつて存在したものを見ることができ、画面において逝ってしまったいきいきとした生をみることができるのである。（同前）

そこでは、映像はもはや表現ましてや芸術でもなく、「生命の記憶」を保存するものと捉えられている。「ホームビデオ」は、むしろ生の「痕跡」を記録するものとして位置づけられる。郭浄はさらに続ける。

私は農村で眼にしたある光景にとくに感動したが、それは、ある人が撮影し、編集も加えずに、家の中でその場でテレビにつないで親戚友人に見せている光景である。見るものはみなそれぞれに夢中になり、レンズの中に再現された自分が失ってしまったばかりのその生活の一部に魅了されている。それゆえ、チベット族の撮影者たちは観客の問題に気をもむことはない。……彼らのコミュニティでの上映活動はいつも活気にあふれ、笑い声が絶えない。私は専門的なドキュメンタリーや実験映画が好きだが、私の感情はよりホームビデオに親和し、私の視覚を自分の身近な場や心に引き戻してくれる映像に親和する。（同前）

ここで「ホームビデオ」とは、土地とそこに住む人びとの「生」を媒介するような存在であるが、この郭浄が親和する「ホームビデオ」がもつ可能性は、私たちを映画の原初へと立ち返らせるという意味において、ジャ・ジャンクーが提起した「アマチュア映画」を想起させる。ジャは映画の始まりが「余技雑技」であったと、次のように述べる。

映画の始まりは、余技雑技です。余技雑技には遊び感覚がありますね。この仕事をやっていると、ある種の快感があります。その背後にある余計なもののためではなく、原初のシンプルな心に戻るべきでしょうね。(ジャ、二〇〇九：一七五)

さらに、ジャは次のようにも述べる。

映画を撮ることはプリミティヴな喜びであり、それは無から有が生まれるような創作過程を享受することなのです。わたしは、リュミエール兄弟が初めて自らが撮った動くイメージを見た時の、その刹那の快楽こそが、この雑技余技が真に我々に与える快楽なのだと思います。(同前、九一)

映画を「余技雑技」であると言い切るジャは、映画が持つ原初的な可能性を語るが、ジャにとって、アマチュア精神とは、独立精神であった。同じように、映画の原初的な経験へと立ち返り、映画の可能性を考える郭浄のホームビデオにおいても、独立精神の運動を見てとれるのだ。

また、なぜ映像という外来物をコミュニティに持ち込んで現地の生活を変えるのかという問いは、コミュニティ映像教育のプロジェクトに携わる者が、常に直面する問題であるが、郭浄は、実際には、現代的な映像はすでに現地コミュニティの生活に浸透しているとして次のように述べる。

> 問題は写真や映像をコミュニティに持ち込むか否かではなく、現地の人びとが触れる映像の大部分が主流メディアによるものであることだ。……長い間、この地域の民衆はずっと映像の影響を受け、情報の受動的な受容者になってはいるが、映像を通じて考えを表現する権利をもつことはなかったのである。映像は彼らにとって情報に過ぎず、声ではないのだ。（郭、二〇〇七ｂ）

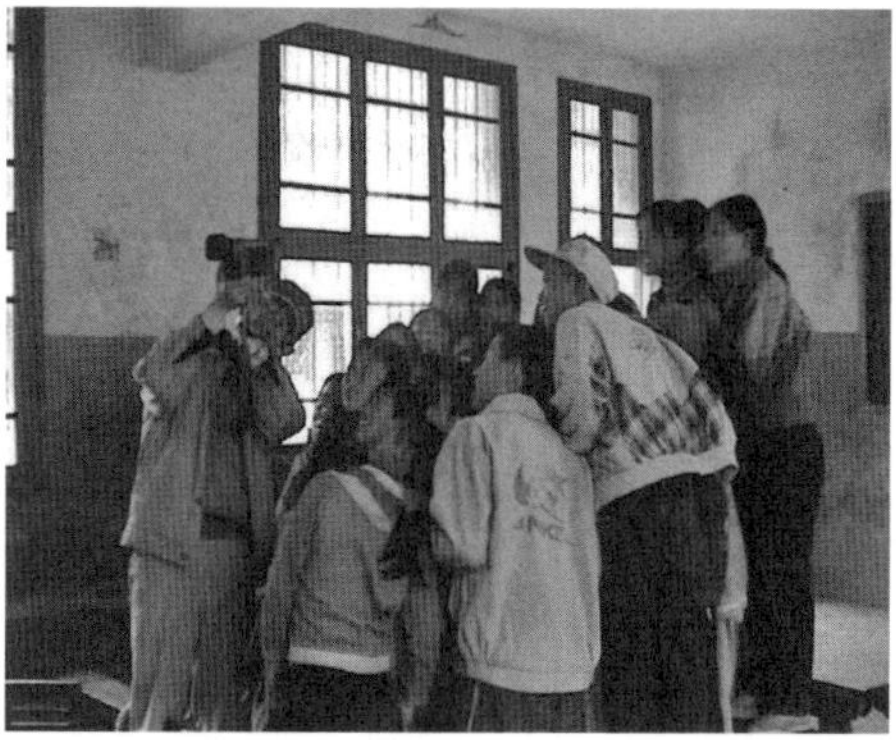
撮影現場の郭浄（本人提供）

コミュニティ映像教育プロジェクトは、それまで撮られる対象ではあっても、自ら撮影し、表現する主体ではありえなかった少数民族の人びとが、映像によって自らの「声」を手に入れることを目指す自己表現の獲得運動であるのだ。

一方で、郭浄は、主流メディアの映像と同じく、自分のように学者が撮る映像も、外来者の眼差しを帯びており、コミュニティのディテールに深く踏み込んで表現することは難しいとして、次のように続ける。

> 多くの写真や映画の撮影目的が、みな学術研究の成果、会議や映画祭に参加するためのものとなり、撮影されるコミュニティに何ら利益をもたらさないことだ。そのため私たちは「私が撮ったこの写真は誰に見せるためのものなのだろうか」と自らに

問うことになる。（同前）

映画作家の諏訪敦彦は、土本典昭を論じる文章の中で、ポルトガルの映画作家ペドロ・コスタが、「映画を作家の自己表現の成果物として外部に持ち出し、映画を快楽として享受する観客のために差し出すことよりも、自らが触媒となってその映像を再びその場所の人びとに返すことの教育的側面を重視する（諏訪、二〇〇七）」ことに触れているが、郭浄の姿勢は、ペドロ・コスタに近い。諏訪は、次のようにペドロ・コスタのことばを引用する。

大事なのは、映画を作るという仕事（労働）です。映画ではありません。例えば、あなた達、東京やパリ、ロンドン、ベルリンのシネフィル達にとって重要なのは映画でしょう。しかし、私にとって、最も重要なのは人びととともに作り上げることなのです。私が映画の出来に満足するのはその後のことです。（諏訪、二〇〇五：一一八）

敷衍すると、ペドロ・コスタがいう「映画」とは、作品としての映画のことであり、ペドロ・コスタが重視する「仕事（労働）」は、映画を作るプロセスそれ自体（＝「経験」）といってよいだろう。郭浄にとっても、チベット族の村民たちとの映画制作は、「作品」以上に、そのプロセスが重要なのであり、そこには、「上映」という活動も含まれている。映画祭のコンペティションなどで、優劣を競う「作品」としての映画は、ある意味、撮影対象から獲られた成果物であり、撮影対象とは切り離された場所で、「作品」自体として価値が問われるものである。それに対して、コミュニティで生まれる映像は、その撮影対象の「生」が存在する場所に置かれて輝きを放つものであるといえる。

むしろ、注目したいのは、村民たちと郭浄との間に何らかの相互作用的な関係性が生まれているのではないかということだ。なぜなら、そうした、雲南における映画運動の「場」や関係性の全体が、郭浄のドキュメンタリー映像の「質」を決定づけているのではないかと考えるからだ。

郭浄が、「デジタル・アイ［電子眼］」によって、聖山・梅里雪山（カワガルボ）とその周囲に住む人びとを、「人類学者」としてではなく、むしろ「巡礼者」として、撮影し制作したのが、映像作品シリーズ『カワガルボ伝奇』である。シリーズ全体だと一一パート、二四〇分であるが、二〇〇五年の山形映画祭の雲南映像フォーラムでは、その中から、遺体捜索を続ける小林尚礼と現地の村人との交流を描く「登山者」、山麓の村で麦を収穫する人びとの一日を描く「収穫」、ラマ僧をもてなす食事を苦心して準備する娘を描く「ラマ僧に捧げる食膳」、高山植物が咲く麓の谷で巡礼者たちと生の喜びを謳う「野花谷」が上映された。その際、郭浄は、作品の構造に生と死の循環を盛り込んだと述べている。[*8]

今回撮影した『カワガルボ伝奇』のひとつ目である「登山者」には、雪山に登る前に、今生きている世界と死後の世界を分けている門が出てきます。チベット族の人が門をくぐる時は、別な世界へ行き、死と向き合うことになるので荷物を道端に置いて行くのです。門をくぐって旅行をすることは、聖なるものに近づいていくことですが、死の世界を回り、再び出発した門に帰って来る時、旅行をした人は新しい人間に生まれ変わっています。チベット族の人びとにとっては一日の中にも死の循環が起こっているのです。「登山者」は死から始まり、四つめの「野花谷」では自分が出発した門にまた近づいてくる。これは新しく生まれ変わって戻ってくることを表しています。生と死の過程は私にはまだはっきりとつかみ取れていませんが、その流れは作品をとおしてみることができます。今回作品に登場した、小林さんという登山隊の方の、生と死の道のりを歩いていく姿についていくことで、それを撮ることができました。[*9]

『カワガルボ伝奇』に映し出される人びとの姿にエキゾチックな眼差しは感じられず、小林尚礼と現地の村人の間の互いに確かめ合うように少しずつ近づいていく交流の様子や、「幽霊」の話に興じる楽しげな巡礼者の日常など、見ていると「雲南」、「少数民族」といったステレオタイプから解きほぐされていくような心地よさをおぼえる。

郭浄の映像作品をみていると、そこで目指されているのは、完結した一つの作品世界の構築というよりも、聖山・梅里雪山をめぐる人びとや自然の生と死の循環の中に、撮影をとおして自らを媒介させていく行為のように感じる。そこには必ずしも「作品」に収斂させない創作態度が見られるが、そうした郭浄のあり方は、映画作家の諏訪敦彦が土本典昭に見出した「セザンヌ的態度」といえないだろうか。諏訪敦彦は、セザンヌが自然と切り結ぶ態度を、「主体を消してしまおうとするのでもなく、自らの存在を自然と絵画の関係の触媒として差し挟む行為」であるとする。そして、土本典昭やペドロ・コスタの制作態度が、現代においては失われてしまった、かつてフラハティやリュミエールの初期の映画がもっていた映画の根源的な可能性へと、自身を連れ戻すと述べている（諏訪、二〇〇七）。

港千尋は、『映像人類学の冒険』（一九九九）の中で、撮影者とは世界を抽象する者であり、撮影者の思考と身体と機械とが、世界との関係において、ひとつながりの「系」のなかに配置されるとし、ジャン・ルーシュやマヤ・デレンの民族誌映画に言及して次のように述べる。

撮影者の思考と身体と機械とが、世界との関係において、ひとつながりの「系」のなかに配置される。重要なのは、世界を記録するのは、機械でも身体でもなく、この「系」だということである。……いかにわたしが世界を見るか、が問題ではなかった。いかに世界に夢を見させるか、あるいは、世界に見られるか。わたしが世界を見るのではなく、わたしが世界に見られることを記述する方法が、求められる。その時、カメラは身体を、文字通りその場所へと参入させるための通路となり、撮影者は出来事の一部となるのである。（伊藤・港、一九九九：一五－六）

『カワガルボ伝奇』を見ていると、郭浄にとっても、すでに世界をどう見るかというよりも、世界から見られ、世界に自らを参入させようという姿勢を強く感じる。そのとき、郭浄の「デジタル・アイ［電子眼］」とは、身体をその場所へ参入させ、郭浄を出来事の一部とするための方法なのである。

また、郭浄は、自らの創作を「旅」になぞらえて次のように語っている。

過去の人びとの旅行の方法とは、旅行をとおして内面にある何かを追求し、高めていくものだと思います。中国では昔は「旅行」、今は「旅遊」と書き、旅行は歩いて時間を使うことにより、少しずつ、直接的に自然と接触することができます。旅遊は、その場所に行って外面的に刺激を受けるだけのものでしかありません。映像においても、旅行と旅遊があると思います。旅行の映画は、外に刺激を与えるのではなく、自分に働きかけるものです。映像を撮るにあたり、ドキュメンタリーを撮ろうが、劇映画を撮ろうが、撮られた作品が自分の感覚と離れたものだったなら、それは旅遊の映像です。映像はどんな方法で作品を作ろうとしても、自分たちの生きている環境は何も変えることはできません。しかしカメラを使うことによって、自分の内なるものは変えることができるのではないでしょうか。[*10]

郭浄のことばから、佐藤真が「旅（travel）」と「観光（tour）」の違いを論じていることを思い出す。佐藤は、ドキュメンタリー映画をめぐる、〈観光＝見る〉こと自体に潜む権力構造の問題について考察する際に次のように述べている。

そもそも現在の様な大衆的な観光旅行は、一九世紀後半以降の産業革命によって余暇が生まれ、折からの交通技術の発達によって誕生した新しい旅のスタイルである。それまでの旅（travel）は、やむにやまれぬ何らかの理由によって、しばしば苦痛をともなって行なわれた。それが、慰安と悦楽を求める観光（tour）に様変わりし、大衆消費社会の進展に伴って、誰でも楽しめる大衆娯楽となった。（佐藤、二〇〇二下：二五二）

佐藤がいう「旅（travel）」の「やむにやまれぬ何らかの理由」には、巡礼のような宗教的な移動など、自分の中に理由がある移動も含めることができると考える。その意味において、郭浄にとって映像を撮る行為とは、「旅行（travel）」なのであり、それは「自分に働きかける」旅といえる。そうした旅においては、外にある何かを手にいれたという結果ではなく、自分の内なるものを変えていくプロセスが重要なのである。やはり、それは「生の経験」と呼べるようなものである。

郭浄の映像に豊かさを感じる理由は、背景にあるさまざまな「縁」とでもよぶほかない、さまざまな関係性が盛り込まれているからであり、その関係性をかたちにしたものが、「作品」だけに閉じられることのない、上映運動や映画祭、参加型映像教育なども含んだ「経験」としての映画であり、それを媒介にして、さらに新しい関係性が生まれていくのである。それは「出会い」の繰り返し（＝旅）であり、他者に、そして自己に働きかける「運動」なのである。

＊１　「在中国遭到隠匿的歴史：采訪紀録片制片人胡傑」http://blog.sina.com.cn/s/blog_7015f7b80102w1gu.html
＊２　「王兵：電影譲我感到生命尚存」『南方週末』http://www.infzm.com/content/6983
＊３　藤井仁子「こうして私は書きはじめた——王兵の『鳳鳴——中国の記憶』」http://www16.ocn.ne.jp/~oblique/texts/JinshiFUJII/fengming.htm
＊４　注２と同様。
＊５　注３と同様。
＊６　注２と同様。
＊７　土本典昭の「巡海映画」については、鈴木一誌「対岸を見る人——土本典昭の「巡海映画」」『未来』二〇〇七年五月号を参照。
＊８　「雲南映像フォーラム・インタビュー」http://www.yidff.jp/interviews/2005/05i074-1.html（山形国際ドキュメンタリー映画祭）。
＊９　同前。
＊10　同前。

文献一覧

◆日本語文献（五〇音順）

麻生晴一郎（一九九九）『北京芸術村 抵抗と自由の日々』社会評論社。

――――（二〇〇九）『反日、暴動、バブル――新聞・テレビが報じない中国』光文社。

石島紀之（二〇〇四）『雲南と近代中国――〝周辺〟の視点から』青木書店。

伊藤俊治・港千尋編（一九九九）『映像人類学の冒険』せりか書房。

于堅（二〇〇三）「現代詩の民間伝統」風華訳『藍・BLUE』第二・三期。

汪暉、村田雄二郎ほか訳（二〇〇六）「現代中国の思想状況とモダニティの問題」『思想空間としての現代中国』岩波書店。

王兵［聞き手＝丸川哲史］（二〇〇七a）「記録と歴史の間――王兵インタビュー」『現代思想』一〇月臨時増刊号。

王兵（二〇〇七b）「王兵監督インタビュー」『ディリー・ニュース』五、一〇月八日。

小川紳介インタビュー（一九八七）「『一〇〇〇年刻みの日時計――牧野村物語』これが働いている本当の視点、音なんだ！」『イメージフォーラム』六月号。

郭浄・曽慶新・和淵（二〇〇六）「シンポジウム　雲南映像の新風」『東北芸術工科大学東北文化研究センター研究紀要』第五号。

小林尚礼（二〇〇六）『梅里雪山――十七人の友を探して』山と溪谷社。

坂井洋史（二〇〇五）『懺悔と越境――中国現代文学史研究』汲古書院。

佐藤賢（二〇〇七）「中国ドキュメンタリー〝運動〟」『現代思想』一〇月臨時増刊号。

――（二〇〇八）「解説中国新記録運動の力と痛み」『軍縮地球市民』第一一号。

――（二〇〇九）「見ることの憤怒」『ジャ・ジャンクー「映画」「時代」「中国」を語る』以文社。

――（二〇一二）「見る運動と方法としての中国ドキュメンタリー」『情況』第四期新年号。

佐藤真（二〇〇一）『ドキュメンタリー映画の地平――世界を批判的に受けとめるために』上・下、凱風社。

ジャ・ジャンクー、丸川哲史・佐藤賢訳（二〇〇九）『ジャ・ジャンクー「映画」「時代」「中国」を語る』以文社。

鈴木一誌（二〇〇七）「対岸を見る人――土本典昭の「巡海映画」」『未来』五月号。

諏訪敦彦（二〇〇七）「セザンヌ的態度――土本典昭『映画は生きものの仕事である』を再読する」『未来』五月号。

蘇暁康・王魯湘編、辻康吾ほか訳（一九八九）『河殤――中華文明の悲壮な衰退と困難な再建』弘文堂。

戴錦華、宮尾正樹監訳（二〇〇六）『中国映画のジェンダー・ポリティクス――ポスト冷戦時代の文化政治』御茶の水書房。

舘けさみ（二〇〇五）「九〇年代中国映画の試み――『流浪北京――最後的夢想者』と『媽媽』の比較を手がかりにして」『中国文化』六三号。

土本典昭（二〇〇五a）「あとがきにかえて」『ドキュメンタリーとは何か――土本典昭・記録映画作家の仕事』現代書館。

――（二〇〇五b）「「映画は生きものの仕事である」（一〇）雲南省昆明市、映画の夜明けのくに（三）」neoneo（メールマガジン）三七―一号。

――（二〇〇八）「記録する精神」『軍縮地球市民』第一一号。

土本典昭、石坂健治（二〇〇八）『ドキュメンタリーの海へ――記録映画作家・土本典昭との対話』現代書館。

暉峻創三（一九九七）「ドキュメンタリー映画について」『YIDFF』記録集、山形国際ドキュメンタリー映画祭実行委員会。

長井暁（二〇〇九）「中国記録映画の原点を探る」『近代中国研究彙報』第三一号。

中山大樹（二〇一三）『現代中国独立電影』講談社。

那田尚史（二〇〇五）「セルフ・ドキュメンタリーの起源と現在」『Documentary Box』二六、山形国際ドキュメンタリー映画祭実行委員会。

馮艶（二〇〇四）書評「『記録中国：当代中国の新記録運動』呂新雨著」『Documentary Box』二三、山形国際ドキュメンタリー映画祭実行委員会。

――（二〇〇七）「私と山形映画祭」『YIDFF』記録集、山形国際ドキュメンタリー映画祭実行委員会。

――（二〇〇八）インタビュー「会い続けること、撮り続けること」『映画芸術』第四二五号秋号。

藤岡朝子（一九九九）「アジア・トーク」『Documentary Box』一三、山形国際ドキュメンタリー映画祭実行委員会。

――（二〇〇四）「雲の南のドキュメンタリー事情」『Documentary Box』二三、山形国際ドキュメンタリー映画祭実行委員会。

ペドロ・コスタ［聞き手＝入江宗則］（二〇〇五）「壁の汚れ、想像力とともにある生」『現代思想』五月号。

牧陽一（一九九八）『アヴァン・チャイナ――中国の現代アート』木魂社。

松本俊夫（二〇〇五、初版は一九六三）『映像の発見――アヴァンギャルドとドキュメンタリー』清流出版。

丸川哲史（二〇〇八）「ドキュメンタリーフィルム作家・王兵の時空文体――現代中国史と『鉄西区』『鳳鳴』」『軍縮地球市民』第一一号。

六車由実（二〇〇六）「雲南と東北、その精神史的つながり――雲南映像フォーラムについて」『東北芸術工科大学東北文化研究センター研究紀要』五。

村山匡一郎（二〇〇六）「方法としてのドキュメンタリー」『映画は世界を記録する――ドキュメンタリー再考』森話社。

矢野和之（二〇〇六）「山形国際ドキュメンタリー映画祭とアジア」『映画は世界を記録する――ドキュメンタリー再考』森話社。

山形国際ドキュメンタリー映画祭（二〇〇七）『公式カタログ』NPO山形国際ドキュメンタリー映画祭。

――（二〇一二）『山形国際ドキュメンタリー映画祭記録集』NPO山形国際ドキュメンタリー映画祭。

呂新雨、佐藤賢訳（二〇〇八）「中国〝新記録運動〟の力と痛み」『軍縮地球市民』第一一号。

林旭東（二〇〇五）「中国大陸におけるドキュメンタリー」『Documentary Box』二六、山形国際ドキュメンタリー映画祭実行委員会。

林少陽（二〇〇五）「中国近現代文学史における叙述の問題――「第三代詩」という用語をめぐって」『藍・BLUE』第一期。

渡辺新一（二〇〇六）「第三代詩人の登場――〈私は信じない〉から〈ただそれだけ〉へ」『アジア遊学』第九四号。

❖中国語文献（ピンイン順）

曹愷（二〇〇五）『紀録与実験――ＤＶ影像前史』北京・中国人民大学出版社。

程青松（二〇〇四）『看得見的影像』上海・三聯書店。

――――（二〇〇九）『青年電影手冊』第二輯、新星出版社。

――――（二〇一一）『青年電影手冊』第四輯、新星出版社。

叢峰（二〇〇八）「記録日常真実」『当代芸術与投資』一〇月号。

崔衛平（二〇〇三）「中国大陸独立製作紀録片的生長空間」『二十一世紀』香港中文大学中国文化研究所、六月号。

戴錦華（一九九九）『隠形書写――九〇年代中国文化研究』南京・江蘇人民出版社。

方方（二〇〇三）『中国紀録片発展史』北京・中国戯劇出版社。

杜海濱（二〇〇一）「杜海濱訪問」『現場』第二巻、天津社会科学出版社。

――――（二〇〇三）「関於《鉄路沿線》」『一個人的影像』北京・中国青年出版社。

樊啓鵬（二〇〇七）「中国私紀録片帯来的変化与挑戦」『電影芸術』第六期。

高維度（二〇〇三）『中国新聞紀録電影史』北京・中央文献出版社。

郭浄（二〇〇三）『雲之南人類学影像展手冊』昆明・雲南人民出版社。

――――（二〇〇五）『雲之南紀録影像論壇二〇〇五雨水』昆明・雲南省社会科学院。

――――（二〇〇七ａ）「我為什麼拿起攝影機」『漂流客』第一輯、三月二三日。

――（二〇〇七b）「影像的声」『漂流客』第二輯、三月三〇日。

郭浄ほか（二〇一二）『雪山之書』昆明・雲南人民出版社。

――（二〇一三）『雲南紀録影像口述史（第一巻）』昆明・雲南人民出版社。

郭熙志（二〇〇六）「反動是唯一的出路」『読書』一〇期。

韓鴻・陶安萍（二〇〇七）「民間影像与民間行動――論新紀録運動的当代転向」『電影芸術』第二期。

韓東（一九八五）「有関大雁塔」『他們』第一輯、三月。

何蘇六（二〇〇五）『中国電視紀録片史論』北京・中国伝媒大学出版社。

河西（二〇一一）『革命的標記』北京・三聯書店。

和淵（二〇〇一）「那群生活在昆明的電影青年」『電影筆記』第二輯。

――（二〇〇三）「尋找缺失的影像」『雲之南人類学影像展手冊』昆明・雲南人民出版社。

――（二〇一三）「関鍵是你要把素材全部記到心里面」郭浄ほか『雲南紀録影像口述史（第一巻）』昆明・雲南人民出版社。

胡傑（二〇〇四）「対歴史有一点点交待――胡傑訪談」『中国独立紀録片档案』西安・陝西師範大学出版社。

李霊革（二〇〇八）『紀録片下的中国――二十世紀中国紀録片的発展与社会変遷』清華大学出版社。

李陀（二〇〇六）インタビュー『八十年代訪談録』北京・三聯書店。

李幸・劉暁茜・汪継芳（二〇〇六）『被遺忘的影像――中国新記録片的濫觴』北京・中国社会科学出版社。

李一凡（二〇〇六）「閲歴是拍攝紀録片的財富」『電影芸術』第二期。

黎小峰（二〇一二）『作為一種創作方法的〝直接電影〟』上海・同済大学出版社。

梁暁明、南野、劉翔編（二〇〇四）『中国先鋒詩歌档案』杭州・浙江文芸出版社。

陸邵陽（二〇〇四）『中国当代電影史――一九七七年以来』北京・北京大学出版社。

呂新雨（二〇〇三）『紀録中国――当代中国新紀録運動』北京・三聯書店。

――（二〇〇四）「鉄西区――歴史与階級意識」『読書』一期。

劉旭（二〇〇六）「対蔡翔的訪談」『底層叙述――現代性話語的裂隙』上海・上海古籍出版社。
梅冰、朱靖江（二〇〇四）『中国独立紀録片档案』西安・陝西師範大学出版社。
欧寧（二〇〇三）「関於縁影会」「歴史之債」『三元里』広州・縁影会。
蘇七七（二〇〇四）『声色現場――和蘇七七看電影』長沙・湖南文芸出版社。
孫紹誼・李迅（二〇〇六）「対最大的社会寛容度和対平等的概念感興趣――青年導演張元訪談」『杭州師範学院学報』四期。
王光明（二〇〇二）「後新詩潮」『当代文学関鍵詞』桂林・広西師範大学出版社。
王慰慈（二〇〇〇）『記録與探索――與大陸紀録片工作者的世紀対話』台北・遠流出版。
王小魯（二〇〇九）『電影与時代病――独立電影文化評価与見証』広州・花城出版社。
――（二〇一一）「実践社往事」『青年電影手冊』第四輯、新星出版社。
王宇陸・郭奎勇（二〇〇三）「《修自行車的人》」鳳凰衛視之《DV新世代》欄目小組編『DV新世代1』北京・中国青年出版社。
汪継芳（一九九九）『最後的浪漫――北京自由芸術家生活実録』哈爾濱・北方文芸出版社。
衛西諦（二〇〇三）「後窗回望――兼談網絡帯給電影什麼」『一個人的影像』北京・中国青年出版社。
文海（二〇一六）「一个中国纪录片人的独白」『放逐的凝視――見證中国独立紀録片』台北・傾向出版社。
呉文光（一九九五）『流浪北京――最後的夢想者』台北・万象図書。
――（一九九九）「小川紳介――一個日本紀録片制作人和一種紀録精神的紀念」『電影芸術』第一期。
――（二〇〇〇）「訪問《小武》導演賈樟柯」『現場』第一巻、天津社会科学院出版社。
――（二〇〇一a）「DV――一個人的影像」『鏡頭像自己的眼睛一様』上海・文芸出版社。
――（二〇〇一b）『鏡頭像自己的眼睛一様』上海・上海文芸出版社。
――（二〇〇一c）『『江湖』報告――一個以大棚為個案而展開的田野的調査』北京・中国青年出版社。
――（二〇〇三）「剛剛在路上――発生在九〇年代的個人影像記録方式的描述」『天涯』海南省作家協会、第二期。

――（二〇〇七）「村民影像計画工作手記」『天涯』海南省作家協会、第六期。
――（二〇〇九）「村民影像計画報告」『青年電影手冊』第二輯、山東人民出版社。
新京報編（二〇〇六）『追尋八〇年代』北京・中信出版社。
許金晶（二〇一七）『中国独立電影訪談録』杭州・浙江大学出版社。
鄢雨（二〇〇六）「鏡頭下的社会変遷」『電影芸術』第二期。
楊荔娜（二〇〇四）「今天的感受――楊荔娜訪談」『中国独立紀録片档案』西安・陝西師範大学出版社。
姚樹軍（二〇〇四）『青年DV手冊』（作品巻）北京・中国宇航出版社。
易思成（二〇一一）『雲之南紀録影像文庫二〇一一』昆明・雲南美術出版社。
英未来（二〇〇三）「盒中7日」『一個人的影像』北京・中国青年出版社。
――（二〇一二）『和自己跳舞――対話中国女性紀録片導演』上海・中西書局。
于堅（一九九五）「逃亡・最後的夢想者――関於呉文光和尚義街六号的文字記録」『流浪北京――最後的夢想者』台北・万象図書。
――（一九九九）「穿越漢語的詩歌之光」『一九九八　中国新詩年鑑』広州・花城出版社。
――（二〇〇四）「拒絶隠喩」『拒絶隠喩』（于堅集巻五）昆明・雲南人民出版社。
張献民・張亜璇（二〇〇三）『一個人的影像』北京・青年出版社。
張献民（二〇〇五）『看不見的影像』上海・三聯書店。
張亜璇（二〇〇五）「王兵訪談――我為現在拍電影」『藍・BLUE』第二・三期。
――（二〇〇七）「時間・記憶・詩意」『当代芸術与投資』六月号。
張英進（二〇〇六）「風格、主題，視角――当代中国独立紀録片研究」『另眼相看――海外学者評当代中国紀録片』上海・文匯出版社。
張真（二〇〇六）「帯攝影機的女人――当代中国女性紀録片拍攝活動一覧――海外学者評当代中国紀録片」『另眼相看』上

海・文匯出版社。
趙玉明（二〇〇四）『中国広播電視通史』北京・中国広播学院出版社。
鄭偉（二〇〇三）「記録与表述――中国大陸一九九〇年代以来的独立紀録片」『読書』一〇期。
鄭向（一九九四）「張元訪談録」『電影故事』第五期。
朱其（二〇〇八）「ＤＶ影像対底層社会的表現」『当代芸術与投資』一〇月号。
朱日坤・万小剛主編（二〇〇五）『独立紀録――対話中国新鋭導演』北京・中国民族攝影芸術出版社。
朱日坤（二〇〇九）「栗憲庭電影基金」『当代芸術与投資』四期。

中国ドキュメンタリー映画関係年表

YIDFF：山形国際ドキュメンタリー映画祭
CIFF：中国インディペンデント映画祭
TFX：東京フィルメックス

	中国ドキュメンタリー映画関係	その他
一九八八	テレビドキュメンタリー『河殤』	張芸謀『紅いコーリャン』ベルリン国際映画祭グランプリ受賞 ラサで暴動
一九八九	康健寧・高国棟『沙与海』	ラサに戒厳令 六四天安門事件 江沢民、総書記に就任 侯孝賢『悲情城市』ヴェネツィア国際映画祭グランプリ受賞 「ベルリンの壁」崩壊
一九九〇	呉文光『流浪北京——最後の夢想家たち［流浪北京］』	張元『媽媽』 東西ドイツ統一
一九九一	時間ら、SWYC結成 呉文光、小川紳介と会う。 北京新ドキュメンタリーシンポジウム開催 新ドキュメンタリー宣言 中央テレビ・TBS『望長城』 王海兵『藏北人家』	湾岸戦争

一九九二	時間『天安門』香港国際映画祭で上映 温普林・温普慶・段錦川『青朴——修行者たちの聖地［青朴——苦修者的聖地］』'93ＹＩＤＦＦ 蔣樾『チベットのカトリック［天主在西藏］』'93ＹＩＤＦＦ 王光利・ＳＷＹＣ『卒業［我畢業了］』'93ＹＩＤＦＦ	鄧小平、南巡講話 中韓国交樹立 天皇、訪中 「下海」ブーム
一九九三	中央テレビ、プロデューサー請負制度導入 上海テレビ『ドキュメンタリー編輯室［紀録片編輯室］』 中央テレビ『生活空間［公共空間］』 中国電視芸術家協会紀録片学術委員会成立 呉文光『私の紅衛兵時代［一九六六——我的紅衛兵時代］』'93ＹＩＤＦＦ	魏京生釈放 憲法に社会主義市場経済明記 ＥＵ発足 人文精神論争（〜九六）
一九九四	七君子事件 張元・段錦川『広場』'95ＹＩＤＦＦ	三峡ダム着工
一九九五	『中国電視紀録片動態』（のちに『紀録手冊』）刊行 呉文光『四海我家［四海為家］』'95ＹＩＤＦＦ 胡傑『円明園的画家生活』 郝躍駿『山洞里的村荘』 蔣樾『彼岸』'95ＹＩＤＦＦ	北京世界女性会議開催
一九九六	「電影１０１工作室」成立（上海） 段錦川『八廓南街一六号』'97ＹＩＤＦＦ 胡傑『遠山』	
一九九七	北京国際紀録片学術会議開催、フレデリック・ワイズマン登壇 李紅『鳳凰橋を離れて［回到鳳凰橋］』'97ＹＩＤＦＦ 馮艶『長江の夢』'97ＹＩＤＦＦ	鄧小平死去 香港返還

	康健寧『陰陽』	
一九九八	衛西諦ら、BBS上に「後窗看電影」論壇創設（南京） 季丹『ゴンプーの幸福な生活〔貢布的幸福生活〕』『古老たちの祈り〔老人們〕』 蔣樾『停められた河〔静止的河〕』'99YIDFF 郝躍駿『最後的馬幇』	米大統領クリントン、訪中
一九九九	欧寧、「縁影会」創設（深圳） 呉文光『江湖』'99YIDFF 張元『クレイジー・イングリッシュ〔瘋狂英語〕』'99YIDFF 蔣志『食指』 楊荔娜（天乙）『老人〔老頭〕』'99YIDFF 朱伝明『綿打ち職人〔北京弾匠〕』'99YIDFF 劉暁津『尋找眼鏡蛇〔コブラ・アイをさがして〕』 曹斐『失調二五七』 段錦川『沈んだ財宝〔沈船—九七年的故事〕』'99YIDFF	法輪功座り込み NATO軍、ベオグラードの中国大使館を誤爆 マカオ返還 衛慧『上海ベイビー』
二〇〇〇	羊子ら、「実践社」創設（北京） 「DV記録小組」成立（北京） 「後窗看電影」、映画上映活動開始（南京） 唐丹鴻『夜鶯不是唯一的歌喉』 杜海濱『線路沿い〔鉄路沿線〕』'01YIDFF 王芬『不幸せなのは一方だけじゃない〔不快楽的不止一個〕』'01YIDFF 「昆明電影学習小組」成立 雲南・コミュニティ映像教育〔社区影像教育〕	陳水扁、総統就任 高行健、ノーベル文学賞受賞

二〇〇一	第一回中国独立映像展（北京） 趙亮『紙飛機』 朱日坤ら、「現像工作室」創設 賈樟柯『公共場所』 英未来『盒子』 馮雷『雪落伊犁〔雪舞うイリ〕』 仲華『この冬〔今年冬天〕』'01ＹＩＤＦＦ 朱伝明『群衆演員〔エキストラ〕』 楊荔娜『家庭録像帯〔ホームビデオ〕』 睢安奇『北京的風很大』 胡庶『我不要你管』	二〇〇八年北京五輪開催決定 米同時多発テロ ＷＴＯ加盟
二〇〇二	香港フェニックステレビ、「ＤＶ新世代」コーナー開設 周浩『厚街』 劉暁津『関索戯的故事』 沙青『一緒の時〔在一起的時光〕』'03ＹＩＤＦＦ 寧瀛『希望之旅』 段錦川『拎起大舌頭』	北京七九八芸術区形成 胡錦濤、総書記就任
二〇〇三	曹愷ら、第一回中国独立影像年度展開催 第一回中国ドキュメンタリー交流週〔中国紀録片交流周〕開催 雲之南人類学影像展（後に雲之南紀録影像展）開催 王兵『鉄西区』'03ＹＩＤＦＦ 陳為軍『好死不如頼活着』 縁影会『三元里』 蘇青・米娜『白塔』'05ＹＩＤＦＦ 于堅『翡翠駅〔碧色車站〕』'05ＹＩＤＦＦ	ＳＡＲＳ発生 中国共産党中央委員会において三農問題が工作報告に書き入れられる 有人宇宙船「神舟五号」打ち上げ成功

二〇〇四	班忠義『ガイサンシーとその姉妹たち［蓋山西和她的姐妹們］』 林鑫『陳炉』'05ＹＩＤＦＦ 干超・梁子『蔣氏の家［房東蔣先生］』'05ＹＩＤＦＦ 孫悦凌『風経』'05ＹＩＤＦＦ 和淵『息子は家にいない［兒子不在家］』'05ＹＩＤＦＦ	陳水扁、再選 露プーチン、訪中
二〇〇五	李一凡・鄢雨『水没の前に［淹没］』'05ＹＩＤＦＦ 黄文海『夢遊』'07ＹＩＤＦＦ 周浩『高三』'08ＣＩＦＦ 段錦川・蔣樾『暴風驟雨』 黄偉凱『飄』 胡傑『林昭の魂を探して［尋找林昭的霊魂］』 艾暁明・胡傑『天堂花園』『太石村』 胡新宇『男人』 王我『外面』 曹斐『父親』 劉暁津『田豊和伝習館』 郭浄『カワガルボ伝奇［卡瓦格博］』'05ＹＩＤＦＦ 田荘荘『茶馬古道——徳拉姆』	反日デモ 人民元切り上げ
二〇〇六	于広義『最後の木こりたち［木帮］』'08ＣＩＦＦ、'07ＴＦＸ 第一回北京独立電影論壇 胡傑『我雖死去』 王兵『鳳鳴——中国の記憶［和鳳鳴］』'07ＹＩＤＦＦ 賈樟柯『東』'07ＴＦＸ 林鑫『三里洞』 趙大勇『南京路』	『氷点週刊』停刊処分 日安倍首相、訪中

	楊戈枢『浩然是誰』 北京・村民映像計画	
二〇〇七	胡新宇『姉貴［姐姐］』’07ＹＩＤＦＦ 艾暁明・胡傑『関愛之家』 馮艶『長江にいきる［秉愛］』’07ＹＩＤＦＦ 賈樟柯『無用』’07ＴＦＸ 趙亮『罪与罰』 杜海濱『傘』 欧寧・曹斐『煤市街』 顧桃『オルグヤ、オルグヤ…［敖魯古雅…敖魯古雅…］』’09ＣＩＦＦ 叢峰『馬先生の診療所［馬大夫的診所］』’09ＹＩＤＦＦ	日福田首相、訪中
二〇〇八	趙大勇『ゴーストタウン［廃城］』’11ＣＩＦＦ 徐童『収穫［麦収］』’09ＣＩＦＦ 于広義『サバイバル・ソング［小李子］』’08ＣＩＦＦ、’08ＴＦＸ	四川大地震 北京五輪開催
二〇〇九	第四回北京独立電影展開催 杜海濱『１４２８』 徐勇『占い師［算命］』’11ＣＩＦＦ 周浩『書記』’11ＣＩＦＦ	三峡ダム完成
二〇一〇		上海万博開催 劉暁波、ノーベル平和賞受賞
二〇一一	和淵『阿仆大（アプダ）［阿仆大的守候］』’11ＹＩＤＦＦ 徐童『唐爺さん［老唐頭］』’13ＣＩＦＦ 于広義『独り者の山［光棍］』’11ＴＦＸ	

中国ドキュメンタリー映画主要作品リスト（五〇音順）

姉貴〔**姐姐**〕

二〇〇七年／一五一分／監督・脚本・編集・録音・製作：胡新宇／撮影：胡新宇、ラインハード・スポール

阿仆大（**アプダ**）〔**阿仆大的守候**〕

二〇一〇年／一四五分／監督・撮影・編集・録音・製作：和淵

一緒の時〔**在一起的時光**〕

二〇〇二年／四九分／監督・撮影・編集：沙青／製作：沙青、季丹

陰陽

一九九七年／七八分／監督：康健寧

群衆演員〔**エキストラ**〕

二〇〇一年／九三分／監督：朱伝明

遠山

一九九五年／四五分／監督：胡傑

円明園的画家生活

一九九五年／三三分／監督：胡傑

男人

二〇〇五年／監督：胡新宇

ガイサンシーとその姉妹たち［蓋山西和她的姐妹們］
二〇〇四年／八〇分／監督：班忠義

河殤
一九八八年／全6集各三七分／監督：夏駿／プロデューサー：王宋、郭宝祥／監督製作：陳漢元／編集：銭丹丹／製作会社：中央テレビ

家庭録像帯
二〇〇一年／六五分／監督：楊荔娜

カムの一座［甘孜藏戯団］
一九九三年／監督：傅紅星／製作：中央新聞紀録映画制作所

カワガルボ伝奇［卡瓦格博］
二〇〇五年／一一六分／監督・製作：郭浄／共同監督：此里卓瑪／撮影：郭浄、此里卓瑪／製作：アザラ影像工作站

関索戯的故事
二〇〇二年／監督：劉暁津

希望之旅
二〇〇二年／九五分／監督：寧瀛

クレイジー・イングリッシュ［瘋狂英語］
一九九九年／一一七分／監督：張元／製作：張元、陳梓秋／撮影：張元／音楽：李暁龍／編集：徐宏／録音：沈剣勤

喧嘩的塵土［喧騒の塵］
二〇〇三年／九〇分／監督：黄文海

現実、それは過去の未来［現実是過去的未来］
二〇〇九年／五八分／監督：黄偉凱

江湖
一九九九年／一五〇分／監督・脚本・編集・製作：呉文光／撮影：蘇明／録音：厲寧／製作：呉文光紀録片工作室
尋找眼睛蛇〔**コブラ・アイを探して**〕
一九九八年／八〇分／監督：劉暁津
古老たちの祈り〔**老人們**〕
一九九九年／六二分／監督：季丹
貢布的幸福生活〔**ゴンプーの幸福な生活**〕
一九九九年／八六分／監督：季丹
三元里
二〇〇三年／四四分／監督：欧寧、曹斐／音楽：李勁松／撮影：縁影会メンバー／製作：縁影会
四海我家〔**四海為家**〕
一九九五年／一八〇分／監督・脚本：呉文光／撮影：鄭浩／編集：文兵／録音：文慧／プロデューサー：呉文光、張怡／製作：呉文光紀録片工作室
失調二五七
一九九九年／二六分／監督：曹斐
自転車修理屋〔**修自行車的人**〕
二〇〇一年／監督：王宇陸、郭奎勇
食指
一九九九年／四〇分／監督：蔣志／撮影：蔣志、馮暁穎
水没の前に〔**淹没**〕
二〇〇五年／一四三分／監督・編集：李一凡、鄢雨／撮影：鄢雨／録音：李子／製作：李一凡

線路沿い［**鉄路沿線**］
二〇〇〇年／一二五分／監督：杜海濱

卒業［**我畢業了**］
一九九二年／六六分／監督：ＳＷＹＣ、王光利

大樹郷
一九九三年／監督：郝智強

達木天葬台〔**ダム鳥葬台**〕
監督：蔣樾、温普林

チベットのカトリック［**天主在西藏**］
一九九二年／監督：蔣樾

長江にいきる［**秉愛**］
二〇〇七年／一一四分／監督・撮影・製作：馮艶／編集：馮艶、マチュー・エスレール

長江の夢［**長江夢**］
一九九七年／八五分／監督・撮影・編集・製作：馮艶

青朴《チンプ》**――修行者たちの聖地**［**青朴―苦修者的聖地**］
一九九二年／監督：温普林、段錦川

鉄西区
二〇〇三年／五四五分（第一部：工場二四〇分／第二部：街一七五分／第三部：鉄路一三〇分）／監督・撮影・編集：王兵／録音：韓冰、陳晨／製作：珠珠

天安門
監督：時間

田豊和伝習館（伝習館春秋）
二〇〇五年／九六分／監督：劉暁津
竇豆
一九九九年／四五分／監督：杜海濱
東〔ドン〕
二〇〇六年／七〇分／監督：ジャ・ジャンクー（賈樟柯）
媒婆〔なこうど〕
一九九五年／三五分／監督：胡傑
南京路
二〇〇六年／一一三分／監督：趙大勇
煤市街
二〇〇六年／八五分／監督：欧寧、曹斐
八廓南街一六号
一九九七年／九七分／監督・編集・録音：段錦川／撮影：多吉／プロデューサー：ブクラシズラワ、魏斌／製作会社：チベット文化コミュニケーション・カンパニー
彼岸
一九九五年／一四〇分／監督・脚本：蔣越／製作・編集・録音：蔣越／撮影：畢建鋒
翡翠駅［碧色車站］
二〇〇三年／一二二分／監督・脚本：于堅／撮影：楊昆、和淵、于堅／編集：和淵／録音：古濤／音楽：トニー・オバーウォーター

飄

二〇〇五年／九三分／監督：黄偉凱

広場

一九九五年／一〇〇分／監督：張元、段錦川／プロデューサー：張元、張怡／撮影：張元／編集：楊紅雨／録音：段錦川／共同製作：張元工作室、龍影

ファック・シネマ〔**操他媽的電影**〕

二〇〇五年／一六〇分／監督・撮影・編集：呉文光／製作会社：呉紀録片工作室

巫山之春

二〇〇三年／監督：章明

不幸せなのは一方だけじゃない〔**不快楽的不止一個**〕

二〇〇〇年／四五分／監督・脚本・撮影・編集・録音・製作：王芬

北京的風很大〔**北京の風は強い**〕

一九九九年／五〇分／監督：雎安奇／撮影：劉勇宏、柳立君／製作会社：壕溝電影工作小組

鳳凰橋を離れて〔**回到鳳凰橋**〕

一九九七年／一一〇分／監督・撮影・編集：李紅／撮影・録音：孟凡

望長城

一九九一年／全四集（各集上中下三部構成）毎部五一分／監督：劉效礼／製作会社：中央テレビ、TBS

我不要你管〔**放っておいて**〕

二〇〇一年／七〇分／監督：胡庶

暴風驟雨

二〇〇五年／八九分／監督：蔣樾、段錦川

鳳鳴——中国の記憶〔**和鳳鳴**〕

二〇〇七年／一八三分／監督・脚本・撮影：王兵／編集：アダム・カービー／録音：申晋光／製作：丽菦、ルイーズ・プランス／製作会社：ウィル・プロダクションズ、アエテルナ・フィルム、ファンタジー・ピクチャーズ

盒子〔**ボックス**〕

二〇〇一年／八九分／監督：英未来

盆窯村

一九九〇年／監督：陳真

綿打ち職人〔**北京弾匠**〕

一九九九年／七八分／監督・編集：朱伝明／製作：陳家楽

回到原処〔**もとの場所に帰る**〕

二〇〇二年／監督：郭熙志

雪落伊犁〔**雪舞うイリ**〕

二〇〇一年／三八分／監督：馮雷／撮影：関冬培、王一兵、馮雷／録音：王昊／プロデューサー：陳愛国

夜鶯不是唯一的歌喉

二〇〇〇年／一八〇分／監督：唐丹鴻

拉薩雪居民〔**ラサ雪居民**〕

一九九二年／監督：蒋樾

林昭の魂を探して〔**尋找林昭的霊魂**〕

二〇〇五年／一二〇分／監督：胡傑

流浪北京　最後の夢想家たち〔**流浪北京**〕

一九九一年／七〇分／監督・脚本：呉文光／撮影：盧望平／編集：文兵／録音：文慧／製作：呉文光紀録片工作室

老人〔**老頭**〕

一九九九年／九四分／監督・撮影・編集・製作：楊荔娜（天乙）／製作会社：天乙紀録工作室

私の紅衛兵時代〔**一九六六，我的紅衛兵時代**〕

一九九三年／一三四分／監督：呉文光

あとがき

一九八〇年代末から九〇年代初めにかけて始まった中国独立《インディペンデント》ドキュメンタリー映画は、「人的ネットワーク」に支えられて「体制」から独立すると同時に「ことば」からも独立する映像表現を模索してきた。九〇年代後半から小型のデジタルビデオカメラ（ＤＶ）が普及すると、より多様な人々が、記録《ドキュメンタリー》に向かい、カメラを持つことではじめて見えてくる中国の社会現実との出会いを繰り返している。それは、カメラをペンのように持って、変わりゆく中国の〈いまここ〉を、それぞれに表現する詩人たちのように見える。記録が、存在の承認であり、詩的な行為であるという意味において、中国の独立ドキュメンタリー映画作家はみな詩人であると、私は考える。

雲南で二人の「詩人」に出会ったことをきっかけに始まった私の中国独立ドキュメンタリー研究であったが、博士論文を完成させるまでに五年、本書としてかたちにするまでにさらに六年、十年以上の年月を費やしてしまった。これは、私の怠惰のためであるが、独立ドキュメンタリーが、私にとって中国をアクチュアルに考えるためにようやく見つけ出した大切な存在であったことも大きい。ある事柄を研究するためには、対象化することが不可欠であるが、私は独立ドキュメンタリーを後生大事に抱きしめ続け、手放して距離を置く勇気が持てなかった。独立ドキュメンタリーの世界での貴重な出会いの経験は、私の中にある限り少しも欠けたところのない十全な存在であり続けるが、対象化、すなわち記述したとたん、その十全性は失われざるをえないからだ。研究対象と距離を置く立場としては、私は大きな問題を抱えていたわけだが、本書を通して、独立ドキュメンタリーに対する考察が批判性を欠いているのは、このためである。

加えて、本書における痛恨の極みは、毛晨雨《マオチェンユー》（『細毛家の宇宙』など）、顧桃《グータオ》（『オルグヤ、オルグヤ…』など）、趙亮《ジャオリアン》（『上訪』など）、徐童《シュートン》（『収穫』など）、于広義《ユーグアンイー》（『最後の木こりたち』など）ら、重要な映画作家について言及することができなかったことである。

近年、当局の締め付けが厳しくなり、中国国内の上映イベントが軒並み中止に追い込まれている厳しい環境の中にあって、彼ら映画作家の一部は、『電影作者』という雑誌を持ち回りで編集発行し、交流を続けている。「出会い」を支えとした人的ネットワークによる独立ドキュメンタリーの運動は、まだ持続しているのだ。不十分ではあるが、独立ドキュメンタリーをめぐる「出会い」の軌跡を記述した本書が、記録として運動の助けに少しでもなれば幸いである。

本書は、数々の「出会い」によって生み出されたといえるが、私自身も、数々の「出会い」に支えられながら、これまでどうにか研究を続けてきた。私が中国について学び始めたのは、大学生時代、東京都立大学の中国文学研究室においてであった。当時、都立中文には、古代から現代にわたる文学、語学、思想など、さまざまな領域を研究する教員、学生が雲集していた。教員、学生関係なく討論する論文合評会に代表される、研究という土俵においては教員と学生が対等であるという「知の工房」のような気風は、私の研究の原点であり、理想である。

もともと大学入学当初、漠然と歴史学を学ぼうと考えていた私が中国文学に関心を持ったのは、一年次、夜間に開講されていた平井博先生の講義を受けたのがきっかけであった。平井先生は、文学研究に私の目を開かせてくれた。指導教員と学生という関係に甘え、礼を欠くことも多かったかと思うが、平井先生は、常に気にかけてくれた。

修士課程と博士課程は、一橋大学大学院言語社会研究科において、松永正義先生、坂井洋史先生の指導を受けた。当時、設立間もなく、従来型のディシプリンとは異なる一橋言社には、学内外から多様な学生が進学してきており、そうした同学との交流は、学部時代とは違った刺激を私に与えてくれた。

第一指導教員である松永先生には、学生時代から現在もなお知的に啓発され続いている。当時、多種多様な学生が集まるゼミにおいて、学生の意見を把握し、思考の筋を付けていく先生の手際に、いつも唸らせられた。指導においては放任主義に見えて、こちらが指導を仰ぐと、いつも貴重な時間を割いて、的確かつ鋭い意見を与えてくれた。私が、博士論文が書けずドロップアウト寸前であったときには、やはり的確な意見で諭し、励まし、そして待ち続けてくれた。そうした、松永先生の懐の深い指導がなければ、今日の私はないといえる。

第二指導教員の坂井先生からは、折に触れ情理を尽くしたことばをいただいてきた。何より中国本土の研究者と同じ土俵で研究するとはこういうことだという姿を見せてくれた。そういえば、詩人于堅《ユージェン》の詩論をはじめて読んで興味を持ったのは坂井先生の授業においてであった。一橋言社では、両先生から、真似することのできない圧倒的な実力の差を見せつけられたが、ドキュメンタリー研究を始めて、ようやく自分なりの拠って立つ足場を見つけ出したように思う。これからも、両先生に対し、恥ずかしくない研究者人生を送ることが目標である。

博士論文の審査にあたっては、主査を坂井先生が務めてくださり、副査に松永先生、同志社大学の阿部範之氏に加わっていただいた。阿部さんは、大学院の先輩にあたり、映画研究プロパーの立場から、貴重な助言を与えてくれたほか、研究発表のため京都にまで呼んでいただいた。

さらに、一橋言社において、先輩として松永ゼミに在籍し、当時すでに批評家として活躍していた丸川哲史氏と出会ったことは、その後の私の研究者としてのスタイルを決定づけた。出会ってから今日まで、常に私を知的に挑発し叱咤激励してくれる丸川さんは、第三の指導教員といえる存在である。丸川さんに誘われ「竹内好研究会」に参加したことで、いまに至る中国、香港、台湾、韓国、マレーシアなどに広がる研究者の人的ネットワークに繋がり、多くの師友を得ることができた。竹内研では、特に『現代思想』元編集長の池上善彦氏から受けた影響が大きい。池上さんからは、サークル的なものの考え方を学んだ。「人的ネットワーク」という着想も池上さんの影響が大きいような気がする。また、池上さんは、二〇〇七年の雲南において、私と中国ドキュメンタリーとの出会いを目撃しており、『現代思想』に中国ドキュメンタリー論を執筆する機会を与えてくれた。

そもそも、私が中国独立ドキュメンタリーに関心を持ったのは、一年間の北京留学がきっかけであったが、当時、中国社会科学院文学研究所の趙園《ジャオユエン》先生、趙京華《ジャオジンホワ》先生が私を受け入れてくれた。諸先生方に心から御礼申し上げたい。

中国独立ドキュメンタリーの世界に飛び込んだことで、私は、中国、日本を問わず、映画を媒介としてさまざまな方々に出会うことができた。そうした貴重な出会いを本書において十分に活かしきれているかどうか心もとないが、私にとっては、ドキュメンタリーにかかわる方々の生き方自体が、「独立」的に思え、尊敬の念を抱くと同時に、大きな励ましとなった。出会うことができた多くの方々のなかで、一人だけ名前をあげるなら、山形国際ドキュメンタリー映画祭の元ディレクター・藤岡朝子氏であろう。雲南省大理で藤岡さんとお会いしていなければ、私と中国ドキュメンタリーとの出会いは、結局すれ違いに終わっていたと思う。藤岡さんは、人に対して常に平等であり、しなやかに人と人とを繋いでいく。藤岡さんの助けがなければ、中国独立ドキュメンタリーの世界に分け入ることはできなかった。

藤岡さんをはじめ、私を支えてくれた関係者の方々に御礼申し上げたい。

勤務先である明海大学外国語学部中国語学科では、学科主任の河村昌子先生、前主任の遊佐昇先生をはじめ、同僚諸氏から、多大なご理解とご支援をいただいた。御礼申し上げたい。

怠惰かつ勇気のない私が、こうして本書を完成させることができたのは、平凡社の蟹沢格氏、担当編集者の安井梨恵子氏、そして安井さんとの橋渡しをしてくれた丸川哲史さんのご尽力があればこそである。幾重にも御礼申し上げたい。特に安井さんは、何度も締め切りを守らない私を見捨てることなく、最後まで辛抱強く付き合ってくれた。

最後に、長年にわたって物心両面で私を支え続けてくれた両親に心から感謝したい。

本書における研究成果の一部は、科学研究費補助金（課題番号：26870476）によるものである。また、本書の出版にあたり、明海大学浦安キャンパス学術図書出版助成を受けた。特記して感謝を表したい。

二〇一八年一二月

佐藤　賢

［著者紹介］

佐藤 賢（さとう けん）

1975年生まれ。東京都立大学人文学部中国文学専攻卒業。一橋大学大学院言語社会研究科博士課程単位取得退学。博士（学術）。首都大学東京都市教養学部助教を経て、現在は明海大学外国語学部中国語学科専任講師。専攻は中国文学、映画。主な著作に『国際未来社会を中国から考える』（共編著、東方書店、2018年）、『現代中国入門』（共著、筑摩書房、2017年）、翻訳に『ジャ・ジャンクー「映画」「時代」「中国」を語る』（共訳、以文社、2009年）などがある。

中国ドキュメンタリー映画論

発行日――2019年2月6日　初版第1刷

著者――佐藤 賢

発行者――下中美都

発行所――株式会社平凡社

〒101-0051 東京都千代田区神田神保町3-29

電話　(03) 3230-6584［編集］

(03) 3230-6573［営業］

振替　00180-0-29639

平凡社ホームページ　http://www.heibonsha.co.jp/

装幀者――間村俊一

ＤＴＰ――矢部竜二

印刷――株式会社東京印書館

製本――大口製本印刷株式会社

ISBN978-4-582-28265-8　C0074　NDC分類番号 778.222

A5判(21.6cm)　総ページ 344